墨香财经学术文库

"十二五"辽宁省重点图书出版规划项目

Research
and Analysis on User's Adoption of 3G Mobile Mailbox Service

3G移动邮箱服务的用户采纳调查及分析

岳小婷 ◎ 著

东北财经大学出版社
Dongbei University of Finance & Economics Press

大连

图书在版编目（CIP）数据

3G移动邮箱服务的用户采纳调查及分析／岳小婷著．—大连：东北财经大学出版社，2013.12
（墨香财经学术文库）
ISBN 978-7-5654-1391-9

Ⅰ.3… Ⅱ.岳… Ⅲ.码分多址移动通信—电子邮件—商业服务—调查研究—中国
Ⅳ.F632.3

中国版本图书馆CIP数据核字（2013）第295995号

东北财经大学出版社出版发行

大连市黑石礁尖山街217号　邮政编码　116025
教学支持：（0411）84710309
营销部：（0411）84710711
总编室：（0411）84710523
网　　址：http：//www.dufep.cn
读者信箱：dufep@dufe.edu.cn
大连图腾彩色印刷有限公司印刷

幅面尺寸：170mm×240mm　字数：197千字　印张：14 3/4　插页：1
2013年12月第1版　2013年12月第1次印刷
责任编辑：李智慧　王丽　吴茜　孔利利　　　责任校对：王娟　孙萍
封面设计：冀贵收　　　　　　　　　　　　　版式设计：钟福建
定价：36.00元

前言

　　随着 3G 业务在中国的稳步推进，3G 移动邮箱已经成为中国手机用户的一项基本功能。在 3G 移动邮箱市场上，国内三大运营商具有先天优势，并在付费邮箱方面，占据绝对的市场份额，而网易、腾讯、新浪等传统电子邮箱大户，在 3G 移动邮箱市场领域远远落后于三大运营商，目前在 3G 移动邮箱方面的策略仍然以免费为主。截至 2011 年 1 月底，中国有效移动邮箱用户规模达 2.1 亿户，活跃用户数超过 6 300 万户，活跃度接近 30%。从市场份额细分情况来看，中国移动 139 邮箱用户所占百分比最大，达到 56.2%，超过 1.1 亿户；腾讯移动邮箱用户次之，占比 11.7%，达到 2 457 万户；中国联通移动邮箱用户排行第三，占比 8.2%，超过 1 700 万户；中国电信移动邮箱排行第四，占比 5.1%，超过 1 000 万户。国内三大运营商占据接近 9 成的手机邮箱收入份额，具有较多优质付费用户和便利的收费渠道。

　　3G 移动邮箱服务成功的关键在于用户较高的采纳意愿及实际使用，采纳意愿是主观上的接受，而实际使用是客观上的接受，用户采纳意愿显著影响实际使用。但是，目前国内手机用户对 3G 移动邮箱服务的采纳意愿较低，导致国内三家运营商的 3G 移动邮箱服务的渗透率和活跃率都较低，这在一定程度上阻碍了 3G 移动邮箱产业的发展。从文献检索结果可知，目前国内的采纳研究主要集中在 3G 移动服务这个笼统的概念下，针对具体服务的文献较少，而对 3G 移动邮箱服务的采纳研究更是空白。因此，构建 3G 移动邮箱服务用户采纳模型，找出影响用户采纳的主要因素以及因素间的关系，对深入研究用户 3G 移动服务采纳行为具有重要的实践意义。更进一步，基于客户 3G 移动邮箱服务的历史使用数据，挖掘潜在用户、细分客户群并有针对性地展开精确营销，还可以有效地降低营销成本、提高营销效率，促进 3G 移动邮箱服务的快速发展。

本书的实证分析主要分为 4 个阶段：第一阶段为探索性分析，通过项目分析、效度及信度分析形成最终问卷；第二阶段是验证性分析，利用结构方程模型分析 3G 移动邮箱服务用户采纳模型中各变量的关系和影响；第三阶段是评价应用，结合采纳模型中的实证结果进行了用户评价；第四阶段是用户使用数据分析，基于客户 3G 移动邮箱服务的历史使用数据，细分客户群并有针对性地展开精确营销。前三个阶段是基于调查问卷数据对用户的主观接受情况进行分析，而第四阶段是基于运营数据库中的实际使用数据对用户的客观接受情况进行分析。相对于调查问卷在了解用户采纳意愿上的简单和有效，运营数据库中的用户使用数据则更真实、更客观，推理性更强。因此，主观接受和客观接受的统一，调查问卷数据和用户使用数据的互补，结构方程模型和数据挖掘方法的结合，给 3G 移动服务的采纳提供了重要的参考价值。

本书在技术接受模型的基础上，引入多种理论，构建了 3G 移动邮箱服务用户采纳模型，并利用结构方程模型对其进行实证检验，识别出 3G 移动邮箱服务用户接受的主要影响因素，计算出各影响因素对态度和行为意向的影响效果，并分析了性别、年龄、区域、经验等因素在采纳模型中的调节作用。在采纳模型的基础上，运用模糊综合评价方法进行了用户评价。最后，基于用户的 189 移动邮箱使用数据，结合业务特性，改进 RFM 模型，并根据 RFM 值进行客户细分，以 3G 移动邮箱的用户采纳模型的结论为指导，对高价值客户展开精确营销。

本书的主要内容如下：

第一，文献的梳理和归纳。本书从理论基础、研究主题、研究情景、研究方法等 4 个角度对文献进行了梳理，对文献中移动服务采纳模型中的影响因素进行了归纳，将其分为个人因素、任务因素、技术因素、环境因素，为概念模型的构建提供了理论依据。

第二，结合 3G 移动邮箱服务的特点，提出了 3G 移动邮箱服务采纳的概念模型及一系列相关假设。假设中，既包括关于影响因素间关系的假设，又包括调节因素对影响因素间关系的调节作用的假设。

第三，借鉴文献中的量表，结合 3G 移动邮箱服务的特点，对概念模型中各个影响因素进行了量表的开发。

第四，调查问卷的探索性分析和验证性分析。通过项目分析、信度和效度检验，形成最终的调查问卷。利用结构方程模型，对模型及假设进行了检验，并对模型的检验结果进行了分析。

第五，基于采纳模型的实证结果，进行了用户评价。对潜变量的总效果进行归一化处理作为一级指标的权重，对各指标在测量变量上的因子载荷进行归一化处理作为二级指标的权重，对分公司的 3G 移动邮箱服务进行了模糊综合评价。

第六，基于用户的 3G 移动邮箱服务使用数据，结合改进的 RFM 模型和聚类分析方法进行了客户细分，以 3G 移动邮箱的用户采纳模型的结论为指导，有针对性地展开精确营销。

本书的主要结论包括：

第一，TAM 模型依然适用 3G 移动邮箱服务采纳，并具有一定的解释力度，但模型中各变量的影响力度有所下降。

第二，3G 移动邮箱服务采纳模型的解释力度优于 TAM 模型。随着个人创新、网络外部性、可试性等变量加入 TAM 模型，模型的解释力度增强。个人创新对移动邮箱感知易用性、感知有用性具有显著的正向影响；网络外部性对个人的移动邮箱感知有用性、感知易用性、态度有显著的正向影响；可试性对个体的移动邮箱感知有用性有显著的正向影响。

第三，感知风险对行为意向有显著的负向影响，而感知价格对行为意向有显著的双向影响。感知价格对行为意向有显著的负向影响，同时感知价格通过感知有用性间接显著正向影响行为意向。通过计算感知价格对行为意向的总效果可知，感知价格对行为意向的负向影响要大于正向影响。

第四，性别、年龄、区域、直接经验、间接经验的调节作用在本书中也得到了进一步的检验。对于性别，研究结果显示，感知易用性对感知有用性的影响在女性用户中的作用要小于男性用户；对于年龄，感知易用性对态度的影响在年轻用户中的作用要小于年长用户；对于区域，感知有用性对行为意向的影响在 W 分公司的作用要大于 K 分公司；对于直接经验，感知易用性对感知有用性的影响在直接经验多的用户中的作用要大于直接经验少的用户；对于间接经验，主观规范对行为意向的影响在间接经验丰富的用户中的作用要小于间接经验不丰富的用户。直接经验和间接经验的调节作用并不相同。

本书的创新之处主要有以下三点：

第一，构建了 3G 移动邮箱服务采纳模型（MMSAM），结合 3G 移动邮箱服务的特点，提出了 3G 移动邮箱服务采纳的概念模型及一系列相关假设。假设中，既包括关于影响因素间关系的假设，又包括调节因素对影响因素间关系的调节作用的假设。

第二，利用结构方程模型，通过验证性因子分析，验证了观察模型；通过路径分析，验证了结构模型，找出影响 3G 移动服务采纳的关键因素以及因素间的关系；通过多群组分析，研究了性别、年龄、区域、直接经验、间接经验等因素对 3G 移动邮箱服务采纳模型的调节作用。

第三，本书结合业务特性，改进 RFM 模型，利用层次分析法计算了 3 个指标的权重，并将改进 RFM 模型和 K-Means 方法结合进行客户细分，找出高价值客户群，并以采纳模型为指导，展开精确营销，提高了营销效率。

岳小婷

2013 年 10 月

目　录

第1章 引言

1.1 研究的背景、目的及意义

1.1.1 研究的背景及目的

2011 年，根据工业和信息产业部的统计，国内移动电话用户达到 9.75 亿户，普及率为 72.8 部/百人，其中 3G 移动电话用户达到 1.28 亿户，3G 渗透率超过 10%，达到 3G 高速增长的临界点，因此，对于 3G 市场份额的争夺战将越来越激烈。2011 年，使用电信 3G 标准 CDMA2000 的用户达到 3 335 万户，电信移动电话用户的 3G 渗透率达到 27%，位居三大运营商之首。智能手机销量推动了中国 3G 用户数量的增长。2009 年，我国仅售出 2 100 万部智能手机，而这个数字在 2010 年几乎增长了 2 倍，达到 6 200 万部。咨询公司 Gartner 估计，2011 年全年中国智能手机市场会有 7 500 万部的销售量。庞大的移动用户群为 3G 移动服务的发展提供了坚实的用户基础。

2G 时代国内的电信运营商有四强两弱，"四强"是指移动、电信、网通、联通，而"两弱"是指铁通和卫通。2008 年，电信重组之后，国内电信运营商之间形成移动、联通、电信三强争霸的格局。2009 年，中国移动、中国电信和中国联通从工信部获得 3G 牌照①，我国正式进入第三代移动通信时代。3G 的出现，给三家运营商带来了机遇和挑战。

3G 产业的发展促进了国民经济的增长。2009 年，国内 3G 直接投资 1 609 亿元，间接拉动国内投资近 5 890 亿元，带动直接消费 364 亿元，拉动间接消费 141 亿元，3G 产业直接创造就业岗位 26 万个，间接创造就业岗位 67 万个，通信设备制造业利润同比增长 49%，手机产量同比增长 4.6%。2010 年，三大电信运营商 3G 投资达 1 220 亿元。2011 年，3G 投资放缓，三大电信运营商 3G 资本支出总额为 930 亿元。3G 业务的发展，带动了包括终端制造商、信息服务提供商等商家在内的整个通信产业链的发展。

对于中国电信来说，在固定电话业务逐渐萎缩的情况下，取得 CDMA2000 的 3G 牌照，意味着更多的机遇。从技术角度看，在三种 3G 标准技术中，CDMA2000 在美国和韩国应用较广，成熟度较高。从网络覆盖角度看，中国电信除了拥有覆盖率较高的 CDMA2000 网络，还拥有覆盖较广的 WI-FI 网络。从手机终端产品的支撑力度上看，支持 CDMA2000 网络的手机终端型号相对较少。

3G 移动业务的发展，带动了网络质量的提高，也进一步的带动了移动服务的迅速发展。手机电视、手机邮箱（移动邮箱）、手机音乐等移动服务得到了用户的广泛认可，尤其是手机邮箱更是凭借其实用性、便捷性和移动性等众多优势成为 2011 年的重点 3G 业务，3G 移动邮箱已经成为中国手机用户的一项基本功能。在 3G 移动邮箱市场上，国内三大运营商具有先天优势，并在付费邮箱方面，占据绝对的市场份额，而以网易、腾讯、新浪等为代表的传统电子邮箱大户，在 3G 移动邮箱市场领域却远远落后于三大运营商，目前在 3G 移动邮箱方面的策略仍然以免费为主。截至 2011 年 1 月底，中国有效移动邮箱用户规模达 2.1 亿户，活跃用户数超过 6 300 万户，活跃度接近 30%。从市场份额细分情况来看，中国移动 139 邮箱用户所占百分比最大，达到 56.2%，

---

① 中国移动获得了 TD-SCDMA 技术制式牌照，中国电信获得了 CDMA2000 技术制式牌照，中国联通获得了 WCDMA 技术制式牌照。

超过 1.1 亿户；腾讯移动邮箱用户次之，占比 11.7%，达到 2 457 万户；中国联通移动邮箱用户排行第三，占比 8.2%，超过 1 700 万户；中国电信移动邮箱用户排行第四，占比 5.1%，超过 1 000 万户。国内三大运营商占据接近 9 成的手机邮箱收入份额，具有较多优质付费用户和便利的收费渠道。

虽然，3G 移动邮箱服务的用户规模增长很快，但三家运营商的用户活跃度均不超过 30%。部分用户虽然开通了 3G 移动邮箱服务，但因为是申请套餐时运营商免费赠送的，是用户被动接受的服务，用户需求不大，使用意愿也不强，有些用户几乎从不使用。还有部分用户，虽然主动开通了 3G 移动邮箱服务，但一般采用宽带方式收发邮件，很少用手机方式登录邮箱，几乎不产生流量，因而也不产生费用，运营商很难从中获利。用户较低的采纳意愿在一定程度上阻碍了 3G 移动邮箱服务的发展。因此，找出影响用户采纳的关键因素，有针对性地改进 3G 邮箱服务中存在的问题，不仅能吸引更多的潜在客户，也能增加现有用户的活跃度；细分客户群，有针对性地展开精确营销，能促进 3G 移动邮箱服务持续、稳定地发展。

移动服务的采纳研究是信息科学领域的一个热点问题。在移动服务采纳研究中，技术接受模型应用比较广泛。但是，由于 3G 移动邮箱服务的用户处在一个复杂的社会环境中，用户的采纳行为受到多种因素的影响，比较复杂，技术接受模型在 3G 移动邮箱服务采纳行为上的解释力度不强。因此，在技术接受模型的基础上，引入其他研究领域的理论，从多种角度对用户的采纳行为进行研究，不仅增强了采纳模型的解释力度，也为 3G 移动邮箱服务的发展提供了重要的参考依据。

本书主要研究 3G 移动邮箱服务用户的采纳意愿和使用行为。通过对文献的梳理和归纳，构建出 3G 移动邮箱服务用户采纳的概念模型，然后利用调查问卷的方法，检验概念模型，找出影响用户采纳的主要因素及这些因素间的关系，为更深入地研究用户的 3G 移动服务采纳行为提供理论依据。最后，对用户实际使用数据进行实证分析，完善了用户采纳模型，同时也提高了营销效率，对促进 3G 移动邮箱服务的发展具有一定的实践意义。

1.1.2 研究的意义

3G 产业的快速发展，不仅带动了 3G 终端的快速发展，也带动了 3G 服务的快速发展。2011 年，3G 移动邮箱服务已成为一项重点业务。然而，在用户数量快速增长的表象下，隐藏着一个重要问题，即用户的活跃度不高，采纳意愿不强。随着 3G 移动邮箱服务的不断深入，这个问题必然会在一定程度上阻碍 3G 移动邮箱服务的发展。本书结合 3G 移动邮箱服务的特点，借鉴已有的理论和研究方法，构建 3G 移动邮箱服务采纳模型，并加以实证的检验，给出发展 3G 移动邮箱服务的建议和对策，对 3G 移动邮箱服务的发展具有一定的理论意义和实践意义。

（1）理论意义

我国 3G 移动服务发展相对较晚，在 3G 移动服务采纳上的研究较少，主要集中在 3G 这一笼统的概念下，针对具体移动服务的采纳研究更少，尤其对 3G 移动邮箱服务的采纳研究更是空白。因为不同的移动服务，其特点也不尽相同，用户在采纳时关注的问题也不同，有时关注娱乐性，有时关注安全性，有时关注价格等。所以，大而全的移动服务采纳模型并不适用于 3G 移动邮箱服务。本书通过对文献的梳理，将影响采纳模型的因素划分为 4 类，分别是个人因素、任务因素、技术因素、环境因素。结合文献的研究和业务的特点，选择部分因素构建 3G 邮箱服务采纳模型，并加以实证的检验。此外，本书还研究了性别、年龄、区域、直接经验和间接经验对不同客户群的调节作用。本书将是否使用过移动邮箱作为直接经验，将是否使用过相似通讯技术作为间接经验，研究结果表明，两种经验的调节作用并不相同。

（2）实践意义

本书对 3G 移动邮箱服务用户使用数据的实证分析，对 3G 移动邮箱服务的发展具有一定的实践意义。针对 3G 移动邮箱服务的特点，改进了 RFM 模型，丰富了 RFM 理论；将 AHP 方法引入 RFM 模型用于权重的计算，提高了 RFM 模型的灵活性；将 K-means 方法用于客户细分，减少了 RFM 模型中的客户群数量；针对目标客户群开展精确营销，降低了营销成本，提高了营销效率，对于运营商制定营销策略，具有一定的实践意义。

1.2 研究对象、研究内容及创新

1.2.1 研究对象

本书以3G移动邮箱服务为研究对象。3G移动服务是3G标准下的移动服务，包括3G移动邮箱、可视电话、多媒体彩铃、移动支付、移动视频等多种移动服务，3G移动邮箱服务是其中一项具体的3G移动服务。与3G移动服务相对应的是2G移动服务，2G移动服务仅能提供数据服务，比如语音通话、短信、上网功能，而3G移动服务不仅能提供多媒体服务，速度还是2G的几十倍。移动服务不同于移动商务。狭义上的移动商务是指互联网技术、信息技术、移动通讯技术和手持终端技术融合发展的产物，只涉及货币类的交易；而移动服务泛指所有通过移动终端获取的服务，是广义的移动商务。

3G移动服务和传统的2G移动服务相比，在数据的传输速度和传输质量上都有较大的提升。3G移动服务中的用户行为必然与传统的2G服务中的用户有较大的差别。3G移动邮箱服务价格低廉，实用性强，用户群规模大，用户有着较为丰富的直接经验和间接经验，是一种相对比较成熟的3G移动服务。因此，选择3G移动邮箱服务作为研究对象，更加贴近用户的真实决策过程。

移动服务的采纳研究一般分为组织和个体两个层次。由于我国3G移动邮箱针对企业或组织层次的应用并不成熟，因此本书着重关注个人用户3G移动邮箱服务的采纳行为。由于采用调查问卷的方式很难调查出个人用户的实际使用行为，所以在3G移动邮箱采纳模型中没有将TAM模型中的实际使用行为作为结果变量，而是将行为意向作为结果变量。此外，本书还研究了3G移动邮箱的实际使用行为，弥补了3G移动邮箱采纳模型在实际使用上的不足。

1.2.2 研究内容

本书的主要研究内容是发现和识别影响用户采纳 3G 移动邮箱服务的关键因素，并分析其在不同用户群体之间的差异。本书的具体内容包括以下 4 个部分：

（1）文献的梳理和归纳。本书从理论基础、研究主题、研究情景、研究方法等 4 个角度对文献进行了梳理，对文献中移动服务采纳模型中的影响因素进行了归纳，将其分为个人因素、任务因素、技术因素、环境因素，为概念模型的构建提供了理论依据。

（2）结合 3G 移动邮箱服务的特点，提出了 3G 移动邮箱服务采纳的概念模型及一系列相关假设。假设中，既包括关于影响因素间关系的假设，又包括调节因素对影响因素间关系的调节作用的假设。

（3）借鉴文献中的量表，结合 3G 移动邮箱服务的特点，对概念模型中各个影响因素进行了量表的开发。

（4）调查问卷的探索性分析和验证性分析。通过项目分析、信度和效度检验，形成最终的调查问卷。利用结构方程模型，对模型及假设进行了检验，并对模型的检验结果进行了分析。

（5）基于采纳模型的实证结果，进行了用户评价。对潜变量的总效果进行归一化处理作为一级指标的权重，对各指标在测量变量上的因子载荷进行归一化处理作为二级指标的权重，对分公司的 3G 移动邮箱服务进行了模糊综合评价。

（6）基于用户的 3G 移动邮箱服务使用数据，结合改进的 RFM 模型和聚类分析方法进行了客户细分，并有针对性地展开精确营销。

（7）总结了本书的理论意义和实践贡献，分析了本书的局限之处和未来的研究方向。

1.2.3 创新之处

本书的创新之处主要有以下三点：

第一，构建了 3G 移动邮箱服务采纳模型（MMSAM），结合 3G 移动邮箱服务的特点，提出了 3G 移动邮箱服务采纳的概念模型及一系列相关假设。假设中，既包括关于影响因素间关系的假设，又包括调节因素对影响因素间关系的调节作用的假设。

第二，利用结构方程模型，通过验证性因子分析，验证了观察模型；通过路径分析，验证了结构模型，找出影响 3G 移动邮箱服务采纳的关键因素以及因素间的关系；通过多群组分析，研究了性别、年龄、区域、直接经验、间接经验等因素对 3G 移动邮箱服务采纳模型的调节作用。

第三，本书结合业务特性，改进 RFM 模型，利用层次分析法计算了 3 个指标的权重，并将改进 RFM 模型和 K-means 方法结合进行客户细分，找出高价值客户群，并以采纳模型为指导，展开精确营销，提高了营销效率。

1.3　研究方法与研究路径

1.3.1　研究方法

在科学研究中，研究方法主要有三大类：定性分析方法、定量分析方法、跨学科研究法。定性分析方法是对科学现象进行"质"的理论思辨的科学方法。定性分析的主要功能是"解释"，主要方法包括历史研究法、文献研究法、观察研究法、逻辑分析法、内容分析法、实地考察法、个案研究法等方法。定量分析方法是在理论思辨的基础上，对科学现象内外部进行"量"的分析和考察，寻找有决策意义结论的方法。定量分析的主要功能是"实证"，定量分析方法包括统计方法、实验方法、系统科学方法等三类方法，具体的方法包括回归分析法、时间序列分析法、最优化法、模糊数学分析法、决策树法，以及决策分析中的逻辑方法、德尔菲法、层次分析法等。跨学科研究法是运用多学科的理论、方法和成果，从整体上对某一课题进行综合研究的方法，也称"交叉研究法"。

本书在研究方法的设计上，综合运用了以下几种方法：

（1）文献研究法。文献研究法属于一种定性分析方法。文献研究法是根据一定的研究目的，调查文献，获得资料，从而全面地掌握所要研究问题的一种方法。本书从理论基础、研究主题、研究情景、研究方法等 4 个角度对文献进行了分类，对文献中移动服务采纳模型中的影响因素进行了总结，将其分为个人因素、任务因素、技术因素、环境因素，为概念模型的构建提供了理论依据。

（2）跨学科研究法。由于信息系统采纳的研究涉及行为学、社会学、心理学、营销学等多个领域内的理论，因此，本书引入了跨学科研究法。本书以 TAM 模型为核心，基于计划行为理论，在模型中增加主观规范和感知行为控制两个因素；基于创新扩散理论，在模型中增加个人创新、可试性两个因素；基于感知风险理论，在模型中增加感知风险因素。此外，由于移动邮箱具有网络外部性，因此，基于网络外部性理论在模型中加入了网络外部性因素。最后，由于感知价格对用户采纳有影响，还在模型中加入了感知价格因素，通过对 TAM 模型进行扩展和修正，构建了 3G 移动邮箱服务采纳模型。

（3）结构方程模型分析法。结构方程模型分析法属于一种定量分析方法。结构方程模型将一些无法直接观测但又需要研究探讨的问题作为潜变量，通过一些可以直接观测的变量（指标），反映这些潜变量，从而建立潜变量之间的结构关系。它是从微观个体出发探讨宏观规律的一种统计方法。本书利用结构方程模型，对 3G 移动邮箱服务采纳模型及相关假设进行了检验，并对模型的检验结果进行了分析。

（4）模糊综合评价法。模糊综合评价法是一种模糊数学分析法，属于定量分析方法。模糊综合评价法根据模糊数学的"隶属度"理论把定性评价转化为定量评价，即用模糊数学对受到多种因素制约的事物或对象做出一个总体的评价。本书基于采纳模型的实证结果，对新疆电信分公司的 189 移动邮箱进行了用户评价。对潜变量的总效果进行归一化处理作为一级指标的权重，对各指标在测量变量上的因子载荷进行归一化处理作为二级指标的权重，对分公司的 3G 移动邮箱服务进行了模糊综合评价。

（5）层次分析法。层次分析法简称 AHP，属于一种定量分析方法，是对定性问题进行定量分析的一种简便、灵活而又实用的多准则决策方法。本书利用层次分析法对改进 RFM 模型中各指标的权重进行了分析。

（6）聚类分析法。聚类分析法是一种多元统计方法，属于定量分析方法。聚类是对大量数据进行分类的方法。本书应用聚类的方法对用户细分，找出目标客户群，并有针对性地展开精确营销。

1.3.2 研究路径

本书所采用的技术路线如图 1-1 所示。

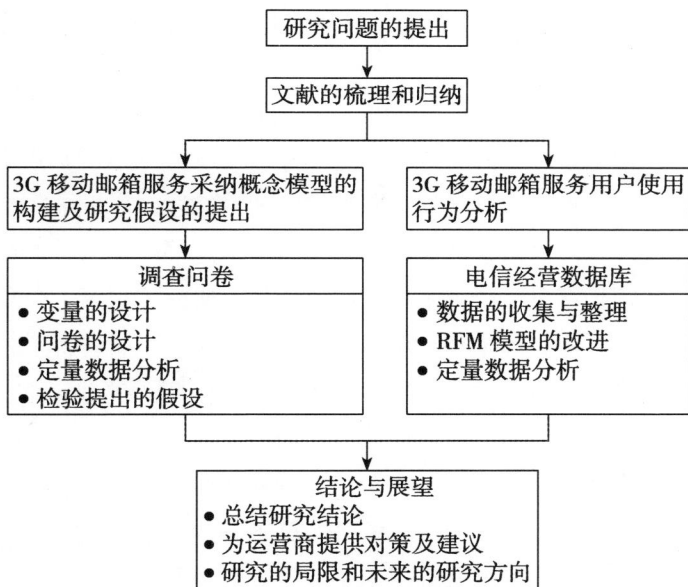

图 1-1　技术路线图

本书从研究目的出发，通过对移动服务研究现状的分析、移动服务相关采纳理论基础的回顾以及移动服务采纳相关影响因素文献的梳理和总结，从任务因素、技术因素、环境因素和个体因素等 4 个方面构建 3G 移动邮箱服务的概念模型和研究假设。参考现有文献的相关量表，并结合 3G 移动邮箱的实际情况开发了本书的量表。通过大规模问卷调查的方式收集用户数据，并对数据进行整理和分析，对 3G 移动邮箱服务用户的影响因素进行了检验，同时还分析和比较了年龄、性别、区域、直接经验、间接经验的调节作用。此外，本书还对新疆电信 189 邮箱的用户实际使用数据进行了实证分析。最后，本书对实证分析的结果进行了深入的总结和讨论，提出了理论贡献和实际建议，并分析了研究的局限和未来的研究方向。

1.3.3　结构安排

本书的内容分为 7 章，各章的主要内容如下：

第 1 章为"引言"。本章介绍中国 3G 移动服务产业发展的现状，并从国家、行业和企业三个层次分析了 3G 产业所带来的深远影响，接下来阐述了 3G 产业成功与否与用户最终是否采纳的行为有着密切的关系，为接下来的重点研究提供了一个全景式的研究背景。

第 2 章为"移动服务采纳的理论基础及文献综述"。本章分为 3 个部分，第 1 部分是移动服务综述，分析了移动服务、3G 移动服务、3G 移动邮箱服务；第 2 部分是移动服务采纳理论综述，分析了采纳领域中的几个重点理论，并做了对比研究；第 3 部分是移动服务采纳领域的文献综述，从理论基础、研究主题、研究情景、研究方法等 4 个角度对文献进行了分类，对文献中移动服务采纳模型的影响因素进行了总结，将其分为个人因素、任务因素、技术因素、环境因素。这些工作为 3G 移动邮箱服务概念模型的构建提供了理论依据。

第 3 章为"3G 移动邮箱服务的用户采纳模型与研究假设"。在文献综述的基础上，本章结合 3G 移动邮箱服务的特点，构建了 3G 移动邮箱服务采纳的概念模型，并提出了若干命题与假设。

第 4 章为"3G 移动邮箱服务的用户采纳模型的研究设计及数据获取"。本章详细介绍了问卷的设计、数据的收集方式和数据的分析方法。在预调查数据基础上，采用项目分析、信度分析和探索性因子分析的方法，对问卷的信度和效度进行检验。

第 5 章为"3G 移动邮箱服务的用户采纳模型的检验与评价应用"。本章在正式调查数据的基础上，利用结构方程模型分析法对模型核心变量的假设和调节变量进行了检验。然后，利用检验的结果进行用户评价。

第 6 章为"3G 移动邮箱服务的用户使用数据分析"。本书基于用户的 3G 移动邮箱服务的用户使用数据,结合改进的 RFM 模型和聚类分析方法进行了客户细分,并有针对性地展开精确营销。

第 7 章为"总结与展望"。本章首先对研究的结论进行了总结,然后分析了研究中存在的一些局限和未来的研究方向。

第2章 移动服务采纳的理论基础及文献综述

2.1 移动服务综述

2.1.1 移动服务

移动商务（mobile commerce）是移动通讯技术、互联网、IT 技术和手持终端技术融合发展的必然产物。狭义的移动商务只涉及货币类的交易模式，而广义的移动商务是指通过移动终端设备随时随地获取的一切服务，即移动服务（mobile service）或移动商务服务（mobile commerce service）。本书中所提及到的移动商务通常都是指广义的移动商务，即移动服务。因而在本书中，移动服务、移动商务服务和移动商务这 3 个概念含义相同。

移动服务并没有非常统一的定义，移动服务概念的界定基本上是基于两个视角：一是基于交易的视角；二是基于系统的视角。在交易视角下，移动服务的定义由交易过程的参与媒介和价值活动的特点来界定。

Clarke（2001）认为移动服务是指任何通过移动网络所进行的货币化的交易活动；Nordman（2003）认为移动服务是用户通过移动终端从事的商务活动；袁雨飞等（2006）认为移动服务是基于移动通信网络，借助手机、掌上电脑、笔记本电脑等移动通讯终端设备所进行的各种商业信息交互；王汝林（2007）认为移动服务是在网络信息技术和移动通信技术的支撑下，在移动状态下进行的便捷的和具有增值能力的商务活动。在系统视角下，参与移动服务的交易主体之间被看作是一个相互联系的有机整体。

从移动服务的定义中可以看出，它包括移动通信网络、移动终端、信息产品或服务3个组成要素，有自己的典型特征，绝不是对电子商务简单的扩充。Stuart（2002）认为移动性和可达性是移动服务的典型特征；刘迷（2007）认为移动性、及时性、方便性是移动服务的典型特征；张金州（2008）认为移动服务的特性体现在及时性、个性化、无所不在等方面。综上所述，移动服务首先具有"移动"的特征，具有随时随地访问性，只要处于网络覆盖区，移动客户都能够在任何时间、任何地点访问其所需要的信息和服务，并立刻得到回复和供应。其次，移动服务具有"移动增值性"，能根据移动服务对象的个性，移动服务事件的特性，或者移动终端的属性等对信息进行加工处理，产生增值服务。最后，移动服务的潜在用户多。随着移动电话的普及，以移动电话为载体的移动服务在用户规模上会远远超过传统的电子商务。

移动服务已经在很多国家取得了广泛应用，在亚洲，日本、韩国、新加坡的移动服务发展较快，韩国、日本在手机支付等移动商务应用已经比较成熟。在欧洲，芬兰、挪威等国家在移动支付应用方面处于世界领先地位，人们可以方便地用手机支付购物、停车等各种费用，手机银行、移动互联网、移动定位等应用早已经进入人们的生活。

在亚洲，日本的移动服务基于3G网络，此网络能够提供更高的上下行数据传输速度，是支持高速信息传输的移动商务平台。日本提供3G移动服务的运营商有3个，分别是NTT DoCoMo（3G业务品牌FOMA）公司，KDDI（3G业务品牌AU）公司和Vodafone KK（3G业务品牌VGS）公司。日本3G移动服务的发展经历了3个阶段，如图

2-1所示。2001—2003 年是 3G 移动服务的缓慢增长期，是 3G 移动服务的起步阶段，由于需要更换新号码、高额资费等原因，3G 用户增长十分缓慢。2003—2007 年是 3G 移动服务的高速增长期，由于不需要更换号码就能升级为 3G、比 2G 更低的话费、新应用丰富、信号覆盖佳等原因，3G 用户高速增长。2007 年至今是 3G 移动服务的稳定增长期，截至 2009 年 8 月，日本的 3G 移动服务用户已经突破 1 亿户，而日本的总人口不过 1.27 亿人。2007 年之后，增长的空间越来越小。在 3G 技术最成熟的日本，移动服务已经渗透到人们生活的每一个细微之处，移动服务用户用手机就能实现钱包、银行卡、钥匙、电视、多媒体播放机等产品的全部功能。而在韩国，截至 2009 年 12 月，3G 移动服务用户已经突破 2 000 万户。韩国占据领先地位的移动运营商有 3 个，分别是 SKT、KTF 和 LG，其中，SKT 是韩国最大的移动通信运营商，占 50%以上的市场份额。2007 年，SKT 的 3G 移动服务业务销售额为 11.28 万亿韩元（每年增加 6%），营业利润为 2.17 万亿韩元。在市场接近饱和且竞争激烈的韩国，SKT 的用户 ARPU 值和业务收入仍保持不断增长，原因不仅在于推出了满足用户需求的多种内容丰富的业务，而且还在于对用户实现了有效的客户细分，为每类客户提供个性化的定制移动服务。SKT 把用户按年龄段进行细分，在仔细研究了每个年龄段用户的特点之后，建立一个品牌化的服务。通过这些产品和服务，提供适合顾客个人生活方式的服务，巩固并扩大用户规模。此外，SKT 不仅从年龄、需求特点上细分用户，还按照用户的通话习惯细分成若干种用户，对这些用户提供不同的资费形式。在欧洲，截至 2008 年 5 月，3G 移动服务用户为 1.015 亿户，普及率为 11.1%。移动服务的应用范围非常广泛，主要包括信息服务、商品搜索及购买等。例如，德国使用手机射频识别的方式开展了地铁票支付业务；芬兰将手机射频识别的方式应用在门票、购物等方面；法国则在公交、地铁、停车付费等方面对手机射频识别有所应用。

在中国，工业和信息化部的统计数据显示，截至 2009 年 12 月 31 日，我国手机用户已超过 7.3 亿户；中国互联网络信息中心（CNNIC）的统计报告显示，我国手机互联网用户已达到 2.33 亿户，占全部网民

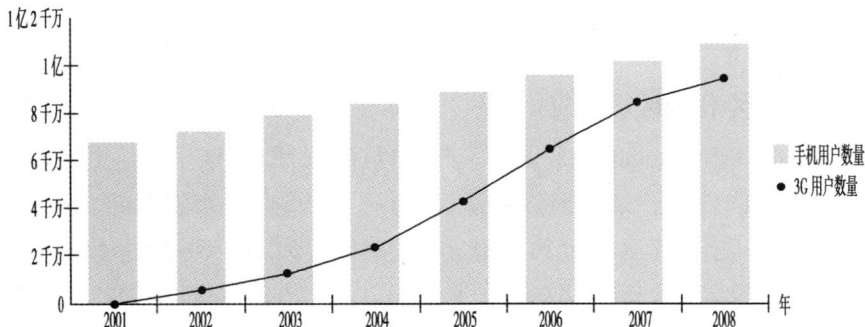

图 2-1　日本手机用户总数和 3G 移动服务用户数对比图

的 60.8%。这为中国移动服务市场积聚了足够的爆发潜能。艾瑞咨询报告显示，2009 年中国移动服务用户规模已达到 3 668.4 万户，同比增长 117.7%；中国移动服务实物交易用户已达到 159.7 万户，较 2008 年增长 187.0%，增幅高于移动商务整体用户的增长。2010 年，中国移动服务实物交易用户达到 432.6 万户，2012 年，随着市场的进一步发展，这一数字将达到 2 472 万户。同时，国内三大电信运营商普遍下调手机上网资费，并推出优惠上网套餐，手机用户可以更经济地体验移动互联网的应用和服务，移动服务克服了因通信资费过高而与用户之间形成的障碍，这将有利于移动商务市场规模的进一步扩大。目前，我国国内的移动服务还存在一些问题。首先，是手机等终端的适配性问题。目前各种终端的标准不统一，极大地影响了移动服务软件与终端的适配。其次，是移动服务的安全性问题。无论是无线传输中网络的安全，移动支付过程的安全，还是移动终端的装置安全问题，都有待于进一步改进。再次，是移动服务的费用问题。需要制定合理的价格和利益分配机制。最后，是相关立法的缺失。由于移动服务存在一定的风险性，需要制定一些有关安全性的标准及相应的法律。

　　相对于传统的电子商务，移动服务可以使用户在任何时间、任何地点得到整个网络的信息和服务，使其非常便捷地进行商务信息和商务业务的交流。随着 3G 的演进，通信网络所支持的移动数据传输速度快速提升，移动服务已经成为新的网络经济利润增长点，也必将成为未来商务发展的主要方向。

2.1.2 3G 移动服务

2.1.2.1 3G 的概念

3G（3rd Generation），是第三代移动通信，是比 1G 和 2G 更为先进的移动通信技术。第一代移动通信（1G，1995）是指模拟制式手机，只能进行语音通讯。而第二代移动通信（2G，1996）是指 GSM、TDMA 等数字制式手机，在语音通讯的基础上，有了短信、WAP 上网等功能。与 1G、2G 相比，3G 的数据传输速度有了大幅提升，可以实现名副其实的移动宽带，它在保持与已有第二代系统良好兼容性的同时，能够处理图像、音乐、视频流等多种媒体形式，提供包括网页浏览、电话会议、电子商务等多种信息服务。

三大主流 3G 移动服务通信的技术标准分别是 WCDMA、CDMA2000 和 TD-SCDMA。WCDMA 即 Wideband CDMA，以 GSM 系统为主的欧洲厂商是它的主要支持者，包括爱立信、诺基亚、夏普等。CDMA2000 也就是 CDMA Multi-Carrier，目前只在日、韩和北美流行。TD-SCDMA 是中国制定的 3G 标准，其优势主要表现在业务支持、频率灵活性，以及实施成本等方面。截止到 2008 年 12 月，全球范围内的 WCDMA 商业网络有 233 个，CDMA2000 商业网络有 269 个，全球 3G 网络用户总数为 4.86 亿户，同比增长 29.8%。全球 3G 用户中，WCDMA 用户数量累计达到 1.27 亿户，CDMA2000 用户数量累计达到 2.9 亿户。目前，3G 业务的主要运营商遍布全球，各地区所用的 3G 标准见表 2-1。

表 2-1　　　　　3G 移动服务运营商采用的 3G 标准情况表

主要地区		3G 标准	主要运营商
欧洲		WCDMA	Vodafone \ Orange \ T-mobile \ TIM
亚洲	日本	WCDMA	NTT Docomo
		CDMA2000	KDDI
	韩国	WCDMA	SKT/KIF（大规模）
		CDMA2000	SKT/KIF（小规模）
	其他	WCDMA	新加坡 SingTel
美洲		WCDMA	Cingular wireless
		CDMA2000	Verizon wireless

在国内，2009 年工业和信息化部为中国移动、中国电信和中国联

通分别发放了 3G 牌照，其中，中国移动拥有 TD-SCDMA 制式的 3G 牌照，中国电信拥有 CDMA2000 制式的 3G 牌照，中国联通拥有 WCDMA 制式的 3G 牌照。中国移动 3G 能够提供的业务包括可视电话、可视电话补充业务、视频留言、视频会议、多媒体彩铃、数据上网等，3G 移动服务的专属号段为 187、188 号段，3G 移动服务的核心标识造型取义中国太极。中国联通 3G 能够提供的业务包括可视电话、无线上网、手机上网、手机电视、手机音乐等多种信息服务，3G 移动服务的专属号段为 185、186 号段，3G 移动服务的核心标识为"沃"。中国电信 3G 能够提供的业务包括无线宽带、手机影视、爱音乐、天翼 LIVE、189 邮箱、综合办公、全球眼、天翼对讲，3G 移动服务的专属号段为 180、189、133、153 号段，中国电信 3G 移动服务的核心标识为"天翼"。

2.1.2.2 3G 环境下的移动服务

在 3G 技术出现之前，由于数据传输速度低，移动服务发展缓慢。3G 技术出现以后，由于其高速的数据传输速度，使得移动服务的发展成为可能。以对数据传输速度要求十分苛刻的移动视频业务为例，在 3G 技术出现以后，数据传输速度在室外可以达到 384kbit/s，在室内可以达到 2Mbit/s，3G 技术的存在为移动服务提供了一个理想的平台。因此，3G 环境下的移动服务是指在 3G 的技术标准下的移动服务，简称 3G 移动服务、3G 服务或 3G 业务。

移动服务在 3G 技术下有了一些新特性。首先，3G 环境下的移动服务具有高速性的特征。由于 3G 的传输速度极快，能够满足商务交易、信息交互、网络娱乐等移动服务的数据传输速度要求，也为电信运营厂商开拓了有效的市场。其次，3G 环境下的移动服务具有运行高质量的特征。3G 技术提供端到端的 QoS 保证，可以开展各种多媒体业务、实时业务。再次，3G 环境下的移动服务具有保密性。3G 定义了更加完善的信息保密性与服务的安全性，在改进算法的同时把密钥长度增加到 128bit，还把接入链路数据加密延伸至无线接入控制器，为移动支付创造了有利条件。最后，3G 环境下的移动服务具有认证唯一性。3G 技术不仅提供了完善的身份认证体系，而且还采用双向认证的方式来保障用户使用，因为手机自身的识别标识具有唯一性的特征，因此在可靠的身份识别系统下，以手机作为载体的移动服务可以成功地进行个人信息的确认和交易。

由于 3G 技术的出现，移动商务服务种类十分繁多。可以分别从技术要求、用户体验、业务体系上对 3G 移动服务进行分类。

从技术要求上，可以将 3G 移动服务分为会话类、交互类、流类和后台类，详见表 2-2。这样分类旨在描述业务内在的技术要求，关注业务的技术质量保证，并不关心业务应用、业务场景、业务对生活的影响等问题，此种分类可以很清晰地表现业务最底层的技术要求，以及业务与网络相互的影响。对于会话类业务，对端到端的延时要求比较严格，否则会对语音理解造成困难。流类业务与会话类业务相比，区别在于对端到端的延时要求降低，流类业务对呼叫等待通常有较高的容忍度，可以提供呼叫排队机制。交互类业务是指用户向服务器请求数据的一类业务，用终端用户的请求响应模式描述，因此环回延时是这类业务的最重要指标。后台类业务对时延有最大的容忍度，可以达到小时量级。由于这样大的时延容忍度，系统可以在忙时保存这样的请求，等到信道空闲时响应；同时，对于这类业务，一旦有更高 QoS 的请求进来，也可以随时中止。

表 2-2　　　　基于技术要求的 3G 移动服务分类表

业务分类	业务 QoS 特征	典型业务
会话类	较小的时延 数据上下行速率对称	语音业务 可视电话
交互类	对误码率有一定的要求 要求相对较低的时延 数据上下行速率非对称，下行速率要求高	WAP 互联网搜索 位置服务 个人信息管理
流类	对误码率要求较高 对时延要求更低	视频流媒体点播 电子凭证
后台类	对误码率要求最高 对时延要求最低	移动电子邮件 SMS

根据用户对 3G 业务的体验，以及 3G 与 2G 业务的关系，可以将 3G 业务分为 2G 迁移业务（语音、SMS 等）、2G 增强业务（WAP、位置服务、移动支付等）、3G 标志业务（视频流媒体点播、视频会议、可视电话等），如图 2-2 所示。其中，2G 迁移业务继承自 2G 业务，2G 增强业务是对 2G 业务的提升，3G 标志业务是 3G 业务中最能体现 3G 特色的业务。另外，2G 增强业务中的手机上网包括手机门户、手机博客、手机社区等，而 3G 标志业务中的手机电视包含视频点播、视频分享、视频 VR 等。

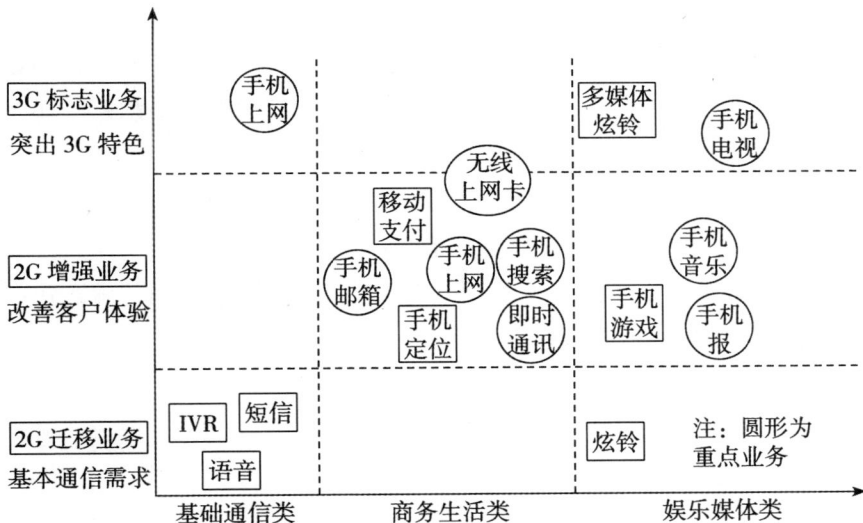

图 2-2　基于用户体验的 3G 移动服务分类图

参考国际 3G 业务体系，可以将 3G 业务分为通信类业务（可视电话、视频会议等）、娱乐类业务（移动游戏、多媒体彩铃等）、资讯类业务（位置服务、多媒体报纸、手机电视等）、互动类业务（视频博客、视频共享等）、互联网业务（WAP、移动邮箱等）。在通信类业务中，语音业务在 3G 业务发展的初期，会占据业务的大额比例，相对更有价格优势，通话质量将明显提高，接近固定电话的音效。可视电话业务是 3G 时代比较有特色的业务。通过摄像装置以及 3G 网络，3G 用户可以实现"面对面"的交流。在娱乐类业务中，3G 提供了音乐、视频的点播业务，用户能点播喜欢的歌曲、电影和体育赛事。在资讯类业务中，相对于 2G 时代的纯文字，3G 资讯类业务通过视频、音频来实现资讯内容，可以提供新闻、财经、天气预报等各种资讯信息。在互动类业务中，由于 3G 网络中无线数据传输速度的提升，原本在 2G 时代只能在 PC 终端上才能使用的社交网络、视频博客、视频共享等互动类业务，将给 3G 网络用户带来良好的互动体验。在互联网业务中，最典型的就是移动邮箱服务。通过 3G 网络和服务，用户不仅可以在 3G 手机终端撰写、收发、保存、打印电子邮件，还可以与 MSN、QQ 等即时通信工具融合，收发信息。

由于文化、习惯、需求的不同，各地区移动服务用户的偏好也不同，因此，各地区运营商主推的业务也不尽相同。例如，在视频通话业务上，韩国使用得十分广泛，但是欧美或日本使用得并不频繁。在中国，由于三大运营商网络之间无法实现互联互通，不同品牌的 3G 手机之间互打视频电话会出现兼容性问题，而且国内视频通话的费用较高，因此，此业务普及起来，还需要一定的时间。在手机电视业务上，日本 90% 以上的 3G 手机中都具有移动电视的功能，并支持高清传输。在中国，手机电视还处于发展初期，用户数量较少。在资讯类业务上，欧美或日本在 3G 网络资讯方面应用比较广泛，而国内的 3G 手机资讯业务在类型和内容上比较匮乏。在互联网业务上，国外的移动互联网业务更丰富且应用较广，尤其在手机邮箱和家庭监控方面十分突出。而国内广泛应用的业务仅限于手机搜索、手机 IM、手机邮箱等。在手机支付业务上，85% 以上的日、韩等国的消费者会使用手机支付，通过手机实现 POS 支付，购买地铁车票、机票已日趋普遍，甚至已经可以进行移动 ATM 取款。而国内手机支付的现状仍不容乐观，运营商在此之前对外宣称的手机支付业务也只是处在小范围的测试阶段，并没有真正地得以推广。在手机导航业务上，日本的 3G 手机导航功能，除了定位以外，更多地集成了网络功能，例如周边信息的查询，实时交通状态的查询等，而国内 3G 终端只实现了单纯的 GPS 导航功能。

2.1.3 3G 移动邮箱服务

3G 移动邮箱，又称为 3G 手机邮箱（mobile mailbox）。在 3G 业务

中，从业务体系的角度看，3G 移动邮箱属于互联网业务；从用户体验的角度看，3G 移动邮箱属于 2G 增强业务；从技术需求的角度看，3G 移动邮箱属于后台类业务。3G 移动邮箱基于 PushMail 技术，通过安全连接，能将邮件主动推送到用户手机上，实现邮件的自动收取。用户通过手机邮箱服务可以方便地实现邮件的随时随地的阅读、撰写、回复、转发和管理。

PushMail 的中文名称是邮件推送服务。PushMail 目前主要有两种技术方案，一种是中国移动目前使用的短信 push，即以短信的形式触发安装在移动终端上的软件客户端，从而配合服务器来完成整个邮件的接收过程；另一种是黑莓业务（blackberry）。PushMail 业务能将新到达邮件服务器的邮件准时地推送到用户移动终端上，当新邮件到达时，系统可以主动地通过 SMS Push、WAP Push 等方式，及时通知移动用户，触发终端通过邮件传送协议及时收取新邮件，方便用户阅读和操作新邮件。

在邮件功能上，移动邮箱既能帮助用户实现随时随地处理邮件，还能支持 WORD、TXT、EXCEL 等文本格式附件，BMP、JPG 等图片格式附件，MP3、WAV 等音频格式附件，AVI 等视频格式附件，ZIP、RAR 等压缩格式附件。既能通过设置来过滤垃圾邮件和不受欢迎的文件，也能实现邮件内容的加密存储。此外，手机遗失时还可以发送炸弹短信来清除邮件，从而保护个人信息。

与普通邮箱相比，移动邮箱的实时性较好，新邮件到达时会主动通知用户，用户不需定时收取邮件，提高了工作效率。移动邮箱的移动能力强，可以真正达到"边走路边办公"的效果，不需要固定的网络接入点。与短信相比，移动邮箱可以发送几十兆的信件，突破了短信最多一次能发送 70 个文字的限制，还可以在附件中发送图像、音频和视频。与即时通信业务相比，移动邮箱可以发送离线信息，邮件内容加密存储，安全可靠。而且，移动邮箱提供了防病毒功能，病毒防护模块能够扫描所有进入该服务器的邮件，包括那些通过电子邮箱服务器 SMTP 发出的或通过邮件服务器收到的邮件。

2.1.3.1 国内移动邮箱服务的发展现状

2009 年 3G 牌照正式发放以后，中国移动、中国联通、中国电信分别提供了多种移动邮箱套餐，并提供相对应的邮箱容量、附件服务以及网络硬盘等。此外，腾讯、网易、Gmail、搜狐、新浪、谷歌、微软也推出了自己的手机邮箱业务。从目前的发展情况来看，手机邮箱正朝着单一型邮箱和专业型邮箱两个方向发展。单一型邮箱以中国移动 139 手机邮箱、网易掌上邮、QQ 手中邮等为代表，出于"圈地"的目的，不能做到兼容共享，只能接收发送到本账号邮箱的邮件，对于同时拥有多个邮箱账号的用户来说极不方便。专业型邮箱以"黑莓"和"尚邮"为代表，基于 PushMail 技术，能抛开不同手机、不同平台的限制，创造性地将主流移动邮箱的服务糅合在一起，更集成、更便捷，让用户免去来回切换的麻烦，是手机邮箱未来发展的必然趋势。

2009 年，易观国际发布的《2009 年第 3 季度中国手机邮箱市场季度监测》数据显示，第 3 季度中国手机邮箱市场用户数达到了 9 682 万户，三大移动运营商手机邮箱用户数在整个市场中的占比为 89.41%，占绝对领先优势。《2010 年第 1 季度中国手机邮箱市场季度监测》数据显示，2010 年第 1 季度中国手机邮箱用户数为 1.79 亿户，其中，中国移动 139 邮箱用户占比达 76.77%，中国联通手机邮箱用户占比 12.18%，中国电信手机邮箱用户占比 0.5%。而在市场收入占比方面，中国移动 139 邮箱占比为 72.5%，中国联通手机邮箱也分得 20.58% 的收入占比，而中国电信手机邮箱收入占比为 1.35%。此外，包括谷歌、微软等其他手机邮箱收入占比为 5.58%。《2011 年第 2 季度中国手机邮箱市场季度监测》数据显示，2011 年第 2 季度中国手机邮箱市场收入规模达 3.97 亿元，环比上升 0.4%；电信运营商的收入环比增长 0.2%，第三方手机邮箱收入环比增长 2.04%。虽然从收入规模来看，第三方手机邮箱增速缓慢，但凭借免费模式的推进，用户份额不断增加，未来潜在盈利空间也在扩大。

2007 至 2011 年的数据显示，中国手机邮箱市场将呈现如下的发展趋势：（1）手机邮箱的用户数将不断攀升。随着网络环境的改善、手机邮箱用户体验的不断提升以及用户移动办公需求的不断提升，手机邮箱的用户数量呈现不断攀升的趋势。2010 年，中国手机邮箱市场用户规模年增长率为 49.8%，如图 2-3 所示。（2）中国手机邮箱市场收入规模持续加大，如图 2-4 所示，2010 年，中国手机邮箱市场收入规模达到 6.31 亿元，年增长率达到 27.6%。（3）第三方手机邮箱市场竞争加剧，面向个人市场的手机邮箱业务将有所发展。2010 年，一些大型的厂商，如谷歌、微软、网易、搜狐、腾讯等，相继发力手机邮箱市场。一方面，激烈的市场竞争将推进手机邮箱技术的改进；另一方面，这些厂商的进入，将进一步加速面向个人市场的手机邮箱业务的改善。（4）个人手机邮箱社交网（SNS）化发展趋势明显。2010 年，个人版手机邮箱将逐渐集合各种增值业务，社区化发展趋势显现，一方面，增加手机邮箱对用户的吸引力；另一方面，手机社区化发展将为个人版手机邮箱带来更多可变现的盈利方式，对提升手机邮箱的市场营收起到一定的促进作用。

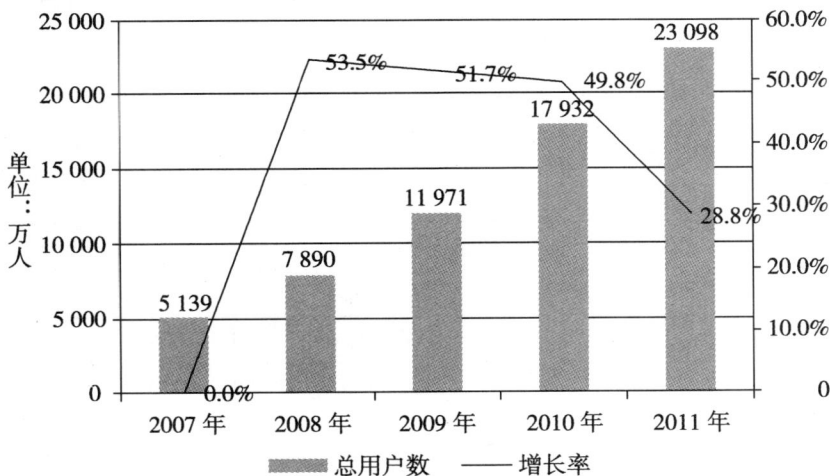

图 2-3　2007—2011 年中国手机邮箱市场用户规模发展趋势示意图

2.1.3.2　中国电信 3G 移动邮箱服务的发展现状

中国电信 3G 移动邮箱又称为 189 邮箱，用户手机号就是邮箱号，是互联网服务和移动服务的完美结合。

189 邮箱提供了多种接入方式，WWW 方式的接入地址是 Mail. 189. cn；WAP 方式的接入地址是 Wapmail. 189. cn；SMS 方式的客

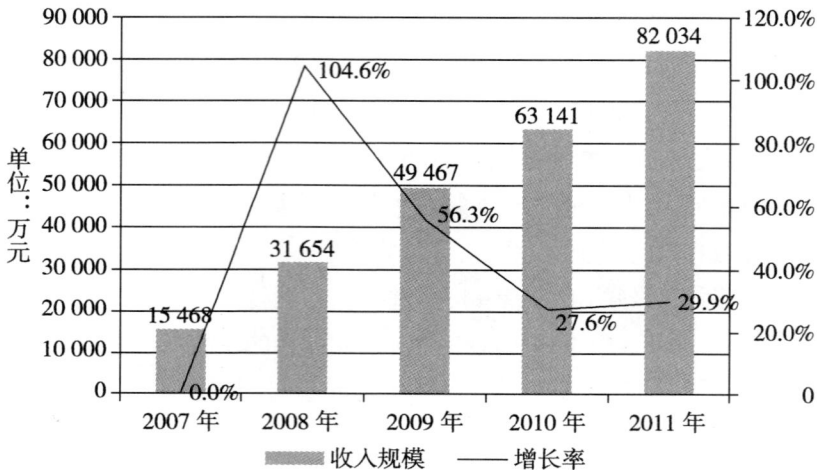

图 2-4　2007—2011 年中国手机邮箱市场收入规模发展趋势示意图

服号码是 10659189。189 邮箱用户即可以通过 PC 终端处理邮件，也可在移动终端收发邮件。2011 年，中国电信 189 邮箱累计注册用户超过 2 000 万，单月活跃用户超过 200 万，189 邮箱 PushMail 客户端共完成 21 款终端的单业务回归测试。189 邮箱和竞争对手 139 邮箱的比较，见表 2-3。

表 2-3　　　　　　　　　189 邮箱和 139 邮箱比较表

对比点		189 邮箱	139 邮箱
业务指标	运营时间	3 年	6 年
	发展阶段	规模增长期	深度运营期
	注册用户数（户）	超过 2 000 万	超过 1 亿
	渗透率	23.8%	23.1%
	活跃率	3.05%	4.55%
业务融合		天翼 LIVE、互联星空、网上营业厅、爱音乐等	飞信、移动梦网、无线音乐、网上营业厅等
业务开放		未开放	2011 年 12 月向联通、电信用户免费开放
终端适配情况	PushMail 终端部署	仅对付费用户	仅对付费用户
	PushMail 适配机型	21 款	100 款以上

189 邮箱用户在申请业务后，可以通过电脑终端对邮件进行操作，也可以在手机端通过短信、WAP、PushMail 客户端方式对邮件进行操作。免费的 189 邮箱不提供 PushMail 功能，只有付费的 189 邮箱才提供，其资费标准见表 2-4。付费的 189 邮箱既可以绑定社会邮箱，提供客户端方式的邮件推送服务，也可以提供大容量的网络硬盘。189 邮箱系统还采用了最先进的反垃圾邮件技术，可以对进出邮件系统的邮件进行过滤，还可以设置自己的邮件过滤规则。此外，189 邮箱系统专属杀毒引擎还会实时地对进出邮件系统的邮件进行病毒监测和处理，让收件更放心。

表 2-4 189 邮箱的资费标准表

资费	容量	附件	网络硬盘	PushMail	WEB 短信
免费	2G	20M	500M	无	同网 200 条+异网 100 条
5 元	10G	30M	1G	189 邮箱	同网 500 条+异网 100 条
10 元	20G	40M	5G	默认 189 邮箱，还可绑定 2 个其他邮箱	同网 500 条+异网 100 条
20 元	无限	50M	10G	默认 189 邮箱，还可绑定 4 个其他邮箱	同网 500 条+异网 100 条

2.1.3.3 新疆电信 3G 移动邮箱服务的发展现状

新疆 189 邮箱分为免费信箱和收费信箱。其中，189 免费邮箱面向中国电信天翼用户、我的 e 家用户、宽带用户开放，无需订购，通过 WEB 方式、短信方式激活后可直接使用；189 收费邮箱可通过 WEB 方式、WAP（189 邮箱门户网站、网厅、掌厅、互联星空门户等）方式来订购。

截至 2010 年 12 月，新疆电信 189 邮箱业务用户数达到 53.1 万户。2010 年新增邮箱注册用户 43.8 万户，完成用户数指标的 145.6%，除喀什、和田、克孜勒苏柯尔克孜自治州（以下简称"克州"）3 个地市未完成本年邮箱注册用户数指标外，其他分公司均完成用户数指标，2010 年新疆电信 189 邮箱累计注册用户数及活跃度如图 2-5 所示。但从全年来看，新疆电信 189 邮箱活跃率不高，2010 年 3 月活跃率达到最高点，仅为 14. 78%，2010 年 2 月活跃度为全年最低，仅为 2. 68%。2010 年，189 邮箱累计注册用户增长较快，主要原因是通过套餐等开通的用户数量较大，但各地市用户活跃率偏低，活跃用户量有待提高。其中，活跃用户是指当月以 WEB、WAP、短信等方式登录 189 邮箱的用户，活跃率是指 189 邮箱活跃用户数占手机出账用户数的百分比，渗透率是指 189 邮箱注册用户数占手机出账用户数的百分比。

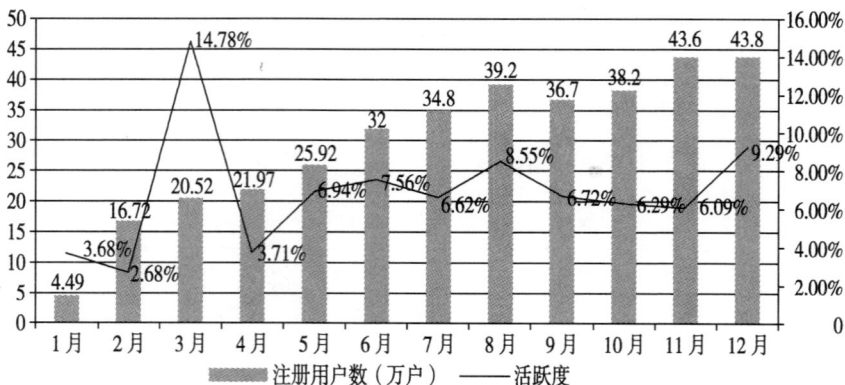

图 2-5　新疆电信 2010 年 189 邮箱累计注册用户数及活跃度示意图

截至 2011 年 8 月，新疆电信 189 邮箱用户数累计达到 94 万户，如图 2-6 所示。邮箱注册用户渗透率进一步提升，截至 8 月底，已达到 36%。189 邮箱业务已得到越来越多手机用户的关注，活跃率也逐步攀升至 18%，远远超过 2010 年的最高点 14. 78%。189 邮箱业务的活跃率和渗透率均高于集团水平。从 2010 年、2011 年的 189 邮箱业务数据可以看出，虽然新疆 189 邮箱的渗透率和活跃率均在逐步增长，但还存在很大的发展空间。

截至 2010 年 12 月，新疆全部 16 个分公司中，乌鲁木齐、伊犁哈萨克自治州（以下简称"伊犁"）、巴音郭楞蒙古自治州（以下简称"巴州"）、阿克苏、昌吉回族自治州（以下简称"昌吉"）等地州分公司 189 邮箱累计注册用户数均达到 3 万人以上，如图 2-7 所示，而和田、克州两个分公司的业绩较差，累计注册用户数均不到 1 万人。从 12 月份的月活跃率来看，和田、喀什、阿勒泰、伊犁 4 个分公司的月活跃率相对较高，都在 10% 以上，而克拉玛依分公司的月活跃率最低，仅为 6. 84%。

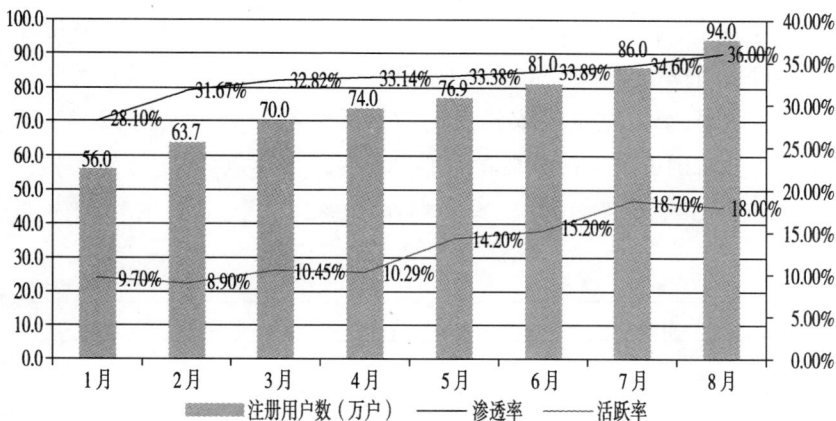

图 2-6　新疆电信 2011 年 1—8 月 189 邮箱累计注册用户数及活跃度示意图

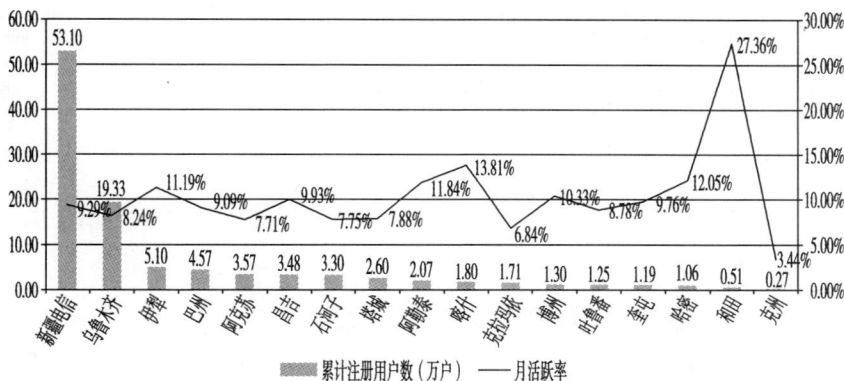

图 2-7　新疆电信 2010 年 12 月各分公司 189 邮箱累计注册用户数及活跃度示意图

　　针对新疆电信 2010 年各分公司 189 邮箱业务的活跃率普遍不高的问题，各分公司在营销中都采取了相应的措施，例如，开展营业厅主动营销，针对沉默 3 个月以上的用户进行 Push 提醒，通过网上营业厅向用户的 189 邮箱发送账单，在网上营业厅放置 189 邮箱使用帮助视频教程制作，对 10 000 客服进行 189 邮箱业务培训，对邮件群发进行推广，推广上邮箱听音乐活动。截至 2011 年 8 月，如图 2-8 所示，新疆全部 16 个分公司中，乌鲁木齐、伊犁、昌吉、巴州、阿克苏 5 个地州分公司累计注册用户数均达到 5 万人以上，石河子、塔城、喀什、阿勒泰 4 个分公司的累计注册用户数也都达到 3 万人以上，相比 2010 年，累计注册用户数达到 3 万人的分公司增加了 2 个。从 8 月的月活跃率来看，石河子、喀什、博尔塔拉蒙古自治州（以下简称"博州"）、哈密 4 个分公司的月活跃率相对较高，都在 20% 以上，远远超过 2010 年的 10% 左右的月活跃率，克拉玛依分公司的月活跃率最低，仅为 12.4%，也远远超出其 2010 年的 6.84% 的最低水平。在渗透率上，乌鲁木齐、昌吉、石河子 3 个分公司的渗透率都在 40% 以上，远超出其相应的活跃度。

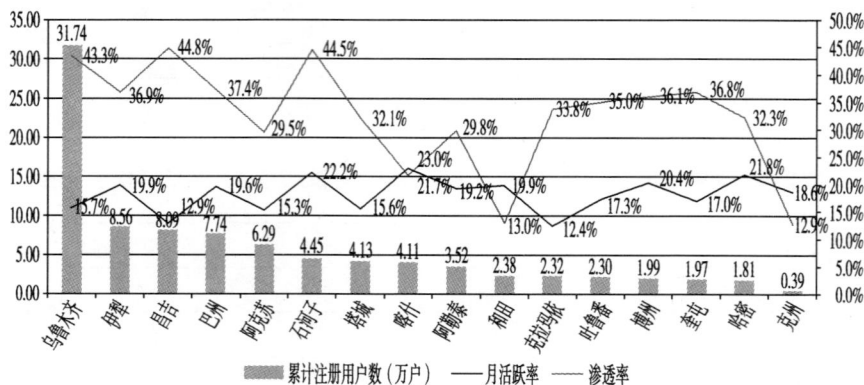

图 2-8　新疆电信 2011 年 8 月各分公司 189 邮箱累计注册用户数及活跃度示意图

2.2　移动服务采纳的相关理论基础

在移动服务的采纳研究上，大多数研究者都使用了采纳理论，还有部分学者在采纳研究中加入了其他学科的理论，从不同的视角来进行研究。

2.2.1　采纳模型理论及评述

Pedersen（2002）将理性行为理论、计划行为理论和技术接受模型统称为采纳模型，以下将对各个理论分别进行讨论。

2.2.1.1　理性行为理论

1975 年，理性行为理论（theory of reasoned action，TRA）[①] 由

---

① 　FISHBEIN M，AJZEN I. Belief，Attitude，Antention，and Behavior：An Introduction to Theory and Research [M]. Massachusetts：Addison-Wesley，1975.
AJZEN I，FISHBEIN M. Understanding Attitudes and Predicting Social Behavior [M]. New Jersey：Prentice-Hall，1980.

Fishbein & Ajzen 提出，是社会心理学中用以分析态度如何有意识地影响个体行为的理论。该理论假设人是理性的，在做出某一行为前会综合各种信息来考虑自身行为的意义和后果，认为行为意向会受到态度及社会规范的影响，而行为意向会进一步影响实际行为，TRA 模型结构如图 2-9 所示。

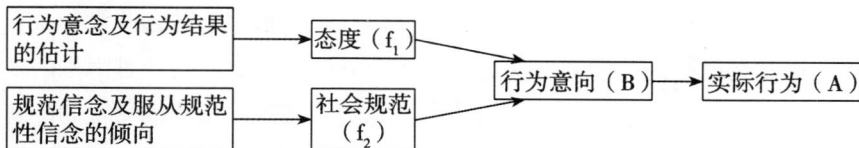

图 2-9　理性行为理论（TRA）结构示意图

其中，态度是人们对实施某行为所持有的正面或负面的评价，由行为意念及行为结果的估计所决定。社会规范指的是个体的规范性信念以及个体服从规范性信念的倾向，由个体对他人认为应该如何做的信任程度以及自己对与他人意见保持一致的动机水平所决定。人的行为意向是人体有实施某一特定行为的倾向。态度和社会规范两个要素决定了行为意向，最终导致了行为改变。态度（f_1）、社会规范（f_2）和行为意向（B）的关系可以用公式表示如下：

$$B = w_1 f_1 + w_2 f_2 \qquad\text{（公式 2-1）}$$

其中，w_1、w_2分别为态度、社会规范的相对权重，在实际研究中，可以通过回归进行估计。

更具体地，态度（f_1）可以被表示如下：

$$f_1 = \sum_{i=1}^{n} b_i e_i \qquad\text{（公式 2-2）}$$

其中，b_i是行为主体关于行为结果 i 的信念，e_i是行为主体对结果 i 的评价，n 是信念的数量。

社会规范（f_2）是行为主体的规范性信念以及行为主体服从规范性信念的倾向的函数。可以被表示为：

$$f_2 = \sum_{j=1}^{n} n_j m_j \qquad\text{（公式 2-3）}$$

其中，n_j是规范性信念，是重要的参考人认为他应不应该做这种行为，m_j是行为主体服从于参考人的倾向。

理性行为理论的优点首先在于它是一个通用的模型，可以用于解释人类的各种行为，因而也同样适用于用户对信息技术的接受及使用行为。其次它将行为意向和实际行为联系起来。在实际研究中，实际行为难以测量，往往用行为意向代替，此理论为实际行为的研究提供了理论依据。

理性行为理论的缺点首先在于此理论有一个重要的隐含假设：人有完全控制自己行为的能力。但是，由于个体的行为会受到各种因素的干扰，往往难于符合此假设。其次此理论相对简洁，对用户接受行为的解释并不完善。

由于理性行为理论的通用性、开放性和简洁性，因而在实际研究中可以被加入其他的预测变量，进行深化研究。相关学者的研究主要集中在理性行为理论适用性的拓展研究、理性行为理论模型的拓展研究、理性行为理论的深化研究 3 个领域。在理性行为理论适用性的拓展研究领域，Bontempo 等人证实了理性行为理论在跨文化研究中的适用性。Bagozzi 发现理性行为理论在多个国家都普遍适用，但预测能力存在差异；Trafimow 与 Fishbein 认为尽管对大多数人来说，态度对行为的控制超过规范对行为的控制，但是还是有小部分人的行为受到规范的控制。在理性行为理论模型的拓展研究领域，Fitzmaurice 发现将消费者对行为的热情加入到理性行为理论当中，新模型的解释能力要大于原来的理性行为理论模型。

在移动服务采纳领域，Melody M. Tsang（2004）研究了移动用户对移动广告的态度和接受行为的直接关系，研究结果表明，用户一般对移动广告持有消极态度，除非经过他们的同意，用户的态度和用户对移动广告的消费行为有直接的关系。Herbjorn（2005）基于技术接受模型和理性行为理论，在 684 位移动聊天服务用户的调查数据的基础上，研究性别差异在移动聊天服务接受上的影响，研究结果表明，社会规范和内在动机是女性用户接受的主要因素，而实用性和外在动机是男性用户接受的主要因素。Ting-Peng Liang（2011）扩展了理性行为理论，加入了情景因素，通过网上调查数据显示，情景因素对用户接受手机游戏有着显著的作用，因而服务提供商在设计服务时需考虑用户的使用情景。

2.2.1.2 计划行为理论

由于理性行为理论有一个重要的隐含假设，认为个体有完全控制自己行为的能力，严重制约了理论的广泛应用。为了扩大理论的适用范围，1985年Ajzen在理性行为理论的基础上，增加了知觉行为控制变量，初步提出计划行为理论（theory of planned behavior，TPB）[①]。1991年，计划行为理论发展成熟，Ajzen发表了《计划行为理论》一文，指出由于实际行为控制在实践中很难准确地评估，只能用感知行为控制来代替实际行为控制，TPB模型结构如图2-10所示。

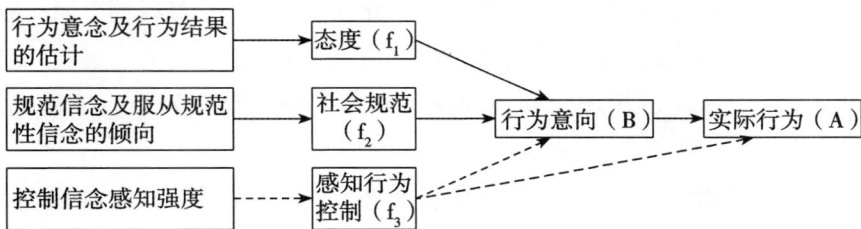

图 2-10 计划行为理论（TPB）结构示意图

注：未加虚线箭头所指关系，此图为理性行为理论结构；增加虚线箭头所指关系后，此图为计划行为理论结构。

计划行为理论认为，如果个体的态度越积极，社会的支持越大、个体的感知行为控制越强，则个体的行为意向就越大；反之，行为意向就越小。态度（f_1）、社会规范（f_2）、感知行为控制（f_3）和行为意向（B）的关系可以用公式表示如下：

$$B = w_1 f_1 + w_2 f_2 + w_3 f_3 \qquad （公式2-4）$$

行为意向（B）、感知行为控制（f_3）和实际行为（A）之间的关系，可以用公式表示为：

$$A = w_4 f_3 + w_5 B \qquad （公式2-5）$$

其中，w_1、w_2、w_3、w_4、w_5为各因素在公式中的相对权重。

感知行为控制是行为主体感知到做某一行为的难易程度，是行为主体对促进或阻碍行为因素的感知。感知行为控制（f_3）由控制信念和感

---

① AJZEN I. From Intentions to Actions：A Theory of Planned Behavior [M]. New York：Springer Verlag，1985.
AJZEN I. The Theory of Planned Behavior [J]. Org. Behav. Hum. Decis. Process，1991（50），179-211.

知强度构成，可以表示为：

$$f_3 = \sum_{k=1}^{n} c_k p_k \qquad \text{（公式 2-6）}$$

其中，控制信念 c_k 是指行为主体感知到的，会促进或阻碍行为的因素；而感知强度 p_k 是指主体感知到的，对行为有促进或阻碍作用的因素对行为的影响程度。

计划行为理论的优点首先在于它是一个通用模型，可以用于解释人类的各种行为，因而也同样适用于用户对信息技术的接受及使用行为。其次，由于感知行为控制因素的加入，此理论在解释个体行为方面有更强的解释能力。最后，由于在实践中，用户的实际接受行为很难直接测量，因此，可以采用用户的接受意向作为实际接受行为的间接反映，TPB 理论也为此提供了理论支持。

计划行为理论的缺点首先在于，当决定行为意向的控制问题不是行为主体所能考虑的因素时，计划行为理论的预测效果会接近理性行为理论。其次，虽然相比理性行为理论，计划行为理论的解释能力有所提高，但是对用户接受行为的解释仍不完善。

在移动服务接受领域内，T. S. H Teo（2002）利用网上问卷，研究态度、规范准则和感知行为控制对用户接受带有 WAP 功能手机的影响。研究表明，态度（尤其是相对优势）、风险和形象显著影响了用户的接受行为，而规范准则、感知行为控制影响不大。Hung 等人（2003）通过调查问卷发现，在用户对 WAP 的接受上，态度和主观规范对行为意向有显著影响，而感知行为控制的影响并不显著，行为意向与实际行为显著相关。Helge Thorbjornsen（2007）利用扩展的计划行为理论，建立模型研究移动多媒体消息（MMS）的用户接受行为，模型具有不错的解释能力。Ying-Chih Chen（2009）基于计划行为理论和经验的价值，构建了一个模型预测手机游戏服务的用户接受行为，研究结果表明，态度、主观规范和经验对用户使用行为有显著的正面影响。Ying-Wei Shih（2011）探讨了移动娱乐服务（MES）用户使用的影响因素，根据计划行为理论建立模型，研究结果表明，态度、社会规范和感知行为控制影响着行为意向，而形象影响态度和主观规范。

更多的文献是在其他理论（如 TAM）的基础上加入了计划行为理论中的一些重要变量，Yi-Shun Wang（2006）基于技术接受模型（TAM）和计划行为理论，利用 258 个台湾用户数据，采用结构方程建模方法，建立模型预测消费者是否接受移动服务。Zhang 和 Mao（2008）在 TAM 基础上增加了计划行为理论中的主观规范因素来预测用户接受。Hua Dai（2009）确定了包括主观规范在内的 9 个影响用户接受的重要因素，并利用 190 个中国和美国的用户数据进行比较，找到了中美用户间的几个显著差异。Paul Gerhardt Schierz（2010）确定了影响用户接受的几个重要因素，实证结果表明兼容性、主观规范对用户使用有显著的影响。

2.2.1.3　技术接受模型

技术接受模型（technology acceptance model，TAM）根据理性行为理论在信息系统领域发展而来（Davis，1989；Bagozzi & Warshaw，1992），用于解释和预测用户对信息技术的接受程度[①]。

Davis 认为，对于技术接受行为，态度对行为意向的影响远远超出主观规范对其的影响，因而在模型中去除了主观规范，使模型更简洁。Davis 提出外部变量影响感知有用性和感知易用性，感知易用性影响感知有用性，而感知有用性和感知易用性又决定了用户的态度，态度和感知有用性进而影响用户的行为意向，行为意向又进一步影响用户的实际使用。TAM 模型结构如图 2-11 所示。

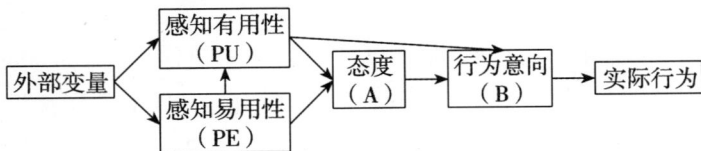

图 2-11　技术接受模型（TAM）结构示意图

其中，外部变量是指可能影响用户接受的因素。感知有用性（perceived usefulness，PU）是指用户在使用某项技术时，主观上认为其

---

① DAVIS F D. Perceived Usefulness, Perceived Ease of Use, and User Acceptance of Information Technology [J]. MIS Quarterly, 1989, 13（3）：319-340.
DAVIS F D, BAGOZZI R P, WARSHAW P R. User Acceptance of Computer Technology: A Comparison of Two Theoretical Models [J]. Management Science, 1989, 35：982-1003.

所带来的工作绩效的提升程度，是结果预期。感知易用性（perceived ease-of-use，PE）是指用户在使用某项技术时，感知到的容易程度，是过程预期。态度是指用户对某项技术的评价，反映了用户的使用感受。行为意向是指用户想要采用某项技术的意愿。实际使用是指用户对某项技术的实际操作。TAM 模型说明感知有用性和感知易用性是决定用户使用的两个重要因素。用户的感知易用性越高，其使用态度越积极。其次，用户对技术的使用可以通过意向来预测。

此模型中，感知易用性影响感知有用性，可以用公式表示如下：

$$PU = w_1 PE \tag{公式2-7}$$

感知有用性和感知易用性决定用户的态度，可以用公式表示如下：

$$A = w_2 PU + w_3 PE \tag{公式2-8}$$

态度和感知有用性进而影响用户的行为意向，可以用公式表示如下：

$$B = w_4 A + w_5 PU \tag{公式2-9}$$

其中，w_1、w_2、w_3、w_4、w_5 为各因素在公式中的相对权重。

TAM 模型的局限首先在于模型中没有考虑社会影响因素。其次，由于研究对象为高校的学生，同质性较强，而且此类人群拥有更多的信息技术知识，因此，不能代表所有人群。最后，测量方法具有局限性，以调查问卷作为研究数据，而不是以实际使用数据，可能会夸大自变量和因变量之间的因果关系。

TAM 模型的改进。Davis 等人（1989）的研究发现，对于信息技术的接受，态度对行为意向的影响并不显著。同样地，Venkatesh 等人（2003）也证实了此观点。因此，Davis 简化了 TAM 模型，将态度从 TAM 模型中去掉，改进后的 TAM 模型结构如图 2-12 所示。

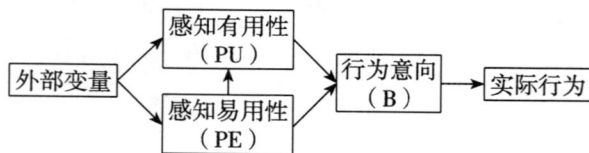

图 2-12　改进后的技术接受模型（TAM）结构示意图

TAM 模型的扩展。Davis 等人（2000）构建了扩展的技术接受模型 TAM2，TAM2 模型结构如图 2-13 所示。TAM2 弥补了 TAM 研究中的实证不足问题，引入社会影响过程（社会规范、形象、经验和自愿性）和认知工具过程（工作相关性、产出质量和结果示范）2 个复合变量来解释感知有用性和行为意向，提高了模型的解释能力。

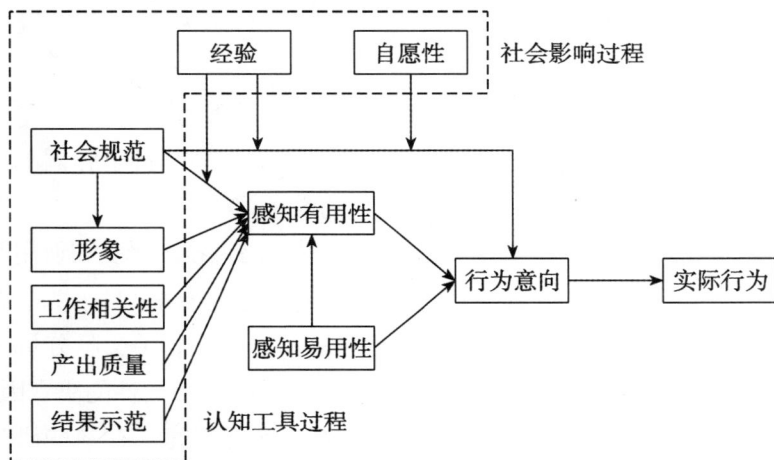

图 2-13　TAM2 模型结构示意图

在 TAM2 出现之前，已有多位学者研究社会影响过程变量中的各个子变量对意向的影响，这些研究为 TAM2 提供了理论支撑。对于社会规范，学者们的看法并不一致。Mathieson（1991）发现社会规范对意向没有太大影响；而 Taylor（1995）则持相反的意见；Hartwick（1994）则认为社会规范在强制使用的背景下对意向有着重要的影响，而在自愿背景下没有影响；Moore（1991）认为个人为了得到社会的支持或认同，会遵从某些社会规范以维持良好的形象。TAM2 理论认为：（1）在强制使用状态下，社会规范对意向有积极的直接影响，在自愿使用状态下，社会规范对意向没有重要的影响。（2）自愿性对使用只起调节作用。（3）社会规范对形象有积极的影响，形象对感知有用性有重要的影响。

同样地，在 TAM2 出现之前，也已经有多位学者研究认知工具过程变量中的各个子变量对行为意向的影响，这些研究同样为 TAM2 提供了理论支撑。对于工作相关性，Leonard 等人提出了工作决定重要性；Hartwick 等人定义了个人重要性和相关性；Goodhue 定义了工作-技术适合度。三位学者都把工作相关性作为一种认知判断。对于结果示范，Agarwal 等人发现使用意向和结果示范之间有重要的相关性。TAM2 理论认为：（1）工作相关性对感知有用性有直接的影响。（2）产出质量对感知有用性有积极的影响。（3）结果示范将直接影响感知有用性。

TAM2 模型的不足之处在于，虽然 TAM2 模型引入了 2 个复杂变量，弥补了 TAM 研究中的实证不足问题，但是 TAM2 过于强调工具性认知对使用意向的影响，而忽视了人们的内在动机。

TAM3 模型的出现。TAM 模型已成为预测信息技术接受和使用的成熟模型，但是它缺乏一定的可操作性，不能很好地指导实践。为了找出 TAM 模型中的决定因素，部分学者作了一些研究，相关文献分析见表 2-5。此外，Venkatesh 和 Davis（2000）研究了感知有用性的决定因素，Venkatesh（2000）探讨了感知易用性的决定因素模型。在这些研究的基础之上，Venkatesh 和 Bala（2008）综合了感知有用性和感知易用性的决定因素，提出了 TAM3，其结构如图 2-14 所示。

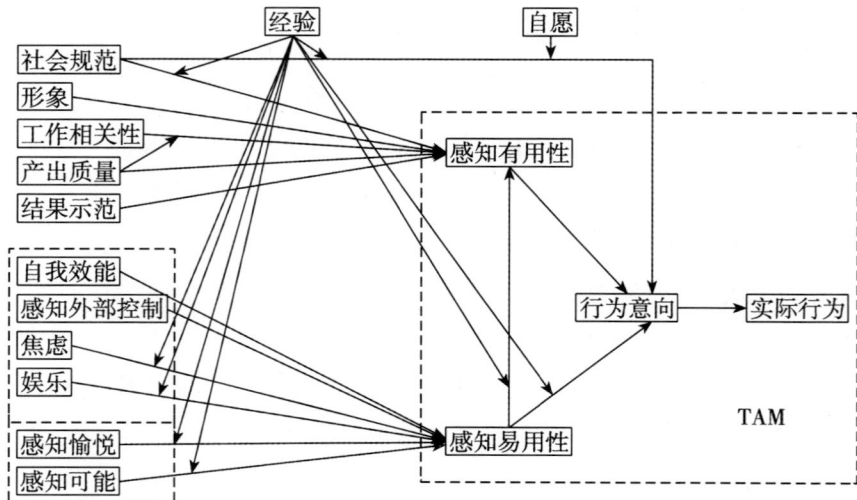

图 2-14　TAM3 模型结构示意图

表2-5　　　　　　　　　技术接受模型相关文献分析表

序号	研究者（年代）	研究主题	影响变量	结论
1	Pedersen (2003)	多媒体短消息	感知有用性，感知易用性，外界影响，人际影响，自我控制，自我效能，便利条件	使用意愿影响实际使用，感知行为控制与实际使用负相关，使用态度不影响使用意愿，主观规范和感知行为控制影响使用意愿
2	Zhang (2008)	移动短消息	感知有用性，感知易用性，主观规范，信任，使用意愿，实际使用	感知有用性和感知易用性直接影响行为意向，主观规范和信任对行为意向有正向影响
3	Kim (2008)	移动短消息	感知娱乐，感知币价值，感知有用性，感知易用性	感知娱乐、感知币价值、感知有用性、感知易用性是影响用户采纳的4个直接因素
4	Crabbe (2009)	移动银行	感知有用性，感知易用性，实际使用，感知信誉，便利条件	社会和文化因素在感知信誉、便利条件等方面发挥了显著作用
5	Gu (2009)	移动银行	感知有用性，感知易用性，态度，实际使用	感知易用性直接和间接影响行为意向
6	Daud (2011)	移动银行	感知有用性，感知易用性，感知信任，感知风险，顾客意识，使用意愿	感知有用性、感知易用性、感知信任、感知风险和顾客意识都影响使用意愿

　　TAM3模型是对TAM2的进一步扩充和延伸，主要优势在于其全面性和潜在的实践价值。TAM3模型中，既增加了感知易用性的决定因素（自我效能、感知外部控制、焦虑、娱乐），又增加了感知易用性的调节因素（感知愉悦、感知可能）。其中，自我效能是指用户对自己使用信息技术能力的一种判断；感知外部控制是指用户在使用信息技术时对外部条件的一种判断；焦虑是指用户在使用信息技术过程中产生的忧虑感；娱乐是指用户在信息技术使用过程中产生的愉悦心理；感知愉悦是指用户对使用信息技术所带来的愉悦的一种判断；感知可能是指使用信息技术完成任务所付出努力的可能性。在用户接受和使用信息技术的过

程中，感知易用性的 4 个决定因素是重要的预测因素，而只有在用户使用信息技术的中后期，感知愉悦和感知可能才会发挥作用。

近年来，随着移动服务的发展，研究者开始将 TAM 模型引入移动服务的采纳研究中，依据移动服务的特征对模型进行修改，能使之更好地应用于移动服务的采纳研究。对模型的修改主要集中在以下两个方面：

（1）删去某些变量简化 TAM 模型

Davis（1989）的研究表明，对于信息系统的采纳，态度对行为意向的影响并不显著。Venkatesh（2003）的研究同样证实了这个观点。因此，部分学者将态度从 TAM 模型中删除，简化了模型。邓朝华（2007）在研究移动短消息的采纳时，也在 TAM 模型中删除了态度变量。

（2）加入新的变量扩展 TAM 模型

部分学者根据具体移动服务的特征加入新的变量。邓朝华（2007）在研究移动短消息时，根据服务的特征，在模型中加入了沟通有效性和感知乐趣变量。杨永清（2011）在研究移动支付的采纳时，在模型中加入了感知风险和感知成本变量。部分学者还依据其他理论，在模型中增加变量。邓朝华（2007）依据网络外部性理论，在模型中加入了网络外部性变量。郭俊峰（2007）依据计划行为理论，在模型中加入了感知行为控制变量。凌鸿（2008）依据理性行为理论，在模型中加入了主观规范变量。杨永清（2011）依据创新扩散理论，扩展 TAM 模型，在模型中加入了相对优势和自我形象变量。部分学者将文化、技术特征等背景因素引入 TAM 模型。鲁耀斌（2006）在对即时通讯服务进行研究时，在 TAM 模型的基础上增加了 3 个变量，分别是沉浸体验、知觉趣味性和隐私。

在移动服务领域内，TAM 模型应用广泛。在移动银行业务上，Crabbe（2009）研究了影响移动银行接受的因素，研究发现社会和文化因素在感知信誉、便利条件等方面发挥显著作用。Ja-Chul Gu（2009）研究发现感知易用性直接和间接影响行为意向，是移动银行服务接受最强的前因。Sheng M（2011）等将 TAM 模型应用到移动银行，研究了影响移动银行接受的因素。在移动票务业务上，Mallat 在 2008 和 2009 的两篇文章中采用了 TAM 模型，研究表明上下文和移动服务特定功能是用户接受的重要决定因素，应加入到 TAM 模型中。在短消息业务上，Jing Zhang（2008）将 TAM 模型运用到 SMS 广告营销上，采用结构方差模型分析和预测了青年人对 SMS 广告的接受。Song（2011）结合 TAM 模型，研究了影响短消息采纳的各种影响因素。

2.2.1.4 评述与借鉴

计划行为理论和技术接受模型都是由理性行为理论发展而来的，三者的比较见表 2-6。从信念的角度来看，这三种理论模型都认为，用户对信息技术的使用都是建立在信念和规范之上的。但是，理性行为理论的信念是一般性的，在实际研究中，要结合研究背景确定合适的信念变量；技术接受模型有专门的针对信息技术的信念变量；而计划行为理论加入了感知行为控制变量，认为人的行为不完全受信念的影响。从预测信息技术的接受行为的角度来看，技术接受模型具有较高的简洁性，容易操作，在实证研究上存在优势，预测能力优于理性行为理论和计划行为理论；计划行为理论针对不同的研究，可以考虑更多的信念，应用范围更广，但预测能力不如技术接受模型；理性行为理论的预测能力最弱。

表 2-6　　　　　　　　　　TRA、TPB 和 TAM 的比较表

对比角度	TRA	TPB	TAM
影响因素	态度 主观规范	态度 主观规范 感知行为控制	感知有用性 感知易用性 态度
适用于	可以受用户意志决定的情形	不完全受用户意志决定的情形	信息技术的使用行为
解释能力	TAM>TPB>TRA		
共同点	用户对信息技术的使用都建立在信念和规范之上		

从前面的比较中可以发现，计划行为理论中增加了感知行为控制变量，从而解释使用意愿的变量变成了 3 个：态度、主观规范、感知行为控制。所以，在本研究中，基于技术接受模型，同时也借鉴计划行为模

型的理论，增加了使用意愿的解释变量。此外，本研究将从"社会影响"、"人际影响"和"自我控制"3 个方面来定义主观规范，说明移动邮箱的采纳受到社会、亲朋好友或同事以及自我形象等多方面的影响。而对于感知行为控制，本研究从自我效能和便利条件 2 个方面来说明。

2.2.2　创新扩散理论及评述

创新扩散理论最初用在社会学领域，随着信息技术的发展，部分研究者也从创新扩散的角度研究了用户的技术接受问题。

2.2.2.1　创新扩散理论

创新扩散（the diffusion of innovation，DOI），是指新技术一旦被引入到一个社会系统中，就会从一个决策单位不断地传递到下一个决策单位。1962 年，美国新墨西哥大学 Everett M. Rogers 教授出版了《创新扩散（第一版）》，提出了创新扩散理论（innovation diffusion theory，IDT）[①]，在随后的各个版本中，作者不断完善和改进创新扩散理论（1962 年第一版，1971 年第二版，1983 年第三版，1995 年第四版，2003 年第五版）。Rogers 认为创新扩散理论包含 5 个方面：（1）创新扩散过程中的要素；（2）创新的接受过程；（3）个人的特性；（4）接受创新的速度；（5）沟通渠道。

Rogers 认为，在创新扩散过程中有 4 个重要的要素：创新、传播渠道、时间和社会系统。其中，创新是一种被个人或其他采纳个体感知为新鲜的思想、实践或对象；传播渠道是指信息在个体间的传播方式；时间是指扩散所需时间；社会系统是指一群为了某一共同目标结合在一起的一群相互关联的个体。

在"个人接受模型中"，Rogers 将接受过程分为知识、说服、决策、使用和确认 5 个阶段；在"组织接受模型中"，Rogers 将接受过程分为问题设定、问题匹配、组织或流程再造、阐明问题、日常化 5 个阶段。

---

① ROGERS E M. Diffusion of Innovations [M]. Glencoe：Free Press，1962.

在个人的特性方面，Rogers认为，个体对创新持有不同程度的意愿，创新扩散的传播过程可以用一条"S"形曲线来描述。在扩散的早期，采用者很少，进展较慢；当采用者人数达到一定规模时，进展加速；当接近饱和点时，进展又会减缓。整个过程类似于一条"S"形的曲线。

在接受创新的速度方面，Rogers认为创新的特性决定了接受创新的速度，影响创新接受速度的5个变量如图2-15所示。Rogers（1962年第一版）认为创新的5个感知特性包括：相对优势、兼容性、复杂性、可分性和沟通度。Rogers（1983年第三版）对其进行了修订，首先用可试性、可观察性代替了可分性、沟通度，将这5个感知特性定义为感知属性变量；其次，增加了创新决策类型变量、传播渠道变量、社会系统性质变量和推广人员的努力程度变量。相对优势是采纳者感知到的采用创新后所带来的经济、社会或其他形式的收益。相对优势与接受创新的速度正相关，用户感知的相对优势越大，采用创新的速度就越快。Rogers（1995年第四版）认为创新的自身特点决定了经济、社会或其他收益中的一员对用户来说更重要。Rogers（2003年第五版）认为兼容性主要体现在价值观念、已有经验和需求3个方面，是指用户现有的价值观念、已有经验和需求的一致程度。兼容性与接受创新的速度正相关，兼容性越高，创新更能适应用户，减少潜在用户的不确定性。复杂性是指用户感知创新、理解创新、使用创新的困难程度，Rogers（2003年第五版）认为它与创新接受的速度负相关，即复杂性越低，接受创新的速度越快，潜在用户的不确定性越少。可试性是指创新在有限范围内被试用的程度，Rogers（2003年第五版）认为，它与用户接受创新的速度正相关，即创新越容易被试用，其被接受的程度越高。可观察性是指创新的成果被他人观察到或传播的程度，同样地，它也与用户接受创新的速度正相关。

在沟通渠道方面，Rogers认为创新扩散总是借助一定的社会网络进行，在创新向社会推广和扩散的过程中，信息技术能够有效地提供相关的知识和信息，但在说服人们接受和使用创新方面，人际交流则显得更为直接、有效。因此，创新推广的最佳途径是将信息技术和人际交流结合起来加以应用。

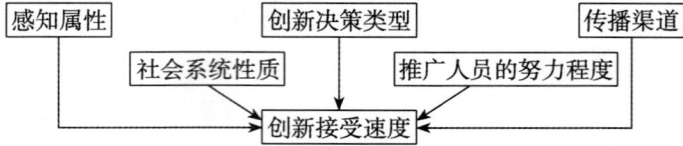

图 2-15 影响创新接受速度的 5 个变量图

More 和 Benbasat（1991）将创新扩散理论应用于信息系统的研究，并且将感知创新的属性由 5 个扩展到 8 个，增加了结果可展示性、形象和自愿性。

Premkumar G 等人（1994）将创新扩散理论应用于电子数据交换的研究，检查复杂性、兼容性、成本、相对优势等各种创新特征与扩散（适应、内部扩散、外部扩散）电子数据交换在组织中的各种属性之间的关系。多元回归分析的结果显示，相对优势、成本和技术兼容性为主要指标，而且形式（技术和组织）的兼容性和成本都被发现是成功实施电子数据交换的重要因素。

Mallat 和 Tuunainen（2005）将创新扩散理论应用于移动支付系统的研究。从两个并行数据集得到实证结果，在证实了移动支付的潜在优势的同时，还确定了几个影响用户接受的因素：相对优势、兼容性、复杂性和成本。

Hsu 和 Lu（2007）将创新扩散理论应用于移动多媒体短消息的研究，检验了相对优势等 8 个感知属性在不同阶段用户接受上的差异性，研究发现潜在用户和老用户间存在显著的差异。

Lin（2010）将创新扩散理论应用于手机银行的研究。通过对多位潜在客户及老客户调查，发现感知属性，如相对优势、易用性、兼容性等，影响着用户的接受行为，研究发现潜在用户和老用户间存在显著的差异。

冯笑笑（2010）基于 736 份有效问卷的统计数据，研究了手机上网核心用户群的移动服务采纳情况，探索了浙江省移动服务扩散的特征，并在将采纳者分类的基础上，研究了不同用户群的群体特征。

2.2.2.2 评述与借鉴

技术接受模型和创新扩散理论之间也有着密切的联系，两者的比较见表2-7。首先，虽然这两个理论的研究角度不同，但二者的核心概念是一致的。技术接受模型中的感知有用性和创新扩散理论中的相对优势都基于期望理论，是用户感知使用信息技术后将会产生的有利结果。而技术接受模型中的感知易用性和创新扩散理论中的复杂性都是指用户感知到的信息技术在使用上的难易程度。因此，这两个理论是相互验证的。其次，这两个理论在信息技术的接受上是互补的。技术接受模型为态度、意向和实际行为间的关联提供了理论支持，却没有考虑社会环境的影响，而创新扩散理论探讨了态度，确没有指出态度如何指导用户的使用。

表2-7   TAM 和 IDT 的比较表

对比角度	TAM	IDT
决策行为	提供了态度、意向和实际行为的关联	没有指出态度如何指导用户的使用
增加绩效	技术接受模型中的感知有用性和创新扩散理论中的相对优势都基于期望理论，均指绩效的增加	
感知难易	技术接受模型中的感知易用性和创新扩散理论中的复杂性都是指用户感知到的信息技术在使用上的难易程度	

从前面的介绍可知，Rogers（1983）认为创新的5个感知特性包括可试性、可观察性、相对优势、兼容性、复杂性。所以，本研究在基于技术接受模型的同时，也借鉴创新扩散理论，增加了可试性作为使用态度的解释变量。More（1991）将创新扩散理论应用于信息系统的研究，并将感知创新的属性由5个扩展到8个，增加了结果可展示性、形象和自愿性。所以，借鉴创新扩散理论，本研究增加了个人创新（自愿性）作为使用态度的解释变量。

2.2.3 技术接受和使用统一理论及评述

2.2.3.1 技术接受和使用统一理论

在信息技术采纳的研究领域，虽然出现了理性行为理论、计划行为理论、创新扩散理论等理论模型，但是由于研究的复杂性和研究视角的不同，没有哪一种模型能涵盖所有的影响因素。因此，Venkatesh、Morris 和 Davis（2003）[①] 以理性行为理论（TRA）、计划行为理论（TPB）、创新扩散理论（IDT）、技术接受模型（TAM）、社会认知理论（SCT）、动机模型（MM）、TAM 和 TPB 整合模型（C-TAM-TPB）、PC 使用模型（MPCU）为基础，归纳其核心概念，统一术语，提出了技术接受和使用统一理论（the unified theory of acceptance and use of techonology，UTAUT），指出影响行为意向和实际行为的 4 个主要因素，分别是绩效期望（PE）、努力期望（EE）、社会影响（SI）和便利条件（FC）。除此之外，Venkatesh 等人（2003）还在模型中加入了性别、年龄、经验和自愿性 4 个调节变量。在技术接受和使用统一理论中，绩效期望的概念来源于 5 个理论，见表 2-8，分别是相对优势（创新扩散理论）、感知有用性（技术接受模型）、外在动机（动机模型）、工作适应（PC 使用模型）、产出期望（社会认知理论），是指用户对采用信息技术能多大程度提高自己的工作绩效的期望，是影响用户行为意向的最主要因素。Venkatesh（2003）认为青年比老年、男性比女性更注重工作绩效的提高，其任务导向性更为明显。

表 2-8　　　　　　　　　　　绩效期望概念来源表

名称	名称来源	理论来源
绩效期望	相对优势	创新扩散理论
	感知有用性	技术接受模型
	外在动机	动机模型
	工作适应	PC 使用模型
	产出期望	社会认知理论

努力期望的概念来源于 3 个理论，见表 2-9，分别是易用性（创新扩散理论）、感知易用性（技术接受模型）、复杂性（PC 使用模型），是指用户对采用信息技术能多大程度减轻自己的工作强度的期望。Venkatesh 等多位学者的研究显示，在用户使用信息技术的初期，努力

---

① VENKATESH V，MORRIS M G，DAVIS G B，et al. User Acceptance of Information Technology：Toward a Unified View [J]. MIS Quarterly，2003，27：425-478.

期望对行为意向的影响是显著的，但是随着用户使用信息技术时间的增加，努力期望对行为意向的影响会越来越小。

表2-9　　　　　　　　　　**努力期望概念来源表**

名称	名称来源	理论来源
努力期望	易用性	创新扩散理论
	感知易用性	技术接受模型
	复杂性	PC 使用模型

　　社会影响的概念来源于 3 个理论，见表 2-10，分别是形象（创新扩散理论）、社会因素（PC 使用模型）、主观规范（理性行为理论、计划行为理论、技术接受模型 2、TAM 和 TPB 整合模型），是指用户认为重要的人会在多大程度上赞成用户使用信息技术。Venkatesh（2003）认为社会影响对行为意向的影响受到性别、年龄、经验和自愿性等 4 个调节变量的影响。

表2-10　　　　　　　　　　**社会影响概念来源表**

名称	名称来源	理论来源
社会影响	形象	创新扩散理论
	社会因素	PC 使用模型
	主观规范	理性行为理论 计划行为理论 技术接受模型 2 TAM 和 TPB 整合模型

　　便利条件的概念来源于 3 个理论，见表 2-11，分别是兼容性（创新扩散理论）、感知行为控制（计划行为理论）、便利条件（PC 使用模型），是指用户感知到的技术、设备等方面对用户使用信息技术的支持程度。Venkatesh（2003）认为由性别、年龄、经验和自愿性等 4 个调节变量中的两个以上构成的复合调节变量，会使便利条件对行为意向的作用更明显。

表 2-11 便利条件概念来源表

名称	名称来源	理论来源
便利条件	兼容性	创新扩散理论
	感知行为控制	计划行为理论
	便利条件	PC 使用模型

在移动服务采纳领域内，Shin（2007）在 UTAUT 的基础上增加了安全和信任两个概念，对移动钱包服务采纳意愿的影响因素进行了分析和验证。研究结果表明，绩效期望、便利条件、信任和安全对行为意向有显著影响，而努力期望、社会影响对行为意向的影响不明显。Wu 等人（2008）在 UTAUT 的基础上，对移动服务的采纳意愿影响因素进行了分析。研究结果表明，绩效期望、社会影响和便利条件对行为意向有显著影响，而努力期望对行为意向的影响不明显。Wang（2010）在 UTAUT 的基础上，研究移动互联网（M-Internet）接受的决定因素，并了解是否会存在性别差异。Lai（2010）扩展了 UTAUT 模型，帮助理解影响用户使用的正面和负面因素，可以更显著地解释用户采用意向和使用行为。UTAUT 模型如图 2-16 所示。

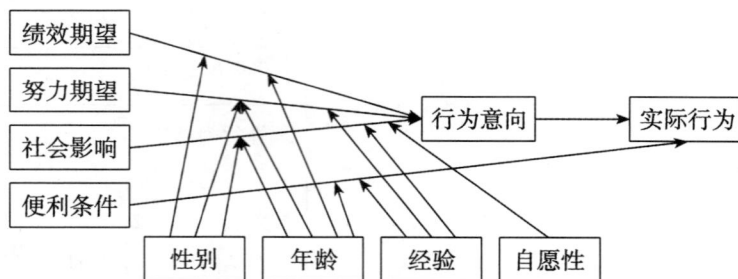

图 2-16 技术接受和使用统一理论（UTAUT）模型结构示意图

2.2.3.2 评述与借鉴

技术接受和使用统一理论整合了理性行为理论、计划行为理论、创新扩散理论、技术接受模型等 8 个理论模型，同时还统一了 8 个模型中含义相同或相近的术语。此外，该模型提出性别、年龄、经验和自愿性等变量对用户的使用意愿具有调节作用。Venkatesh（2003）认为青年比老年、男性比女性更注重工作绩效的提高，其任务导向性更为明显；由性别、年龄、经验和自愿性等4个调节变量中两个以上构成的复合调节变量，会使便利条件对行为意向的作用更明显。

所以，本研究在基于技术接受模型的同时，也借鉴了技术接受和使用统一理论，增加了性别、年龄、经验作为调节变量。同时，将经验分为直接经验和间接经验，并比较了二者的不同。

2.2.4　网络外部性理论及评述

当一种产品对用户的价值随着采用相同产品用户数量的增加而增加时，就出现了网络外部性。

2.2.4.1　网络外部性理论

网络外部性的概念最早是由 Rohlfs（1974）提出的[①]，他指出网络外部性是需求方规模经济的原因。当一种产品对消费者的价值随着其他使用者的数量增加而增加时，这种产品就具有网络外部性。Katz 和 ShaPiro（1985）在《网络外部性、竞争和兼容性》一文中[②]，对"网络外部性"（network externality）进行较为正式的定义，认为网络外部性是指随着使用同一产品或服务的用户数量的变化，每个用户从消费此产品或服务中所获得的效用的变化。

由于网络外部性的存在，每个用户从使用某产品中得到的效用，与用户的总数量有关。用户人数越多，每个用户得到的效用就越高，这也就意味着网络用户数量的增长，将会带动用户总效用呈平方化的增长。

网络外部性无处不在，例如，以电子邮件为例，使用电子邮件的用户构成一个无形的网络，用户数越多，则用户感知到的电子邮件价值就越大，因为，通过这种方式可以联系到更多的用户。Kanff 等人（2000）认为已经存在大量理论文献证明网络外部性是影响网络接受的一个决定因素。Wang（2005）将网络外部性理论和 TAM 结合，并用感

---

① JEFFREY R. A Theory of Interdependent Demand for a Communications Service [J]. Bell Journal of Economics, 1974, 5（1）：16-37.

② KATZ M, SHAPIRO C. Network Externality, Competition, and Compatibility [J]. American Economic Review, 1985, 75：424-440.

知用户数量表示网络外部性来作为外部变量，利用结构方程对模型进行验证，结果发现，网络外部性与 TAM 融合效果好，对用户使用行为解释能力强，具体模型如图 2-17 所示。Toru（2007）认为网络外部性是指当使用某个网络的用户越多时，那么该网络对每个用户的作用就越大。邓朝华（2007）基于 TAM 模型及网络外部性理论，在移动环境下研究移动服务的使用行为，发现网络外部性对感知易用性、感知有用性等因素有着显著的影响，短信服务使用行为研究模型如图 2-18 所示。Wang（2008）在多媒体信息服务（MMS）的实证研究中发现，网络外部性效应影响用户对这种移动创新的接受行为。Michael（2009）将网络外部变量加入技术接受模型，并对扩展后的模型进行了实证检验，发现扩展后的模型预测精度得以提高。Zhang（2010）针对移动服务的同质化现象的出现，结合技术接受模型和转换成本理论构建了用户对移动通信服务的转换选择模型，从感知的转换成本、感知有用性、感知易用性、自觉服务和网络外部性等 5 个方面进行了研究。

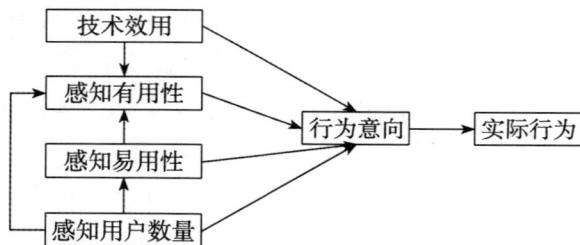

图 2-17　在线即时通讯服务模型示意图

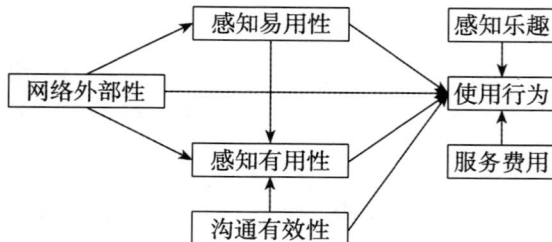

图 2-18　短信服务使用行为研究模型图

网络外部性对用户的采纳意愿的影响可以是正效应，也可以是负效应。如果随着用户数量的增加，用户获得的效用相应地增加，用户就会感知到正效应，此时网络外部性为正效应。Liebowitz（1994）指出当网络出现过载或超负荷时，即网络价值的增长小于网络规模的增长，用户就会感知到负效应。

Katz 和 ShaPiro（1985）指出网络外部性包括直接网络外部性和间接网络外部性。直接网络外部性是指使用同种产品的用户数量的增加而引发的直接物理效应。间接网络外部性是指随着用户数量的增加，该服务的互补品的数量相应地增加，导致服务的价格相应地降低，从而给用户带来的价值增加。Liebowitz（1994）认为间接网络外部性是一种外部效应，它通过价格体系产生作用，也就是互补产品的规模经济效应。Clements（2005）认为直接网络外部性和间接网络外部性对技术标准的影响是不同的。

2.2.4.2 评述与借鉴

网络外部性理论解释了一种现象，即用户更愿意去使用已经存在很多实际使用者的服务，并且会对这样的服务具有更大的忠诚度。对于移动多媒体短消息、移动即时通讯、移动邮箱等移动服务来说，虽然它们的功能不同，但存在一些共同之处，例如，使用人数很少时，用户感受到的价值也很少；而使用的人数越多，这些服务对用户所产生的价值就越大。这是因为，用户数量越多越有利于鼓励新用户学习这项技术；新用户和老用户交流得越多，新用户就越会认为这项技术容易使用，越有可能对这项技术保持积极的态度。

网络外部性理论解释了信息技术的规模效应，是对 TAM 模型的有益补充。所以，本研究在基于技术接受模型的同时，也借鉴了网络外部性理论，增加了网络外部性变量，研究网络外部性对于感知有用性、态度的影响。

2.2.5 感知风险理论及评述

感知风险是消费心理学研究中的一个重要问题，许多消费现象，都可以用感知风险的概念加以解释。

2.2.5.1 感知风险理论

感知风险的概念最早出现在心理学研究领域，Bauer（1960）首次

将感知风险（Perceived Risk）① 的概念引入到用户的行为研究中，用来
说明用户的购买行为。Bauer（1960）认为消费者在消费的过程中存在
着风险，主要是由于用户无法准确地知道消费的预期结果是否正确，是
否会令自己感到不愉快。这种购买决策中隐含的结果不确定性就是风
险。Cox（1967）认为当消费者无法确定哪一种消费是最好的选择时，
或者认为消费行为可能无法满足购买目标时，又或者认为购买后的结果
无法完成预期目标时，就会产生感知风险，并进一步影响购买决策。
Pete（1976）认为感知风险是指用户在购买中产生的期望上的损失和由
此而产生的购买欲望的降低。Featherman（2003）认为感知风险是用户
在追求期望的目标或结果时，对可能的损害的一种主观预见。杨永清
（2010）从感知风险来源的视角，对移动增值服务环境下消费者感知风
险进行了研究，证实了消费者对移动增值服务感知风险的前因变量和消
费者个性特征对风险关系的调节效应。吴先锋（2010）讨论了感知风
险在移动支付中的应用。周涛（2010）认为隐私关注通过感知风险、
信任来间接影响行为动机。杨永清（2011）在移动支付的实证研究中
发现，感知风险对使用意向有显著的负向影响。孔伟成（2011）构建
了第三方支付手段对感知风险影响的模型，实证分析了第三方支付手段
存在哪些因素会有助于降低顾客的感知风险，以及这些因素对感知风险
的相对影响程度。杨永清（2011）对移动增值服务消费者感知风险的
维度结构进行了实证研究，证实了移动服务中消费者感知风险的维度，
即感知隐私风险、感知经济风险、感知功能风险、感知时间风险和感知
心理风险。

2.2.5.2　评述与借鉴

感知风险理论从消费心理学的角度解释用户的购买决策，认为感知
风险会影响用户的购买决策。从类型上看，感知风险可分为时间风险、
功能风险、财务风险等多种风险。由于感知风险是针对某项具体服务而
言的，对于不同的服务，用户所感知到的风险也有所不同。因此，对于
各种不同类别的服务，需要根据其具体特征，选择风险维度和风险

---

① BAUER R. Consumer Behavior as Risk Taking [M]. Dynamic Marketing for a Changing World Chicago：American Marketing Association，1960：398.

类型。

本书根据已有研究对感知风险维度的概括和验证，并结合移动邮箱本身的特性，在 TAM 模型的基础上引入感知风险，并从功能风险、隐私风险两个维度对其进行分析，讨论感知风险对用户使用意愿的影响。

2.3 移动服务采纳的文献综述

2.3.1 文献的来源及选择

本书的参考文献包括外文文献和中文文献两部分。其中，外文文献包括会议论文和期刊文献，中文文献包括期刊文献。

外文文献主要通过检索 ACM、IEEE、Proquest、JSTOR 等外文文献数据库，并结合谷歌学术（Google Scholar）搜索引擎，按照关键字（mobile tam、3G adoption、3G acceptance、移动服务使用、移动服务采纳等）搜索得到相关的学术文献，去掉部分相关性不强的文献，最后保留了 113 篇关于移动服务采纳实证研究的文献。其中，会议论文 32 篇，期刊论文 81 篇，文献时间主要集中在 2003 年以后，截止到 2011 年。

从会议论文的来源看，见表 2-12，既有商务领域的国际会议，如 International Conference on Electronic Commerce（ICEC），International Conference on Mobile Business（ICMB）；也有信息技术领域的会议，如 Americas Conference on Information Systems（AMCIS），International Conference on System Sciences（HICSS）；还有移动通信领域的会议，如 International Conference on Wireless Communications（WiCOM），International Conference on Wireless, Mobile and Multimedia Networks（ICWMNN）和 The Annual International Conference on Mobile Computing and Networking（MobiCom）。其中，International Conference on System Sciences 已连续举办了 45 届，International Conference on Mobile Business 已连续举办了 10 届，具有一定的知名度。

表 2-12   外文会议论文来源表（同一会议 3 篇以上）

会议名	论文数
the 36th Hawaii International Conference on System Sciences（HICSS, 2003）	4
2005 International Conference on Electronic Commerce（ICEC, 2005）	3
Americas Conference on Information Systems（AMCIS, 2006）	3
International Conference on Next Generation Mobile Applications, Services and Technologies（NGMAST, 2007）	5
International Conference on Wireless, Mobile and Multimedia Networks（ICWMNN, 2008）	4
the Annual International Conference on Mobile Computing and Networking（MobiCom, 2009）	4
the 4th IEEE International Conference on Wireless Communications（WiCOM, 2010）	3
Tenth International Conference on Mobile Business（ICMB, 2011）	6
total	32

　　从期刊的来源看，见表 2-13，既有信息系统领域的期刊，如 Information & Management，Decision Support Systems 和 Mobile Information Systems；也有营销学领域的期刊，如 Journal of Consumer Marketing，Journal of Interactive Marketing；还有行为学领域的期刊，如 Computers in Human Behavior 和 Behaviour & Information Technology；以及通信领域的期刊，如 International Journal of Mobile Communications。这说明移动服务采纳问题是一个热点问题，不仅受到信息系统领域内研究人员的关注，也受到通信领域、心理学领域和市场营销领域内研究者的关注，值得探究。从期刊的级别上分析，Information & Management 是信息系统领域的重要期刊，SCI 影响因子排名比较靠前；Journal of Consumer Marketing 是营销学领域的重要期刊，其 2010 年的 SCI 影响因子为 0.02，上面发表的每一篇文章都经由双盲评审以确保质量；International Journal of Mobile Communications 是通信领域的重要期刊，其 SCI 影响因子从 2007 年至今一直保持在 0.02 以上；Computers in Human Behavior 是心理学领

域的重要期刊，其 SCI 影响因子自 2004 年起一直保持在 0.01 左右。从文献的数量来看，在这些期刊中，其中发表数量最多的期刊是 International Journal of Mobile Communications，从 2003 年起发表了 18 篇关于移动服务采纳的文章，其次是 Information & Management，从 2003 年起共发表 12 篇。

表 2-13　　　**外文期刊文献来源表（同一期刊 3 篇以上）**

期刊名	论文数
International Journal of Mobile Communications	18
Information & Management	12
Computers in Human Behavior	9
Journal of Consumer Marketing	8
Psychology and Marketing	7
Behaviour & Information Technology	7
Mobile Information Systems	5
Decision Support Systems	5
Telematics and Informatics	4
International Journal of Services Sciences	3
Journal of Interactive Marketing	3
total	81

结合会议论文和期刊文献可以发现，基于移动服务采纳的理论研究较少，对理论模型的创新不多，而实证研究较多，可能是由于移动服务的采纳只是采纳理论模型在移动服务环境下的应用。在实证研究中，首先，样本的采样区域以欧洲、北美和亚洲居多，文献中欧美学者的研究较多，比较有代表性的学者有 Karjaluoto（芬兰，6 篇）、Mallat（芬兰，5 篇），而在亚洲，日本、韩国、中国台湾、新加坡等地区的研究排在前列，比较有代表性的学者有 Wu（台湾，4 篇），这也和这些地区移动通信服务产业发展较为成熟相吻合。其次，不同地区的对比研究增长很快，这表明社会因素（民族、文化等）对采纳的影响逐渐受到研究者的关注。最后，文献分析表明，移动服务采纳在中国的研究的增长也很快，这也

和中国移动通信服务产业发展较快相吻合。从文献的发表时间看，见表 2-14，第三代移动通信（3G）服务采纳研究在 2003 年之后才出现，但发展迅速。特别是 2008 年以后，关于移动服务采纳的文献数量增长很快。

国内文献主要通过检索中国知网学术文献总库、万方数据库、中国学位论文库等数据库，并结合 Google、百度的搜索获得，共得到期刊论文 20 篇，见表 2-15，文献时间主要集中在 2007 年以后，截止到 2011 年。

表 2-14　　　　　　　　　外文文献的发表时间表

时间	篇数
2003	3
2004	4
2005	9
2006	7
2007	8
2008	14
2009	18
2010	10
2011	8
合计	81

表 2-15　　　　　　　　　中文核心期刊来源表

期刊名	论文数
管理学报	2
南开管理评论	2
情报杂志	2
统计与决策	2
管理评论	2
管理世界	1
北京邮电大学学报	1
工业工程与管理	1
工业技术经济	1
计算机应用研究	1
科研管理	1
上海管理科学	1
系统工程	1
系统管理学报	1
信息系统学报	1
总计	20

　　国内关于移动服务采纳的研究起步较晚，主要始于 2007 年，文献数量也较少。从期刊的来源看，既涉及管理领域的期刊管理世界、管理学报、南开管理评论，又涉及统计学领域的期刊统计与决策，还涉及情报学领域的期刊情报杂志，以及系统工程领域的期刊系统工程、系统管理学报和信息系统领域的期刊信息系统学报、计算机应用研究。这说明移动服务采纳问题已经成为国内的一个热点问题，不仅受到信息系统领域内研究人员的关注，也受到管理科学、统计学、系统科学领域内研究人员的关注，值得探究。从期刊的级别上分析，信息系统学报、计算机应用研究是信息系统领域的重要期刊；管理世界、管理学报、南开管理评论是管理学领域的重要期刊；情报杂志是情报学领域的重要期刊；统计与决策是统计学领域的重要期刊。从文献的数量来看，在这些期刊中，其中发表数量最多的期刊是管理学报、南开管理评论、情报杂志、统计与决策、管理评论，从 2007 年起各有 2 篇关于移动服务采纳的文章。

　　结合期刊文献可以发现，对理论模型的创新不多，而实证研究较多。在实证研究中，比较有代表性的学者有鲁耀斌（华中科技大学，13 篇）、闵庆飞（大连理工大学，2 篇）。首先，技术接受模型（TAM）是学者们采用最多的理论基础。鲁耀斌（2007）在移动环境下，研究了影响用户移动服务使用行为的相关因素，结合 TAM 和网络外部性，提出了移动服务的使用行为模型；鲁耀斌（2007）基于 TAM 模型研究了影响消费者定制移动服务的因素；黄浩（2008）在实证研究中发现，技术接受模型在移动服务研究中有效，个人创新和使用成本会影响用户的采纳意图；鲁耀斌（2009）基于 TAM 模型，从感知有用性、感知易用性、感知可靠性、感知行为控制和服务成本等 5 个方面分析了我国手机用户采纳移动银行服务的态度和行为意向的影响因素；魏守波（2010）基于 TAM 模型，通过实证研究，证明了互动性、使用情景、信任倾向和网络外部性对用户信任有显著影响；刘鲁川（2011）在 TAM 模型的基础上，添加部分新的研究变量，构建了移动出版服务用户采纳行为的理论模型。其次，在影响因素上，信任是学者们比较关注的因素。鲁耀斌（2007）发现信任对使用态度有显著的正向影响；林家宝（2009）、周涛（2009）认为信任对行为意向有着正向影响。再次，隐私、文化特征、网络外部性、感知成本被学者引入到 TAM 模型中来。周涛（2010）发现隐私对感知风险有显著的正向影响，而凌鸿（2008）发现预知风险对行为意向的影响并不显著；彭连刚（2010）认为文化特征是影响消费者移动商务采纳意向的重要因素；邓朝华（2007）认为网络外部性对行为意向有影响；鲁耀斌（2007）、周涛（2008）、邓朝华（2009）认为感知成本对行为意向有负向影响。最后，在组织层次的移动服务采纳研究上，国内的文献多采用技术任务匹配理论（TTF）作为理论基础。鲁耀斌（2007）在 TTF 理论的基础上，在生产经营型企业、政府部门和服务行业 3 种不同的组织环境下分析了移动服务的技术特点和组织任务需要的匹配程度；邓朝华（2008）基于 TTF 理论提出了企业用户移动服务采纳模型，发现兼容性、复杂性、相对优势和 TTF 对组织采纳移动服务行为意向有显著影响。

2.3.2 文献的分类

下面从理论基础、研究主题、研究情景、研究方法等角度对移动服务采纳实证研究的文献进行梳理，分析移动服务采纳问题的研究途径。

2.3.2.1 按理论基础分类

不同类型的移动服务有其自身的特点。因而，采纳模型的研究成果在各类具体的移动服务中的适用性存在问题。在理论上，亟需建立针对各种移动服务特征的理论模型。分析文献可知，在移动服务采纳问题的研究中，关于采纳理论的研究较少，主要集中在基于服务的特征来研究影响用户行为意向的因素。

在外文文献中共出现 21 种不同的理论基础，其中 12 种理论仅被 1 篇文献所采用，部分文献同时使用了几种理论，还有少量文献指出没有明确的理论。经过分析可以发现，在移动服务采纳研究上，TAM 模型是最主要的理论基础，有 64 篇文献采用了 TAM 模型，在所有外文文献中占比 56.6%，其次是 IDT（13 次，占比 11.5%）、UTAUT（11 次，占比 9.7%）、TTF（7 次，占比 6.2%）、TPB（6 次，占比 5.3%），还有 12 篇文献（占比 10.6%）指出没有明确的理论基础。在中文文献中共出现了 12 种理论基础，其中 3 种理论基础仅被 1 篇文献所采用，1 篇文献同时使用 TTF 和 UTAUT 两种理论基础，也有 2 篇文献指出没有明确的理论基础。分析可知，TAM 模型是中文文献中移动服务采纳研究的最主要理论基础，共有 11 篇文献基于 TAM 模型，在所有中文文献中占比 55.0%，其次为 TTF 模型（4 次，占比 20%）。结合中文文献和外文文献可知，TAM 模型是移动服务采纳研究的最主要理论基础。但是，外文文献中涉及的主流理论模型相对较多，而中文文献则主要集中在 TAM 模型和 TTF 模型。

在移动服务采纳研究中，采用的理论基础除了心理学领域内的 TRA、TPB、IDT 等理论，以及信息技术学领域内的 TAM、TTF、UTAUT 等理论外，部分文献还引入了其他学科领域内的理论，将多种理论结合在一起，来分析移动服务这种特定环境下的用户采纳行为。例如，经济学理论中的"网络外部性"、"成本交易理论"、"不完全契约理论"、"代理理论"，社会学理论中的"社会网络理论"、"社会契约理论"、"认知理论"，行为学理论中的"期望理论"、"动机理论"、"动机拥挤理论"。

此外，针对移动服务，一些学者基于采纳研究领域的理论模型，提出了一些仅在某些特殊移动服务领域内使用的新理论模型。如 Huang 等（2003）[①] 在理性行为理论的基础上，提出 WAP（wireless application protocol）服务采纳模型，其结构如图 2-19 所示；Amberg 等（2003）[②] 在 TAM 模型的基础上，构建了 Compass 接受模型，从感知有用性、感知易用性等 4 个维度，采用靶图的形式展现模型的可视化效果，如图 2-20 所示；Serenko 等（2004）[③] 构建了移动门户技术

[①] HUANG S, KU C, CH C. Critical Factors of WAP Services Adoption: An Empirical Study [J]. Electronic Commerce Research and Application, 2003, 2 (1): 42-60.

[②] AMBERG M, HIRSCHMEIER M, WEHRMANN J. Ein Modell Zur Akzeptanzanalyse Für Die Entwicklung Situationsabhängiger Mobiler Dienste im Compass Ansatz [J]. Workshop Mobile Commerce, 2003: 73-87.

[③] SERENKO A, BONTIS N. A Model of User Adoption of Mobile Portals [J]. Special Issue of the Quarterly Journal of Electronic Commerce, 2004, 4 (1): 69-98.

接受模型，指出门户特性是影响感知有用性的主要因素；Kleijnen（2004）① 构建了无线金融接受模型，引入了用户特征和环境因素作为模型的调节变量；June Lu 等 （2008）② 在 TAM 模型的基础上，将感知有用性分为短期和长期两种，构建了无线互联网技术接受模型。

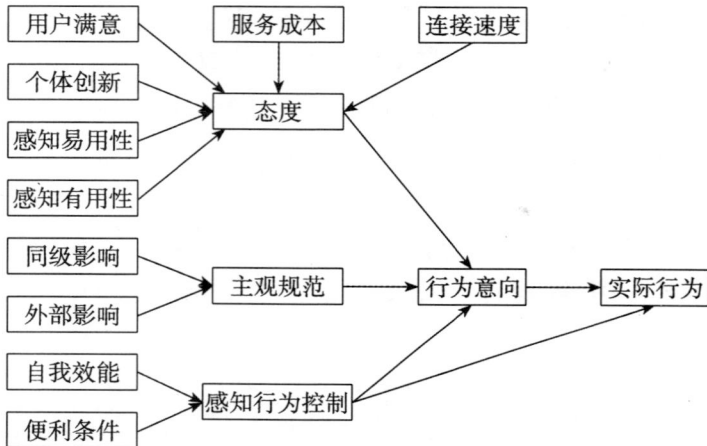

图 2-19 WAP 服务采纳模型结构示意图

虽然，TAM 模型对采纳问题有较强的解释能力，在移动服务采纳领域内的研究中占据统治地位。但是，对于 TAM 模型是否适用于移动服务采纳研究，部分学者也提出了质疑。Hong（2006）认为传统的 TAM 模型通常应用于单目标，如工作环境下的用户采纳行为，而移动服务是一种多目标的信息应用，它不仅提供功能性服务，还提供娱乐性服务。因此，Hong 提出了包括通用技术感知、特殊技术感知、消费心理、社会影响和人口信息等 5 个维度的移动服务采纳研究框架。

综上所述，在研究移动服务采纳领域的理论基础中，TAM 模型具有较强的解释力度。但是，不同类型的移动服务有其自身的特点，因而，采纳模型的研究成果在各类具体的移动服务中的适用性仍存在问

① KLEIJNEN M, WETZELS M, RUYTER K. Consumer Acceptance of Wireless Finance [J]. Journal of Financial Services Marketing, 2004, 8（3）: 206-217.
② JUNE L, LIU C, YU C S, et al. Determinants of Accepting Wireless Mobile Data Services in China [J]. Information & Management, 2008, 45（1）: 52-64.

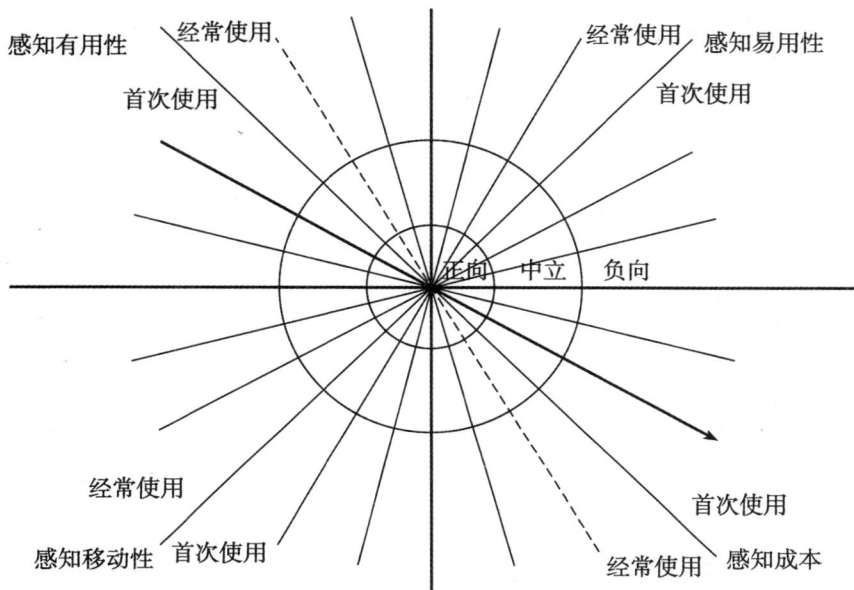

图 2-20　Compass 接受模型的可视化图

题。在理论上，亟需建立针对各种移动服务特征的理论模型。针对某种具体移动服务进行研究时，需要根据移动服务的特点，引入其他学科的理论，增加影响因素，以增加模型的预测精度。

2.3.2.2　按研究主题分类

从研究主题的角度对相关文献进行分类，可以分为两类，见表2-16。其中，一类文献的研究主题为移动服务或移动商务这一笼统的概念，文献篇数为43篇，占全部文献的32.3％；另一类文献的研究主题为具体的移动服务形式，包括移动互联网（26篇，占比19.5％）、移动支付（19篇，占比14.3％）、移动视频（13篇，占比9.8％），占据了研究的主流，主题都是当前具有典型代表性的服务，也是和技术类型的成熟度相吻合的。此外，移动广告、移动短消息、移动游戏等也成为研究者关注的问题之一，文献的数量都在4篇以上。如果再将文献按语言类型划分为英文文献和中文文献，还可以发现，英文文献在各类具体的移动服务形式上都有相关文献，而中文文献的实证研究主要集中在移动支付、移动视频、移动短消息服务上，在其他主题上的研究较少。

表 2-16　　　　　　　移动服务采纳的研究主题分类表

英文主题	中文主题	合计
mobile commerce/service	移动商务/移动服务	43
mobile/wireless internet/WAP	移动互联网	26
mobile payment/bank	移动支付/移动银行	19
mobile multimedia services	移动多媒体服务/移动电视/移动视频	13
mobile advertising	移动广告	8
cross-service	跨服务比较	4
mobile short message service	移动短消息服务	4
mobile game	移动游戏	4
mobile tiket	移动票务	3
mobile instant message service	移动即时通讯	3
mobile applications	移动应用系统	3
mobile learning	移动学习	3

2.3.2.3　按研究情景分类

从研究情景的角度对相关文献进行分类，可以分为三类。其中，一类文献研究生活和娱乐性情景下的移动服务采纳问题，大多数的文献（98 篇，占比 73.7%）属于此类型；另一类文献研究工作性情景下的移动服务采纳问题，只有少量的文献（21 篇，占比 15.8%）；第三类文献则研究混合情景下的移动服务采纳问题，仅有 2 篇文献。此外，还有 12 篇文献未明确指明研究情景。目前，针对个人用户的移动服务较为成熟，因而，在生活和娱乐性情景下研究移动服务采纳的文献较多，而 TAM 模型通常应用在单一的工作环境中，应用于生活和娱乐性情景下的移动服务采纳研究时，传统的 TAM 模型在解释能力方面存在不足之处，需要根据移动服务的特征加入其他影响因素，如网络外部性、感知娱乐、感知风险、感知价格等，以提高模型的预测精度。随着移动服务的发展，混合情景下的移动服务采纳研究也逐渐引起学者们的关注。

2.3.2.4　按研究方法分类

对文献从研究方法的角度进行分类，见表 2-17，绝大多数实证文献都采用了调查的研究方法（126篇，占比94.7%），其次是案例研究（5篇，占比3.8%）和实验室实验（2篇，占比1.5%）。Choudrie（2005）指出，在IT采纳领域内经常使用的研究方法有调查和案例研究，其中调查多用于个人采纳，而案例研究多用于组织采纳。本书主要综述移动服务的个人采纳行为，因此，采用调查研究方法的文献占到绝大多数。基于组织层面的移动服务采纳研究还不是很多，因此，采用案例研究方法的文献较少，但随着移动服务组织层面问题研究的深入，采用案例研究方法的文献会逐渐增多。此外，由于实验条件有限，采用实验室实验研究方法的文献最少。从数据分析方法来看，在调查类的研究方法中，结构方程模型被绝大多数的文献所采用（89篇），其次是线性回归法（27篇）。少量文献采用了联合分析方法、聚类分析方法、主成分因子分析方法。其中，联合分析方法主要用来分析用户的采纳偏好，聚类分析方法主要用于细分客户群以便精确营销。在研究移动服务采纳时，结构方程模型相比其他方法具有更为明显的优势。从样本的数量来看，多数文献的样本量介于200—400之间，既能满足研究方法对样本量的需求，也比较容易获取和处理。

表2-17　　　　　　　移动服务采纳文献的研究方法分类表

研究方法	数量（篇）	比例（%）	常见数据分析方法及数量（篇）
调查	126	94.7	结构方程（89）、线性回归（27）、联合分析（3）、描述性统计分析（3）、聚类分析（2）、主成分因子分析（2）
案例研究	5	3.8	
实验室实验	2	1.5	单尾配对T检验
合计	133	100	

2.3.3　文献的归纳

2.3.3.1　影响因素的归纳

通过分析文献可知，由于所采用的理论模型较多，研究视角也不同，文献中有关移动服务采纳的影响因素较多，常见的影响因素及其含义见表2-18。

表 2-18 **移动服务采纳的主要影响因素及其含义表**

因素	英文名称	含义
个人创新	personal innovativeness	个人试用新技术的意愿
经验	experience	以往的体验
年龄	age	用户年龄
性别	gender	用户性别
自我效能	self efficacy	成功完成任务的信心
收入	income	用户平均月收入或年收入
职业	profession	用户所从事的工作
形象	image	用户感知到的信息技术对个人形象的提升程度
感知易用性	perceived ease of use	用户感知到的信息技术使用的难易程度
便利条件	facilitating conditions	影响用户信息技术使用的资源因素
安全性/感知风险	security /perceived risk	交易信息和过程的安全性
兼容性	compatibility	新技术与用户价值观、经验和需要的匹配程度
服务质量	service quality	信息技术提供者的服务质量
相对优势	relative advantage	感知使用信息技术带来的有利结果
移动性	mobility	信息技术的移动性能
连接速度	connection speed	信息技术的连接速度
感知有用性/感知价值	perceived usefulness	使用信息技术给用户带来的价值
感知娱乐	perceived enjoyment	使用信息技术带来的娱乐特性
感知货币价值/价格	perceived monetary value/price	使用信息技术所需的成本
信任	trust	用户对信息技术或商家感到信任
内容	content	用户所能使用的各种形式的信息
情景	context	用户所处环境及行为特征、习惯
满意	satisfaction	用户对信息技术的满意程度
沉浸经历	flow experience	用户专注在信息技术时产生的高度兴奋及充实感
社会影响/媒体影响	social influence/ media influence	专家或媒体的观点
主观规范	subjective normal	用户感到的他人对自己是否做某一行为的期望
网络外部性	network externalities	用户感到的其他用户使用该服务所产生的效用

本书合并了含义相同或相近的影响因素，只保留了在文献中出现5次以上的影响因素，经过整理后，归纳出主要的影响因素共有27个，由于本书主要探讨移动邮箱的个人采纳问题，故不考虑组织层次的影响因素。整理后，影响因素按类型可分为4类，分别是个人因素、技术因素、任务因素、环境因素。个人因素主要是对用户特点的描述，在模型中一般作为调节变量出现，包括年龄、性别、收入等因素。其中，个人创新或自愿性、经验、年龄、性别是研究者采用最多的4个因素，见表2-19。技术因素是对移动服务本身的描述，包括感知易用性、便利条件、安全性等因素。其中，感知易用性、便利条件、安全性是研究者采用较多的3个因素，在很大程度上影响了用户对移动服务的采纳，其中，感知易用性和便利条件是用户采纳的有利因素，而安全性是用户采纳的不利因素。在技术因素中，安全性、服务质量、相对优势、移动性4个因素随着3G技术的出现，在文献中的出现次数迅速降低，这也和移动技术的逐渐成熟，用户对移动服务在安全性、服务质量、移动性上的顾虑迅速减少有关。任务因素描述了移动服务对用户任务的支持，包括感知有用性、感知娱乐、感知价值/成本/价格等因素。其中，感知有用性、感知娱乐、感知价值是比较重要的3个因素。从日本、韩国等国家的移动服务现状来看，手机电视、手机游戏等娱乐类服务应用得很广泛，因此，将娱乐因素加入到采纳模型中，能提高模型的解释能力；而对于个人用户来说，需要对定制的移动服务付费，因而，成本/价格也是建立采纳模型时需要考虑的因素。环境因素是对用户使用移动服务的环境的描述，包括社会影响、主观规范、网络外部性等因素。在环境因素中，社会影响和主观规范是最重要的2个因素。通过分析文献可知，随着3G的出现，社会影响和主观规范在文献中的出现次数在逐渐下降。

2.3.3.2　影响因素的综述

由于与移动服务采纳相关的理论和模型较多，影响移动服务采纳的因素也较多，本书从个人、技术、任务、环境等4个方面对部分影响移动服务采纳的重要因素加以综述，见表2-19。

表2-19　**移动服务采纳主要影响因素表（使用次数5篇以上）**

分类	因素	百分比（篇数）
个人因素 （共7个）	个人创新/自愿性	20.3%（27）
	经验	18.8%（25）
	年龄	17.3%（23）
	性别	12.8%（17）
	自我效能	9.0%（12）
	收入	4.5%（6）
	职业	3.8%（5）
技术因素 （共8个）	感知易用性	72.9%（97）
	便利条件	21.8%（29）
	安全性/隐私/感知风险	17.3%（23）
	兼容性	14.3%（19）
	服务质量	11.3%（15）
	相对优势	5.3%（7）
	移动性	5.3%（7）
	连接速度	4.5%（6）
任务因素 （共8个）	感知有用性/感知价值	75.9%（101）
	感知娱乐	32.3%（43）
	感知货币价值/成本/价格	31.6%（42）
	信任	11.3%（15）
	内容	11.3%（15）
	情景	8.3%（11）
	满意	8.3%（11）
	沉浸经历	3.8%（5）
环境因素 （共4个）	社会影响/媒体影响	26.3%（35）
	主观规范	10.5%（14）
	网络外部性	7.5%（10）
	形象	3.8%（5）

（1）个人类影响因素

①个人创新

个人创新是影响用户采纳的一个重要因素。Rogers（1983）认为个人创新会影响其采纳态度，个人创新程度越高，就会越早采纳新技术。Agarwal（1998）定义了信息技术领域内的技术创新，认为它是指个人尝试新的信息技术的意愿程度。Citrin 等（2000）的研究结果显示，特定领域内的创新对于采纳意向具有直接的正向影响。此外，Lewis 等（2003）的研究结果显示，个人创新对感知有用性和感知易用性都有显著的正向影响，进而间接影响采纳意向。

在移动服务采纳的研究中，Lu 等（2005）的研究发现，个人创新对感知易用性和感知有用性均具有显著的正向影响。Dai（2009）认为个人创新对采纳意向有显著的正向影响。Kuo（2009）认为个人创新对感知易用性具有显著的正向影响，而对于感知有用性的影响并不显著。Kim（2010）发现个人创新对感知易用性的影响在使用早期不显著，在使用后期反而有显著的正向影响。Rouibah（2011）在移动可视电话的采纳研究中发现，个人创新对感知易用性和感知有用性都具有显著的正向影响。

②经验

经验也是影响用户采纳的一个重要因素。Taylor（1995）的研究表明，有经验的用户和没有经验的用户在感知有用性、感知易用性对于行为意向的影响上有着显著的不同。Venkatesh（2000）认为用户经验的增加会使主观规范的影响逐渐减少。

在移动服务采纳的研究中，在经验对采纳意向的直接作用上，Brown 等（2003）的研究发现，用户经验对其使用移动支付意愿的作用并不显著。Cheong（2005）的研究发现，用户经验对感知易用性有显著的正向影响，但对于感知有用性的影响并不显著。Qi（2009）的研究结果显示，用户经验对其使用意愿有显著的正向影响。

在经验的调节作用上，Ha（2007）对移动游戏采纳意向的研究表明，经验在感知易用性对感知有用性的影响中存在显著的调节作用。Lin（2009）对移动视频通话的采纳研究显示，感知易用性和感知价格对于行为意向的影响在有经验的用户中的作用明显低于没有经验的用户。Kim（2009）的研究结果显示，感知易用性对感知有用性的影响在有经验的用户中作用显著，而在没有经验的用户中并不显著。Chen（2011）在对移动游戏的采纳研究中，认为经验在感知易用性对感知有用性的影响中存在调节作用。

③性别

性别也是影响用户采纳的一个重要因素。Venkatesh（2000）研究了不同性别的用户对信息系统采纳意愿的差异性，发现感知有用性对行为意向的影响在男性用户中的作用要大于女性用户。

在移动服务采纳的研究中，在性别对采纳意向的影响上，Hong（2008）的研究发现，性别对采纳意向的影响不显著，而 Lee（2011）的研究发现，性别对采纳意向的影响显著。在性别的调节作用上，Nysveen（2005）的研究结果显示，感知娱乐和社会影响对于行为意向的影响在女性用户中的作用要大于男性用户，感知易用性对行为意向的影响在不同性别间的差异性并不显著。Ha（2007）的研究发现，感知易用性对感知有用性的影响在女性用户中的作用要大于男性用户。

④年龄

年龄相近的人群由于具有相似的经历，对于新技术容易产生相近的看法，因而年龄也是影响用户采纳的一个重要因素。在移动服务采纳领域内，在年龄对行为意向的直接影响上，Hong（2008）的研究表明，在通讯类、信息类、娱乐类和商务类 4 种移动服务中，年龄对行为意向的直接影响作用并不显著。在年龄的调节作用上，Ha（2007）的研究结果发现，感知易用性对感知娱乐及沉浸经历的影响在年长用户中的作用更为显著。Wu（2008）发现在年长用户中便利条件对行为意向的影响作用更为显著。Shin（2009）发现社会影响和自我效能对行为意向的影响在年轻用户中的作用更为显著。

（2）技术类影响因素

①感知易用性

在移动服务采纳的研究中，在感知易用性对行为意向的影响上，多位学者认为感知易用性对采纳意向有直接的影响作用（Lu，2005；

Wang，2006；Kim，2008；Zhang，2008；Mallat，2008；Jung，2009；Mallat，2009；Gu、Lee 和 Suh，2009；Ku，2009 ；Kim，2010；Leong，2011）。但是，也有部分学者认为感知易用性对行为意向的影响并不显著（Nysveen，2005；Hsu，2007；Lin，2009；Kim，2009）。出现这个结果的原因，可能是由于随着用户对某些移动服务（如移动短消息）的逐渐熟悉，使用上的障碍逐渐消失，从而使得感知易用性对行为意向的影响越来越小。然而，在某些新兴的移动服务（如手机电视）上，用户还没有使用经验，感知易用性对采纳意向的影响还是比较显著的。还有部分学者认为感知易用性通过态度间接地影响采纳意向，认为感知易用性越高，用户对移动服务的态度就越积极（Hung，2005；Kim，2008；Kuo，2009；Ku，2009）。在感知易用性间接影响行为意向上，大多数学者都认为，感知易用性越高，感知有用性越强（Cheong，2005；Hong，2006；Ha，2007；Lu，2008；Lin，2009）。

此外，个人创新、网络外部性等因素对感知易用性有直接的影响。多位学者（Yang，2005；Lu，2008；Kim，2010）认为个人创新程度越高，感知易用性程度也越高。Lu（2008）的研究发现，网络外部性对感知易用性有显著的正向影响。

②感知风险

在移动服务采纳的研究中，在感知风险对行为意向的影响上，部分学者认为感知风险对态度有直接的影响作用（Lee，2008；凌鸿，2008；Kuo，2009），部分学者认为感知风险对使用意愿有直接的影响作用（Lee，2009；Shin，2010；Tanakinjal，2010；杨永清，2011；Cheng，2011；Zhang，2011）。

（3）任务类影响因素

①感知有用性

感知有用性最早是由 Davis 提出的，在 TAM 模型中出现。在移动服务采纳的研究中，在感知有用性对行为意向的影响上，多位学者认为感知有用性对采纳意向有显著的正向影响（Lu，2005；King，2008；Gu，2009；Soroa，2010；Leong，2011）。但是，也有学者认为感知有用性对采纳意向虽然有影响，但并不是很显著。Hong（2006）发现感知有用性影响行为意向，但其路径系数只有 0.09。Mallat（2008）发现感知有用性虽然影响行为意向，但其回归系数只有 0.09。Schierz 等（2010）在研究移动支付的调查中发现，感知有用性虽然对行为意向有影响，但其路径系数只有 0.1。

在 TAM 模型的基础上，除了感知易用性之外，还有许多因素以感知有用性为中介影响行为意向。Wang（2008）在研究移动多媒体短信息时发现，网络外部性越强，即使用移动多媒体短信息的用户数量越多，用户的感知有用性越高。Lu（2008）也发现网络外部性对感知有用性有显著的正向影响。Cheong（2005）发现随着服务质量的提高，感知有用性也在增加。Gu（2009）发现服务质量对感知有用性有显著的正向影响。Bouwman（2008）发现社会影响对感知有用性有正向影响。

②感知价格

感知价格是影响用户采纳意向的重要因素，许多学者在采纳模型中加入感知价格这个因素。在移动服务采纳的研究中，Pagani（2004）发现除了感知易用性和感知有用性外，感知价格是排在第三位的重要影响因素。Cheong（2005）的研究证实，当价格过高时用户的采纳意向较低。Kim（2009）发现费用对采纳意向有强烈的负向影响作用。Borges（2011）在移动电视的研究中也发现，感知价格对采纳意向有负向的影响作用。部分研究者认为经验对感知价格有调节作用，Lin（2009）发现，对于经验丰富的用户而言，由于对收费方式熟悉，感知价格对采纳意向的影响并不显著，而对于经验不丰富的用户来说，由于对收费方式并不熟悉，如果主观感知价格过高，将会导致其采纳意向降低。此外，感知价格还可以通过影响感知价值的方式来影响采纳意向。Agarwal（2007）的研究证明，在影响感知价值的因素中，感知价格的负向作用最强。Kim（2007）也发现感知价格通过感知价值来影响采纳意向。

（4）环境类影响因素

①主观规范

Taylor（1995）认为主观规范对行为意向有显著影响，Venkatesh（2000）在 TAM2 模型中加入了社会影响对行为意向的影响，解决了

TAM 模型中缺少社会因素的问题。在移动服务采纳的研究中，Zhang
（2008）发现主观规范对行为意向有直接的影响作用，Ku（2009）发现
主观规范对行为意向有显著的正向影响，Schierz（2010）发现主观规范
通过态度间接地影响行为意向。Cho（2011）在研究新加坡的 3G 移动
服务时发现，社会影响和主观规范对行为意向有显著的正向影响。还有
一些因素以主观规范为中介影响行为意向。Pedersen（2005）发现同级
影响和外部影响都显著正向影响主观规范，而 Hung（2005）则发现同
级影响对主观规范具有显著的正向影响，而外部影响的作用并不显著。
Ku（2009）的结论恰好和 Hung（2005）相反，发现同级影响对主观规
范的影响并不显著，而外部影响对主观规范具有显著的正向影响。此
外，还有学者发现文化、性别等因素在主观规范对行为意向的影响中起
调节作用，Bagozzi（2000）发现相对于西方的文化环境，主观规范对
行为意向的影响在东方文化环境中的作用更为显著。

②网络外部性

在移动服务领域，Strader（2007）结合邮件和短消息服务，发现网
络外部性正向影响用户的采纳意向，而垃圾信息和替代系统对用户采纳
的影响并不显著。Wang（2008）在多媒体信息服务的采纳研究中发现，
网络外部性正向影响用户的采纳意向。Lin（2009）在移动电视的采纳
研究中发现，当存在网络外部性时，用户的采纳意向增长很快。Jiang
（2011）在移动短消息的采纳研究中发现，网络外部性正向影响用户的
采纳意向。此外，部分学者发现网络外部性通过影响感知易用性和感知
有用性进而间接地影响用户的采纳意向。Song（2009）的研究发现，
网络外部性对感知易用性和感知有用性有显著的正向影响。Zhou
（2010）在移动短消息的采纳研究中发现，网络外部性显著正向影响感
知有用性。

2.3.4　文献的总结

通过文献综述发现，已有的移动服务采纳研究存在以下特点和
问题：

（1）随着 3G 技术的出现，移动服务采纳研究已成为目前各领域学

者的研究热点。

（2）虽然 TAM 等模型在移动服务采纳的研究上占主导地位，但是引入其他领域的理论，可从更多的视角来分析采纳行为的合理性。

（3）单独对移动邮箱服务进行的采纳行为的实证研究是空白。移动邮箱服务和移动多媒体短信、移动即时通讯业务在业务特征上有相近之处，但并不相同，移动多媒体短信、移动即时通讯业务的实证研究结论并不能直接推广至移动邮箱服务。

（4）虽然国内也有部分学者进行了移动服务采纳的研究，但实证研究较少，且主要集中在移动服务这一笼统的概念上，对具体的移动服务采纳的研究较少。

（5）影响移动服务采纳的因素众多，需要深入剖析各类影响因素的相对重要性，以及各种因素在性别、年龄和使用经验等因素的作用下，对移动服务采纳行为的影响。

（6）作为新兴的商务模式，各种新的移动服务不断推向市场，需要采用严谨的研究方法论证各种因素对消费者采纳行为的影响。

（7）问卷调查的实证研究方法和结构方程建模的数据分析方法在移动服务采纳问题的研究上占有绝对地位。

针对上述问题，本研究以移动邮箱服务作为研究对象，并对用户采纳行为的内在机制和影响因素进行深入研究，探索如下问题：

（1）以技术接受模型作为基本模型，结合计划行为理论、创新扩散理论、网络外部性理论和感知风险理论，以移动邮箱服务作为研究对象，对用户采纳行为的内在机制和影响因素进行探索研究。

（2）建立移动邮箱服务采纳模型，在中国文化的背景下检验个人创新、网络外部性、感知行为控制、主观规范、感知易用性等因素对态度和使用意愿的影响。

（3）将经验划分为直接经验和间接经验，在移动邮箱服务采纳模型中，加入年龄、性别、区域和经验作为调节变量，研究这些调节变量的影响。

第 3 章　3G 移动邮箱服务的用户采纳模型与研究假设

3.1　3G 移动邮箱服务的用户采纳模型

　　TAM 模型在 3G 移动服务采纳中占有统治地位，而移动邮箱业务是 3G 移动服务的典型代表，用 TAM 模型来研究移动邮箱的用户采纳问题是合理的。但是，在 3G 移动服务采纳研究中，TAM 模型有一定的局限性，主要是因为它从理性行为角度出发，重点强调感知有用性和易用性的影响，是从移动服务的功能性方面进行分析，没有考虑社会影响因素。因此，需要对 TAM 模型进行扩展，增加模型的解释能力。此外，加入其他领域内理论，有助于从更多的视角来分析采纳行为，构建出更合理的采纳模型。本章通过对已有文献进行整理，并结合实际研究问题，提出 3G 移动邮箱服务的用户采纳模型（MMSAM）见图 3−1，以及相应的研究假设。

　　（1）对 TAM 模型的继承

　　Davis（1986）提出 TAM 模型，认为感知有用性和感知易用性决定

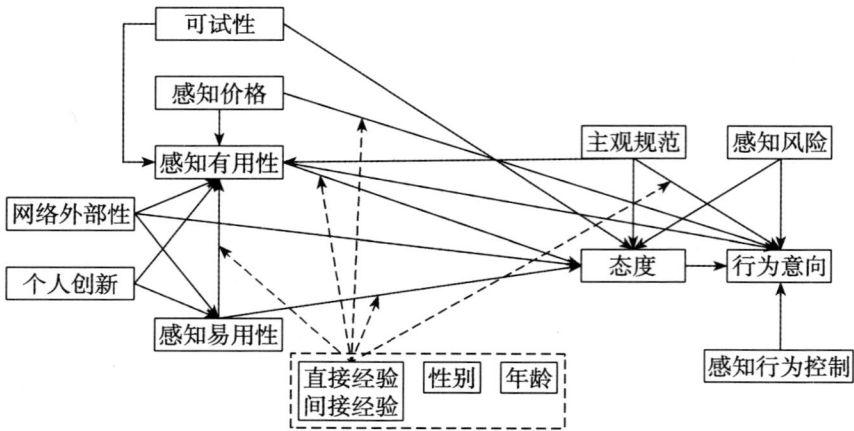

图 3-1　3G 移动邮箱服务的用户采纳模型（MMSAM）结构示意图

态度，而态度又影响行为意向，行为意向影响实际使用行为。TAM 模型确定了本研究的基本结构。

（2）对 TAM 模型的修改

在 TAM 模型中，实际使用行为反映了用户对新技术最终采纳的结果，是模型的最终结果变量。但是，用户的实际使用行为很难通过调查的方法获取，而且本章的研究重点仅在于了解究竟是哪些因素在影响用户的行为意向，最终目的是为管理者提供改进的方案和措施，提高潜在用户的采纳意向。进一步，TRA 和 TAM 等理论模型也证实了行为意向能够显著的影响用户的实际使用行为。因此，本研究在 TAM 模型中去除实际使用行为，将行为意向作为研究模型中的最终变量。

（3）对 TAM 模型的扩展

根据计划行为理论（TPB），在态度影响行为意向的基础上，增加主观规范和感知行为控制两个因素，可以更好地预测并解释行为意向。因此，本研究基于计划行为理论，在 TAM 模型中增加主观规范和感知行为控制两个因素。然后，从外界影响、人际影响和自我控制角度分析主观规范，从自我效能和便利条件角度分析感知行为控制。根据创新扩散理论（IDT），态度的影响因素除了在技术接受模型中的感知有用性（相对优势）、感知易用性之外，还包括个人创新（自愿性）、可试性、兼容性等因素。因此，本研究基于创新扩散理论，在 TAM 模型中增加了个人创新和可试性两个因素。根据网络外部性理论，网络外部性影响感知有用性、感知易用性和态度。因此，本研究基于网络外部性理论，在 TAM 模型中增加了网络外部性因素。根据感知风险理论，感知风险影响态度，基于感知风险理论，在 TAM 模型中增加了感知风险因素。此外，研究表明，经济动机是信息技术采纳研究的焦点，因而，将感知价格加入到 TAM 模型中，研究感知价格对态度的影响。

MMSAM 模型的基本思想是：认为在 3G 移动邮箱服务的用户采纳问题上，网络外部性、主观规范、感知风险、可试性会影响用户的态度；主观规范、感知行为控制、感知风险、感知价格会影响用户的行为意向。

此模型的特点在于：

（1）此模型以技术接受模型为基础，通过扩展和修订得到。仍然采用态度作为中间变量，并用来预测和解释行为意向。关于态度的前因变量，在结合了创新扩散理论中的创新特征、网络外部性理论、计划行为理论的基础上，将 TAM 中的感知有用性和感知易用性扩展为感知有用性、感知易用性、可试性、感知风险、网络外部性，以及主观规范和感知行为控制。

（2）在研究行为意愿时，引入计划行为理论、感知风险理论。关于行为意愿的前因变量，在 TAM 模型中仅考虑态度、感知有用性两个因素，而在 MMSAM 模型中增加了主观规范、感知行为控制、感知风险、感知价格四个因素。

（3）在 TAM 模型的基础上，增加了对模型中各个变量之间关系的影响解释。比如，感知价格除了影响行为意向外，还影响感知有用性；主观规范除了影响行为意愿之外，还对态度、感知有用性产生影响。

（4）认为网络外部性对感知易用性、感知有用性、态度有影响；个人创新性对感知易用性、感知有用性有影响；而感知风险对态度和行为意向都有影响；感知价格对态度有影响，因此将这 4 个因素引入到移动邮箱的用户采纳模型中来。

（5）在 MMSAM 模型中，加入经验、年龄、性别、区域四个调节变量，用于检验 MMSAM 模型在不同样本群体中是否相等。

3.2　3G 移动邮箱用户采纳行为的主要影响因素与假设

3.2.1　态度对行为意向的影响

态度是指个人对其所从事的特定行为的正面或负面的评价。一般，态度可分为使用态度及对目标物的态度。使用态度，是指个人对行为执行结果的预期，而对目标物的态度，则是指个人对人、事、物或问题所持有的态度。使用态度的强度，是由个人行为信念及结果评价乘积的函数总和，即个人对于使用行为的态度。个人对于某一特定行为之态度，是指个人对该项行为所持有的正面或负面的感觉，个人对此特定行为的评价经过概念化后所形成的态度，所以态度组成成分经常被视为个人对此行为结果的显著信念的函数。

多位学者在技术接受的研究中，发现态度和行为意愿具有一致性，态度会显著影响用户的行为意愿（Davis，1989；Szajna，1996；Karahanad，1999；Dishaw，1999；Plouffe，2001；Turel，2007）。用户的使用态度越是积极和正面，使用意愿也会越强烈。本研究中的使用态度是指用户或潜在用户对移动邮箱服务在使用上感到满意。因此，本书提出如下假设：

H1：个体对移动邮箱服务的采纳态度会显著正向影响其使用意愿。

3.2.2　感知有用性对态度和行为意向的影响

在移动服务领域内，TAM 模型也得到了有力的支持和验证（如 Wu 和 Wang，2005；Lu、Liu、Yua 等，2008；Gu、Lee 和 Suh，2009）。从移动服务采纳研究文献的分析来看，TAM 模型及其扩展是移动服务采纳研究的主流理论基础。

Moore（1991）认为，在 TAM 模型中的感知有用性和创新特征的相对优势，两者的定义几乎一致，可以相互替代。Pedersen（2003）也证明了相对优势对使用态度的直接显著性作用，并发现相对优势会通过使用态度对使用意愿产生影响。感知有用性对行为意向的显著正向影响得到了许多研究的验证（Lu，2005；Wu，2005；Hsu，2006；Dai，2009）。在本书中，与传统邮箱相比，移动邮箱的优势主要体现在能改善沟通效率、提高工作效率、改善个人形象等方面。移动邮箱的感知有用性是指使用移动邮箱对用户生活或工作效率的提高，据此，本书提出如下假设：

H2a：个体的移动邮箱服务的感知有用性对行为意向有显著的正向影响；

H2b：个体的移动邮箱服务的感知有用性对态度有显著的正向影响。

3.2.3 感知易用性对态度和感知有用性的影响

Moore（1991）指出，在 TAM 模型中的感知易用性和创新特征中的复杂性，两者的定义几乎一致，可以相互替代。感知易用性是指用户主观感受到的使用某一具体系统的难易程度（Davis 1989）。很多学者发现感知易用性对态度有显著正向作用（Lu，2005；Kim，2008；Wang，2008；Zhang，2008；Jung，2009；Kim，2010 等）。感知易用性还通过感知有用性间接影响采纳意向，很多学者的研究都证明用户的感知易用性越高，用户对移动服务的感知有用性越强（Wang，2006；Kim，2008；Lu，2008；Mallat，2008；Jung，2009；Mallat，2009；Cui，2009；Ku，2009；Kim，2010）。所以，本研究提出假设：

H3a：感知易用性对个体的移动邮箱服务的态度有显著的正向影响；

H3b：感知易用性对个体的移动邮箱服务的感知有用性有显著的正向影响。

3.2.4 主观规范对态度和行为意向的影响

移动邮箱用户处于社会中，其采纳行为难免受到各种因素的影响，其中社会影响是一个重要因素。社会影响是指用户感知到的对他重要的人认为他应该使用信息技术的程度。社会影响包括主观规范和形象，主观规范是指个体感觉到的对于他来说比较重要的人认为是否应该实施行为的压力，而形象是指当用户在使用某一项创新时，主观感受到的形象或社会地位在特定社会系统中提升的程度（Moore，1991）。但是，由于移动服务的迅速普及，在移动服务采纳领域的研究显示，形象对采纳意向的影响并不显著（Hsu，2007；Bouwman，2009）。因此，本书重点考察主观规范的影响。Fishbein（1980）认为主观规范会影响消费者的行为意向，主观规范越强，用户的行为意向也愈强。Taylor（1995）认为主观规范主要来源于同级影响和上级影响两个方面。Zhang（2008）在对移动短消息广告的接受意愿研究中，证明了主观规范对行为意向的直接影响作用。Schierz（2010）在对移动支付的采纳意向研究中发现主观规范通过态度间接影响行为意向。因此，本书提出如下假设：

H4a：主观规范对个体的移动邮箱服务的态度有显著的正向影响；

H4b：主观规范对个体的移动邮箱服务的使用行为意向有显著的正向影响；

H4c：主观规范对个体的移动邮箱服务的感知有用性有显著的正向影响。

3.2.5　感知行为控制对行为意向的影响

感知行为控制是计划行为理论相对于理性行为理论所增加的一个变量，是指用户对某一行为的难易程度的知觉。用户所拥有的资源越多、预期的阻碍越少，对自己的行为控制力也会越强。在 Pedersen（2001）的研究中发现，感知行为控制显著影响着消费者的行为意向。Pedersen（2003）认为感知行为控制来源于自我效能和便利条件两个因素。在本书中，感知行为控制是指用户感知到的使用移动邮箱的容易或困难程度。因此，本书提出如下假设：

H5：感知行为控制对个体的移动邮箱服务的行为意向有显著的正向影响。

3.2.6　感知风险对态度的影响

消费者的消费行为包含风险。Vijayasarathy（2000）通过实证研究发现感知风险与消费者购买态度和购买意愿之间均呈现出负相关关系。

Liu（2003）通过实证研究，感知风险会对其接受意愿产生显著的影响。Lu（2005）发现感知风险和感知有用性是影响用户使用意愿的主要因素，且感知风险对感知有用性有显著的负向影响。Lee（2009）认为使用意向的阻碍因素主要是安全风险、隐私风险和金融风险。因此，本书提出如下假设：

H6a：感知风险对个体的移动邮箱服务的采纳态度有显著的负向影响；

H6b：感知风险对个体的移动邮箱服务的行为意向有显著的负向影响。

3.2.7　可试性对态度的影响

可试性是指创新能够被尝试的可能性。Rogers（2002）认为当创新能够被实验、小范围尝试使用时，个体对创新的不确定性将会减少，从而增加个体对创新的采纳。在本书中的可试性是指消费者在使用移动邮箱服务时，能够试用的可能性。因此，本书提出如下假设：

H7a：可试性对个体的移动邮箱服务的采纳态度有显著的正向影响；

H7b：可试性对个体的移动邮箱服务的感知有用性有显著的正向影响。

3.2.8　个人创新对感知有用性、感知易用性的影响

Agarwal（1998）定义了信息技术个人创新，是指个体尝试新的信息技术的意愿程度。认为个人创新较高的用户对新事物的兴趣较大，对新技术的感知有用性更高，愿意去尝试新的事物。Lewis（2003）研究的结果显示信息技术个人创新对感知有用性和感知易用性都有显著的正向影响。Yi（2006）的研究证实了个体创新对采纳意向的直接正向影响以及通过感知有用性、感知易用性和兼容性的间接影响。Bhatti（2007）研究发现，个人创新度较高的用户通常表现得更富有冒险精神，会主动去搜寻新技术的信息。在移动服务采纳领域内的研究中，Lu（2005）和Yang（2005）的研究发现信息技术个人创新对感知易用

性和感知有用性都具有显著正向影响。

3G 移动邮箱是一项新技术，用户的个人创新度越高，会越早尝试此项服务。这是因为，个人创新度高的用户通常好奇心强，具有冒险精神，会主动留意有关移动邮箱的信息，有助于提升用户的感知有用性和感知易用性。因此，本书提出如下假设：

H8a：个人创新对个体的移动邮箱服务的感知有用性具有显著的正向影响；

H8b：个人创新对个体的移动邮箱服务的感知易用性具有显著的正向影响。

3.2.9 网络外部性对感知有用性、感知易用性和态度的影响

Katz（1985）运用网络外部性理论来解释一个现象，即产品的价值与用户数量紧密相关。Lou（2001）研究发现，在信息系统使用的领域中，使用者对用户数量的安全感显得尤为强烈。Wang（2005）发现网络外部性与 TAM 融合效果好，能增加用户采纳的解释能力。邓朝华（2007）的研究结果发现，网络外部性对感知易用性、感知有用性和实际使用行为有显著的影响。Wang（2008）对移动多媒体短信息的研究证实，用户数量越多，用户感知到多媒体短消息越有用，即用户的感知有用性越高。Lu（2008）在移动短消息的研究中也发现，网络外部性对感知有用性有显著正向影响。移动邮箱作为一种通讯方式，用户人数的多少会显著的影响到这种服务的发展，具有网络外部性的特征。使用移动邮箱服务的用户数量越多，越有利于鼓励新用户学习此项服务，对使用方法交流得越多，新用户会认为移动邮箱越简单，进而对使用移动邮箱服务持有积极的态度。因此，本书提出如下假设：

H9a：网络外部性对个体的移动邮箱服务的感知有用性有显著的正向影响；

H9b：网络外部性对个体的移动邮箱服务的感知易用性有显著的正向影响；

H9c：网络外部性对个体的移动邮箱服务的采纳态度有显著的正向

影响。

3.2.10 感知价格对感知有用性、行为意向的影响

在移动商务环境下，用户需要付费才能使用各种服务。Olson（1972）认为价格又可以分为主观价格和客观价格两类。其中，客观价格是指服务的实际价格。而主观价格是指个体对服务实际价格的主观感受，会随着个体的差异而不同。Dodds（1991）的研究发现，感知价格对购买意向的影响有同时存在正负两个方向的作用。一方面，感知价格越高，用户对服务的感知质量越高，从而导致用户购买意愿的提升；另一方面，感知价格越高，用户的感知付出成本越高，从而导致用户的购买意愿降低。Kim（2008）认为移动用户的成本主要包括价格、时间成本和情感努力成本三个因素。其中，价格是最重要的因素。因此，本书提出如下假设：

H10a：感知价格对个体移动邮箱服务的感知有用性有显著的正向影响；

H10b：感知价格对个体移动邮箱服务的行为意向有显著的负向影响。

3G 移动邮箱服务的用户采纳模型中的主要影响因素与假设见表3–1。

表3–1 **3G 移动邮箱服务的用户采纳模型中的主要影响因素与假设汇总表**

依据	变量	假设	内容
技术接受模型	态度	H1	个体对移动邮箱服务的采纳态度会显著正向影响其使用意愿
	感知有用性	H2a	个体的移动邮箱服务的感知有用性对行为意向有显著的正向影响
		H2b	个体的移动邮箱服务的感知有用性对态度有显著的正向影响
	感知易用性	H3a	感知易用性对个体的移动邮箱服务的态度有显著的正向影响
		H3b	感知易用性对个体的移动邮箱服务的感知有用性有显著的正向影响
计划行为理论	主观规范	H4a	主观规范对个体的移动邮箱服务的态度有显著的正向影响
		H4b	主观规范对个体的移动邮箱服务的使用行为意向有显著的正向影响
		H4c	主观规范对个体的移动邮箱服务的感知有用性有显著的正向影响
	感知行为控制	H5	感知行为控制对个体的移动邮箱服务的行为意向有显著的正向影响

续表

依据	变量	假设	内容
感知风险理论	感知风险	H6a	感知风险对个体的移动邮箱服务的采纳态度有显著的负向影响
		H6b	感知风险对个体的移动邮箱服务的行为意向有显著的负向影响
创新扩散理论	可试性	H7a	可试性对个体的移动邮箱服务的采纳态度有显著的正向影响
		H7b	可试性对个体的移动邮箱服务的感知有用性有显著的正向影响
	个人创新	H8a	个人创新对个体的移动邮箱服务的感知有用性具有显著的正向影响
		H8b	个人创新对个体的移动邮箱服务的感知易用性具有显著的正向影响
网络外部性理论	网络外部性	H9a	网络外部性对个体的移动邮箱服务的感知有用性有显著的正向影响
		H9b	网络外部性对个体的移动邮箱服务的感知易用性有显著的正向影响
		H9c	网络外部性对个体的移动邮箱服务的采纳态度有显著的正向影响
消费动机理论	感知价格	H10a	感知价格对个体移动邮箱服务的感知有用性有显著的正向影响
		H10b	感知价格对个体移动邮箱服务的行为意向有显著的负向影响

3.3 3G 移动邮箱服务的用户采纳模型中的调节因素及假设

3.3.1 经验对 3G 移动邮箱服务的用户采纳行为的调节作用

认知失调理论认为，当人们面临新事物时，已有经验对态度有一定的影响。在信息技术采纳领域，经验对采纳影响的调节作用得到的学者的验证（Taylor，1995；Morris，2000；Venkatesh，2003）。对于经验的划分，一种方法是根据是否使用过新技术作为划分标准（Venkatesh，2003；Lin，2009），另一种方法是依据相似技术的使用经历作为划分标准（Cheong，2005；Qi，2009）。本书将经验划分成直接经验和间接经验。其中，直接经验是指用户拥有使用过目标系统的经历，间接经验是指使用过和目标系统相似的技术的经历。在移动服务领域内，Ha（2007）在移动游戏采纳意向的研究中发现，感知易用性对感知有用性的影响在经验丰富的用户中的作用要高于经验不丰富的用户。Lin

（2009）在移动可视电话采纳意愿的研究中发现，感知有用性对行为意向的影响在有使用经验的用户中的影响要高于没有使用经验的用户。Kim（2009）研究发现，在有经验分组中，感知易用性对感知有用性有显著的影响，而在没有经验的用户组中，感知易用性对感知有用性的影响并不显著。此外，Taylor（1995）的研究发现，主观规范对于行为意向的影响在没有经验的用户中的作用明显高于有经验的用户。Lin（2009）发现价格对行为意向的影响在没有经验的用户中的作用要明显高于有经验的用户。因此，本书提出如下假设：

H11a：感知易用性对感知有用性的影响在直接经验多的用户中大于直接经验少的用户；

H11b：感知易用性对感知有用性的影响在间接经验多的用户中大于间接经验少的用户；

H12a：感知易用性对态度的影响在直接经验多的用户中小于直接经验少的用户；

H12b：感知易用性对态度的影响在间接经验多的用户中小于间接经验少的用户；

H13a：感知有用性对行为意向的影响在直接经验多的用户中大于直接经验少的用户；

H13b：感知有用性对行为意向的影响在间接经验多的用户中大于间接经验少的用户；

H14a：主观规范对行为意向的影响在直接经验多的用户中小于直接经验少的用户；

H14b：主观规范对行为意向的影响在间接经验多的用户中小于间接经验少的用户；

H15a：感知价格对行为意向的影响在直接经验多的用户中小于直接经验少的用户；

H15b：感知价格对行为意向的影响在间接经验多的用户中小于间接经验少的用户。

3.3.2 性别对 3G 移动邮箱服务的用户采纳行为的调节作用

性别也是采纳研究中的一个重要调节因素。Fetler（1985）认为，相对于男性用户，女性用户对信息技术的感知易用性较低，从而对新技术评价较低。Gefen（1997）的研究证实，女性对信息系统感知有用性的评价要高于男性，而感知易用性的评价低于男性。Venkatesh（2000）研究发现感知有用性对行为意向的影响在男性用户中的作用要高于女性用户，而感知易用性对行为意向的影响在女性用户中的作用高于男性用户。在移动服务采纳领域，Hong（2006）的研究发现，感知有用性对行为意向的影响在男性用户中的作用要高于女性用户。Ha（2007）发现感知易用性对感知有用性的影响在不同性别的用户中存在差异。此外，Venkatesh（2000）研究发现，在短期内主观规范对行为意向的影响在女性用户中的作用要高于男性用户。Wu（2008）发现社会影响对行为意向的影响在女性用户中的作用要高于男性用户。因此，本书提出如下假设：

H16：感知易用性对感知有用性的影响在女性用户中的作用小于男性用户；

H17：感知易用性对态度的影响在女性用户中的作用大于男性用户；

H18：感知有用性对行为意向的影响在女性用户中的作用小于男性用户；

H19：主观规范对行为意向的影响在女性用户中的作用要大于男性用户。

3.3.3 年龄对 3G 移动邮箱服务的用户采纳行为的调节作用

年龄也是采纳研究中的一个重要调节因素。Venkatesh（2003）的研究显示，努力期望对行为意向的影响在年龄大的用户中的作用更为显著。Yang（2008）发现感知易用性对行为意向的影响在年轻用户中更为显著。Shin（2009）也证实了感知易用性对行为意向的影响在年长用户中的作用更大。Shin（2009）发现社会影响对行为意向的影响在年轻用户中的作用更为显著。因此，本书提出如下假设：

H20：感知易用性对态度的影响在年轻用户中的作用要小于年长用户；

H21：感知有用性对行为意向的影响在年轻用户中的作用要大于年长用户；

H22：主观规范对行为意向的影响在年轻用户中的作用要大于年长用户。

3.3.4 区域对移动邮箱服务的用户采纳行为的调节作用

区域也是采纳研究中的一个重要调节因素。为了研究不同区域的用户在移动邮箱采纳意向上的假设，本书提出如下假设：

H23：感知易用性对感知有用性的影响在 W 分公司的作用要小于 K 分公司；

H24：感知易用性对态度的影响在 W 分公司的作用要小于 K 分公司；

H25：感知有用性对行为意向的影响在 W 分公司的作用要大于 K 分公司；

H26：主观规范对行为意向的影响在 W 分公司的作用要大于 K 分公司。

3G 移动邮箱服务的用户采纳模型中的调节因素与假设汇总见表3-2。

表3-2　3G 移动邮箱服务的用户采纳模型中的调节因素与假设汇总表

假设	内容
H11a	感知易用性对感知有用性的影响在直接经验多的用户中大于直接经验少的用户
H11b	感知易用性对感知有用性的影响在间接经验多的用户中大于间接经验少的用户
H12a	感知易用性对态度的影响在直接经验多的用户中小于直接经验少的用户
H12b	感知易用性对态度的影响在间接经验多的用户中小于间接经验少的用户
H13a	感知有用性对行为意向的影响在直接经验多的用户中大于直接经验少的用户
H13b	感知有用性对行为意向的影响在间接经验多的用户中大于间接经验少的用户
H14a	主观规范对行为意向的影响在直接经验多的用户中小于直接经验少的用户

续表

假设	内容
H14b	主观规范对行为意向的影响在间接经验多的用户中小于间接经验少的用户
H15a	感知价格对行为意向的影响在直接经验多的用户中小于直接经验少的用户
H15b	感知价格对行为意向的影响在间接经验多的用户中小于间接经验少的用户
H16	感知易用性对感知有用性的影响在女性用户中的作用小于男性用户
H17	感知易用性对态度的影响在女性用户中的作用大于男性用户
H18	感知有用性对行为意向的影响在女性用户中的作用小于男性用户
H19	主观规范对行为意向的影响在女性用户中的作用大于男性用户
H20	感知易用性对态度的影响在年轻用户中的作用要小于年长用户
H21	感知有用性对行为意向的影响在年轻用户中的作用要大于年长用户
H22	主观规范对行为意向的影响在年轻用户中的作用要大于年长用户
H23	感知易用性对感知有用性的影响在 W 分公司的作用要小于 K 分公司
H24	感知易用性对态度的影响在 W 分公司的作用要小于 K 分公司
H25	感知有用性对行为意向的影响在 W 分公司的作用要大于 K 分公司
H26	主观规范对行为意向的影响在 W 分公司的作用要大于 K 分公司

第 4 章　3G 移动邮箱服务的用户采纳模型的研究设计及数据获取

4.1　研究方法的选择

　　研究方法是指在研究中发现新现象、新事物，或提出新理论、新观点，揭示事物内在规律的工具和手段，分为实证研究和非实证研究两类。其中，非实证研究更多的是依靠思想或推断，而实证研究建立是在观察和实验的事实基础上，其结论在同一条件下可以被证实。在信息系统领域内，常用的实证研究方法有调查法、实验室实验、现场实验、现场研究、案例研究等。闵庆飞（2008）发现与信息系统采纳相关的文献大多数采用了实证的研究方法，本书对移动服务采纳相关文献进行综述时，也发现了这一点。研究的目的决定了研究的方法，本书的研究目的是 3G 移动邮箱服务的用户采纳问题，即哪些因素决定了用户的采纳意向。由于出现在 3G 移动邮箱采纳模型中的变量都不能被直接测量，必须建立多维的可测变量对其进行估计。问卷调查方法是了解用户态度与行为的一种实用方法，该方法不仅节省时间、经费和人力，其调查结果也容易量化，可以方便进行大规模调查。因此，本书采用问卷调查方法来实证研究 3G 移动邮箱服务的用户采纳问题。

4.2 数据分析方法

本书采用的数据分析方法包括描述性统计分析、信度分析、效度分析和结构方程模型分析，其中，描述性统计分析、信度分析、效度分析利用 SPSS16.0 实现，而结构方程模型分析利用 AMOS17.0 实现。

4.2.1 描述性统计分析

描述性统计分析可以将搜集的问卷调查数据经整理后变成有意义的信息或统计量。数据处理的方法包括以次数分布表形式呈现、以图标表示、以数据的各项统计量表示等。本书利用描述性统计分析对样本数据分析，以取得样本的特征，如被测者的性别、年龄、职业、月收入、使用 3G 移动邮箱情况等信息的分布情况。

4.2.2 信度分析

信度（Reliability）又称为可靠性，是指当用同一种方法对相同对象进行问卷调查时，调查结果的稳定性及一致性。因此，量表的信度越高，测量的标准误差越小，代表量表越稳定。信度包括外在信度和内在信度。外在信度通常是指不同时间测量时量表的一致性的程度，外在信度的常用检验方法是再测信度。内在信度则是指量表所测量的概念是否单一，以及量表中问题项的内在一致性程度是否较高。内在一致性信度系数是常用的检验内在信度的方法。内在一致性信度系数包括科隆巴赫（Cronbach's）α 系数、折半信度、库李信度、Hoyt 变异系数。在里克特量表中，常用内在信度检验方法为科隆巴赫（Cronbach's）α 系数。科隆巴赫（Cronbach's）α 系数由 Cronbach 在 1951 年提出，在社会科学研究中使用的较多。Cronbach's α 系数的公式如下：

$$\alpha = \frac{k}{k-1}\left(1 - \frac{\sum s_i^2}{s^2}\right)$$

（公式 4-1）

其中，k 为量表的题项数，$\sum s_i^2$ 为量表问题项的方差总和，s^2 为量表总分的方差。从公式中可以看出，量表问题项越多，$\frac{k}{k-1}$ 越接近 1，$\frac{\sum s_i^2}{s^2}$ 越接近 0，因而 α 系数越接近 1。

在社会科学领域，可接受的最小信度系数是学者们较为关心的问题，但是，学者们看法并不一致。Nunnally（1978）和 DeVellis（1991）认为 Cronbach's α 系数的值在 0.7 以上是可以接受的。Bryman（1997）认为 Cronbach's α 系数的值在 0.8 以上，表示量表具有较高的信度。由于在社会科学领域，每份量表还包含分层面，因而在进行问卷分析时，不仅应给出量表的信度系数，还应给出分层面的信度系数。吴明隆（2010）提出了 α 系数在整个量表或量表中各个层面的评判原则（如表 4-1 所示），认为当 Cronbach's α 系数用于分层面时，如果 α 系数的值在 0.7 以上，表示分层面具有较高的信度，当 Cronbach's α 系数用于整个量表时，如果 α 系数的值在 0.8 以上，表示整个量表具有较高的信度。

表 4-1　　　　　　　　内部一致性 α 系数的评判原则表

α 值	用于分层面时	用于整个量表时
α<0.5	不理想，舍弃不用	非常不理想，舍弃不用
0.5≤α<0.6	可以接受，但需要增列题项或修改语句	不理想，重新编制或修订
0.6≤α<0.7	尚佳	勉强接受，最好增列题项或修改语句
0.7≤α<0.8	佳（信度高）	可以接受
0.8≤α<0.9	理想（甚佳，信度很高）	佳（信度高）
α≥0.9	非常理想（信度非常好）	非常理想（甚佳，信度很高）

组合信度（Composite Reliability）是指一个组合变量的信度。Hair（1998）认为其可接受水平是 0.6，组合信度可以作为检验潜在变量的信度指标，组合信度检验值也称为构建信度（Construct Reliability）。计算组合信度的公式由 Fornell 在 1981 年提出，公式如下：

$$\rho_c = \frac{\left(\sum \lambda \right)^2}{\left[\left(\sum \lambda \right)^2 + \sum (\theta) \right]}$$
（公式4-2）

其中，ρ_c 为组合信度，λ 为指标变量在潜变量上的标准化载荷量，θ 为观察变量的误差变异量。

4.2.3 效度分析

效度（Validity）又称为有效性，是指能够准确测出所需测量的事物的程度。因此，效度越高，越能够准确测量到要测量的值。量表的效度有内容效度、效标关联效度和结构效度。

内容效度又称为表面效度，是指所设计的量表的问题项能否代表所要测量的主题。对内容效度的评价常采用逻辑分析与统计分析相结合的方法。逻辑分析是指由专家凭经验来判断量表的问题项是否符合测量要求。统计分析方法则利用单项与总和相关是否显著来判断问题项是否有效。在本研究中，量表来源于国内外文献，并经过访谈分析，基于 3G 移动邮箱服务的特点设计而成，最后还经过专家的审查和修改。因此，本书中的量表符合内容效度的要求。

效标关联效度是指量表所得到的数据和准则变量的值相比是否有意义。在本研究中，量表来源于国内外文献，只是针对 3G 移动邮箱的特点做了相应地修订，测量方式没变。因此，不需要做效标关联效度的检验。

结构效度又称为构造效度，结构效度的检验可以采用探索性因子分析（EFA）和验证性因子分析（CFA）。探索性因子分析是一项降低维度的技术，能够将错综复杂的变量综合为少数几个核心因子，目的是为了提纯量表的问题项，删除低负载和跨因子载荷的问题项。在本研究中，探索性因子分析用于问卷的预调查。量表的问题项之间是否适合因子分析，需要根据 KMO 与 Bartlett 球形检验的结果判断。Kaiser（1974）认为 KMO 值大于 0.6，且 Bartlett 球形度检验显著可以做因子分析。Spicer（2005）认为，KMO 值大于 0.8，表示问题项之间适合做因子分析。在共同因素的筛选上，Kaiser（1960）认为应保留特征值大于 1 的因素。Stevens（2002）认为当共同性大于 0.7 时，采用特征值大于 1 的方法选择因素最正确。吴明隆（2010）认为因素萃取后的累计解释方差如果能够达到 60% 以上，表示保留的因子相当理想，如果累计解释方差达到 50% 则也可以勉强接受。在样本的数目上，Gorsuch（1983）认为，进行因子分析的样本和问题项的比例最好为 1∶5。

验证性因子分析是测试一个因子与相对应的测度项之间的关系是否符合研究者所设计的理论关系。在本研究中，验证性因子分析用于正式调查的样本，判断在 3G 移动邮箱采纳模型中的各个假设关系是否显著。验证性因子分析可以用来检验量表的聚合效度和区分效度。在聚合效度的检验上，Hair（1998）认为当因子载荷大于 0.71 时，项目具有理想的质量，因为此时潜在变量能够解释观察变量近 50% 的方差。但是，在社会科学领域，由于外在干扰、测量的特性等原因，量表因子载荷普遍不高。因此，Tabachnick（2007）建议，当因子载荷大于 0.55 时即可宣称良好。平均方差提取量（AVE）也可以配合因子载荷量反映聚合效度，Hair（1998）认为平均方差提取量的判断标准为 AVE 大于 0.5。

在区分效度的检验上，邱皓政（2010）认为既可以根据相关系数的区间估计值判断，也可以利用验证性因子分析的模型进行竞争比较，还可以利用每一个潜在变量的平均方差的平方根应该大于该潜在变量和其他变量的相关系数来判断。本书将采用第三种方法进行区分效度的检验。

4.2.4　结构方程模型分析

结构方程模型（Structural Equation Modeling，SEM）是社会科学研究中的一种多元变量统计分析方法，可以用来检验观察变量和潜在变量之间的假设。传统的多元回归方法只能处理一个因变量和几个自变量之间的关系。但是，在社会科学领域，由于变量间的关系较为复杂，既有不可直接观测的变量（即潜变量），同时还需要处理多个因变量和自变量之间的关系，这些都是传统的统计方法不能很好解决的问题。

相对于线性相关不能反映单个指标与总体之间的因果关系，线性回归只能提供变量间的直接效应而不能显示可能存在的间接效应，结构方程模型是一种建立、估计和检验因果关系模型的方法。在结构方程模型中，既包含可以直接观测的显变量，也包含无法直接观测的潜变量。结构方程模型通常适用于大样本的统计分析，Mueller（1997）认为单纯的结构方程模型分析，其样本大小标准应在 100 以上，200 以上更佳，如果从模型观察变量的数目来分析样本人数的话，则样本数与观察变量之间的比例至少为 10 : 1 或者 15 : 1（Thompson，2000）。本书的观察变量有 23 个，合适的样本应不少于 230 个左右，同时本书还检验经验、性别、年龄、区域变量的调节作用，需要进行分组验证，因此样本量应该翻番。本书的正式调查共收集数据 537 份，从样本量上来看，符合了研究的需要。

结构方程模型用于假设检验的前提是模型的拟合优度必须在可接受的范围内。Bagozzi（1988）认为假设模型与实际模型是否契合，需要考虑整体模型拟合优度指标、基本拟合度指标、模型内在结构拟合优度指标。其中，整体拟合优度指标包括绝对拟合优度指标、相对拟合优度指标、简约拟合优度指标。绝对拟合优度指标衡量了所分析的理论模型与样本数据的拟合程度，常用指标包括、RMSEA、GFI、SRMR 等；相对拟合优度指标分析所假设的理论模型的改进程度，常用的指标包括 NNFI、NFI 和 CFI 等指标；简约拟合优度指标衡量了模型的简约程度，常用指标包括 PNFI 和 PGPF 两个指标。结构方程模型整体拟合优度指标及评价标准见表 4-2（吴明隆，2010）。

表4-2　　　**结构方程模型整体拟合优度指标及评价标准表**

统计检验量	拟合标准或临界值
绝对拟合优度指标	
χ^2	P>0. 05
GFI	>0. 9
AGFI	>0. 9
RMR	<0. 05
SRMR（AMOS需另行计算）	<0. 05

续表

统计检验量	拟合标准或临界值
RMSEA	<0.05（拟合良好）<0.08（拟合合理）
NCP	越小越好，90%的置信区间包含 0
ECVI	理论模型的 ECVI 值小于独立模型的 ECVI 值，且小于饱和模型的 ECVI 值
相对拟合优度指标	
NFI	>0.9
RFI	>0.9
IFI	>0.9
NNFI（TLI）	>0.9
CFI	>0.9
简约拟合优度指标	
PGFI	>0.5
PNFI	>0.5
CN	>200
χ^2/df	$1<\chi^2/df<3$ 表示模型具有简约的拟合优度 $\chi^2/df>5$ 模型需要修改
AIC	理论模型的 AIC 值小于独立模型的 AIC 值，且小于饱和模型的 AIC 值
CAIC	理论模型的 CAIC 值小于独立模型的 CAIC 值，且小于饱和模型的 CAIC 值

4.3　调查问卷的形成过程

为保证调查问卷的科学有效性，马庆国（2002）认为调查问卷的形成、数据的收集要经过如下 6 个步骤，如图 4-1 所示：

```
┌─────────────────────────┐
│      分析文献           │
│  确定变量的初始问题项    │
└─────────────────────────┘
            ↓
┌─────────────────────────┐
│      小规模访谈          │
│  确认变量选取的恰当性    │
└─────────────────────────┘
            ↓
┌─────────────────────────┐
│      编制初始问卷        │
└─────────────────────────┘
            ↓
┌─────────────────────────┐
│      前测分析            │
└─────────────────────────┘
            ↓
┌─────────────────────────┐
│      形成最终问卷        │
└─────────────────────────┘
            ↓
┌─────────────────────────┐
│      问卷的发放          │
│  问卷数据的收集与整理    │
└─────────────────────────┘
```

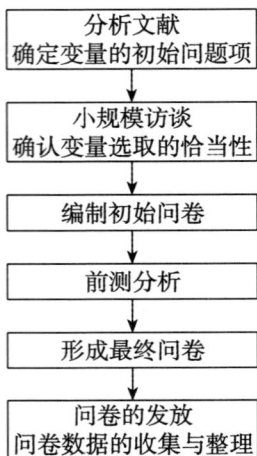

图 4-1　问卷形成过程图

在设计调查问卷之前，首先要分析并整理移动服务采纳的相关文献，结合第二章的文献综述和第三章的 3G 移动邮箱服务的用户采纳模型，设计了问卷的各个变量的初始问题项，形成问卷的雏形。然后通过小规模访谈，确认变量选择的恰当性，修订问卷，使问题的表达更通俗、更清晰、更合理，形成初始问卷。之后是小规模测试，依据被测者的打分情况，进行项目分析、效度分析、信度分析来筛选出合适的问题项，形成最终问卷，用于大规模发放。最后利用 AMOS 对正式问卷数据进行验证性因子分析。

4.4　变量定义和问题项设计

4.4.1　变量的定义

考虑到模型的简洁性和因素的代表性，本书选取了 11 个潜变量来构建模型。其中，行为意向是结果变量；感知易用性、感知有用性、态度为中介变量；网络外部性、个人创新、感知价格、可试性、感知风险、主观规范、感知行为控制是外生潜变量。此外，模型中还引入经验、性别、年龄、区域作为调节变量。变量的定义及来源见表 4-3。

表4-3 变量定义及来源表

变量	定义	来源
行为意向	个人对于使用3G移动邮箱的主观意愿的强度，以及在未来考虑使用的意愿强度	Davis（1989）
态度	个人对使用3G移动邮箱服务的正面或负面的评价	Davis（1989） Turel（2007）
感知有用性	个人感知使用3G移动邮箱可以帮助其提高个人绩效和沟通效率的程度	Davis（1989） 鲁耀斌（2007）
感知易用性	个人感觉学习使用和操作3G移动邮箱的容易程度	Davis（1989）
主观规范	个人感觉到的对于他来说比较重要的人认为是否应该使用3G移动邮箱的压力	Moore（1991） Schierz（2010）
感知行为控制	个人感知到使用3G移动邮箱容易或困难的程度	Pedersen（2001）
感知风险	个人在3G移动邮箱使用中对于使用过程和使用结果的不确定性以及对于可能产生的不利后果的心理认知	Lu（2005）
网络外部性	用户感知到使用3G移动邮箱的其他用户的数量、使用该项业务的普遍性	Wang（2005）
个人创新	个人尝试3G移动邮箱的意愿程度	Yang（2005）
感知价格	个人在使用3G移动邮箱过程中感知到的价格高低程度，以及价格对用户的继续使用造成影响的程度	Dodds（1991） Agarwal（2007）
可试性	3G移动邮箱能够被尝试的可能性	Pedersen（2005） Hsu等（2006）

4.4.2 初始问题项的设计

为保证测量的准确性、科学性，本研究参考了已有文献的量表，并在此基础上根据3G移动邮箱服务的研究背景进行了适当的修改，使量表更符合研究的需要。除调节变量外，所有的外生潜变量、中介变量、结果变量均采用里克特（Likert）5 级量表，从"完全不同意"、"同意"、"一般"、"不同意"到"完全不同意"，分别给予 1、2、3、4、5 的分值，被测者根据自己的主观感受打分。

4.4.2.1 行为意向、态度

本书中行为意向、态度的量表均来源于 Davis（1989）定义的量表，并根据 3G 移动邮箱的研究情景进行了修订。其中，行为意向包括 4 个问题项，态度包括 4 个问题项。

行为意向的量表如下所示：

（1）我愿意使用 3G 移动邮箱服务（IN1）；

（2）我计划在不久后使用 3G 移动邮箱服务（IN2）；

（3）我会推荐其他人使用 3G 移动邮箱服务（IN3）；

（4）如果已使用，我会继续使用 3G 移动邮箱服务（IN4）。

态度的量表具体如下所示：

（5）我认为使用 3G 移动邮箱服务是个好主意（AT1）；

（6）我认为使用 3G 移动邮箱服务是件愉快的事情（AT2）；

（7）我喜欢使用 3G 移动邮箱服务与人沟通（AT3）；

（8）我认为 3G 移动邮箱服务是件有价值的事情（AT4）。

4.4.2.2 感知有用性、感知易用性

本书中感知有用性的量表均来源于 Davis（1989）定义的量表，此外还参考了鲁耀斌（2007）定义的量表，并根据 3G 移动邮箱的研究情景进行了修订。感知易用性的量表基于 Davis（1989）定义的量表。其中感知有用性量表包括 5 个问题项，感知易有包括 4 个问题项。

感知有用性的量表 5 个问题项，具体如下所示：

（1）使用 3G 移动邮箱服务能够提高我的工作、生活的效率（PU1）；

（2）使用 3G 移动邮箱服务能够让我更好地与人沟通（PU2）；

（3）使用 3G 移动邮箱服务可以让我更时尚（PU3）；

（4）使用 3G 移动邮箱服务可以让我更好地展现个性（PU4）；

（5）使用 3G 移动邮箱服务毫无价值（PU5）。

感知易用性的量表 6 个问题项，具体如下所示：

（1）我认为开通 3G 移动邮箱服务是件很容易的事（PE1）；

（2）我认为取消 3G 移动邮箱服务是件很容易的事（PE2）；

（3）对我来说学习使用 3G 移动邮箱服务比较容易（PE3）；

（4）熟练使用 3G 移动邮箱服务对于我来说很容易（PE4）；

（5）3G 移动邮箱服务的客户端系统操作简单明了（PE5）；

（6）我认为支付 3G 移动邮箱服务的费用很方便（PE6）。

4.4.2.3　主观规范、感知行为控制

Taylor（1995）认为主观规范主要来源于同级影响和上级影响两个方面，主观规范的量表来源于 Moore（1991）、Schierz（2010）的量表，并根据 3G 移动邮箱服务进行了适应性的修订。

主观规范的量表包括 6 个问题项，具体如下所示：

（1）对我有重要影响的人在使用 3G 移动邮箱服务（SN1）；

（2）对我有重要影响的人认为我应该使用 3G 移动邮箱服务（SN2）；

（3）外界环境使我觉得 3G 移动邮箱服务是未来的时尚和趋势，我将使用（SN3）；

（4）很多媒体和广告推介使用 3G 移动邮箱服务（SN4）；

（5）很多报纸杂志都宣传使用 3G 移动邮箱服务（SN5）；

（6）使用 3G 移动邮箱服务比较符合我的职业环境（SN6）。

感知行为控制可以从自我效能感、资源条件、技术条件 3 个方面进行分析。自我效能感从智力、精力、财务 3 个方面进行测量；资源条件从财力、时间、设备等方面进行衡量；技术条件是指目前所能实现的技术。感知行为控制的量表来源于 Pedersen（2001）的量表，并根据 3G 移动邮箱服务进行了适应性的修订。

感知行为控制的量表包括 4 个问题项，具体如下所示：

（1）我认为我具有足够的能力去了解和使用 3G 移动邮箱服务（PB1）；

（2）我有足够的时间和精力去了解和使用 3G 移动邮箱服务（PB2）；

（3）我认为我能负担 3G 移动邮箱服务而引起的费用（PB3）；

（4）我具有必备的资源和手机来使用 3G 移动邮箱服务（PB4）。

4.4.2.4　个人创新、感知风险、可试性

3G 移动邮箱服务的创新特征包括相对优势、个人创新、可试性、感知风险、相容性、可观察性和娱乐性。

个人创新被用来预测用户对新技术采纳的倾向。Rogers（1983）认为个人的创新程度越高，应该越早采纳新技术。本书中的个人创新的量表来源于 Yang（2005）的量表，并根据 3G 移动邮箱的特点进行相应的修改。

个人创新的量表共有 3 个问题项，具体如下所示：

（1）我对 3G 移动邮箱服务十分好奇（PI1）；

（2）我喜欢体验 3G 移动邮箱服务（PI2）；

（3）我经常寻找 3G 移动邮箱服务的信息（PI3）。

感知风险是个人对在使用 3G 移动邮箱的过程中预计可能发生的与开始期望不符的负面结果。其具体包括功能风险、社会风险、财务风险和时间风险。功能风险，是指当使用 3G 移动邮箱的某些功能时，与预期不符的可能性。社会风险是指个人开通 3G 移动邮箱不被其他社会成员接受或认同的可能性。财务风险是指在使用 3G 移动邮箱的过程中引起货币损失的可能性。时间风险，是指个人因为使用 3G 移动邮箱而损失时间的可能性。感知风险的量表来源于 Lu（2005）的量表，并根据 3G 移动邮箱服务进行了适应性的修订。

感知风险量表 6 个问题项具体如下所示：

（1）3G 移动邮箱服务让我多花了钱和时间却达不到预期的效果（PR1）；

（2）3G 移动邮箱服务会使自己的隐私暴露（PR2）；

（3）周围的人都没开通 3G 移动邮箱服务，让我觉得开通这项业务是错误的（PR3）；

（4）我担心 3G 移动邮箱服务会带来大量的垃圾邮件（PR4）；

（5）我担心 3G 移动邮箱服务会使手机感染病毒（PR5）；

（6）我担心 3G 移动邮箱服务会产生大量的手机流量，浪费金钱（PR6）。

可试性的测量参考了 Pedersen（2005）、Hsu 等（2006）的问卷。

可试性量表有 4 个问题项，具体如下所示：

（1）在开通 3G 移动邮箱服务前，我有机会试用其各项功能（TR1）；

（2）我可以免费试用 3G 移动邮箱服务，然后再决定是否开通（TR2）；

（3）运营商会通过套餐的方式主动给我开通 3G 移动邮箱服务（TR3）；

（4）我可以试用 3G 移动邮箱服务很长时间来了解它的各项功能（TR4）。

4.4.2.5 网络外部性

Wang（2005）发现网络外部性与 TAM 融合效果好，能增加用户采纳的解释能力。邓朝华（2007）的研究结果发现，网络外部性对感知易用性、感知有用性和实际使用行为有显著的影响。Wang（2008）对移动多媒体短信息的研究证实，用户数量越多，用户感知到多媒体短消息越有用，即用户的感知有用性越高。网络外部性的测量参考了 Wang（2005）的问卷。

网络外部性量表有 3 个问题项，具体如下所示：

（1）据我了解，使用 3G 移动邮箱服务的人很多（NE1）；

（2）我的亲朋好友使用 3G 移动邮箱服务（NE2）；

（3）经常和我联系的人使用 3G 移动邮箱服务（NE3）。

4.4.2.6 感知价格

价格又可以分为主观价格和客观价格两类（Olson，1972）。本书中的价格着重考虑用户的主观价格，其中包括用户对使用 3G 移动邮箱所需要的设备的价格和 3G 移动邮箱的价格主观感知。感知价格的量表来源于 Dodds（1991）、Agarwal（2007）和 Wu（2005）量表，并根据 3G 移动邮箱的环境进行了适应性的修订。

感知价格的量表包括 4 个问题项，具体如下所示：

（1）我认为 3G 手机的价格较高（PC1）；

（2）使用 3G 移动邮箱服务的费用较高（PC2）；

（3）我倾向于使用不带 3G 服务的手机，因为这样更省钱（PC3）；

（4）使用 3G 移动邮箱服务费用不贵（PC4）。

4.4.2.7　直接经验和间接经验

对于经验的测量，学者们采用了如下两种做法：一种方法更直接，根据是否使用过新技术作为划分，例如 Lin（2009）在研究移动可视电话的采纳研究中，按照用户是否使用过移动可视电话服务作为经验的划分标准；另一方法更间接，根据相似技术的使用经历作为经验划分标准，例如，Cheong（2005）在研究移动上网采纳时，依据个人固定上网的经验作为经验划分标准。Qi（2009）在移动数据服务采纳的研究中，将个人使用移动语音服务的经历作为经验划分标准。因此，本书将经验划分为直接经验和间接经验。其中，直接经验是指个人使用移动邮箱服务的经历，间接经验是指个人使用移动短信、电子邮件、即时通讯、移动即时通讯等类似通讯技术的经历。在本书中，根据个人对移动邮箱服务的使用数量作为直接经验的划分标准，根据个人对移动短信、电子邮件、即时通讯、移动即时通讯等相似通讯技术的使用数量作为间接经验的划分标准。

直接经验的量表如下：

您是否使用过下列移动邮箱服务（没有使用过的可以不选）：

（1）139 邮箱；（2）189 邮箱；（3）186 邮箱；（4）163 移动邮箱；（5）QQ 移动邮箱；（6）Gmail 移动邮箱；（7）搜狐移动邮箱；（8）新浪移动邮箱；（9）谷歌移动邮箱；（10）微软移动邮箱。

间接经验的量表如下：

您使用过下列哪些通信技术（没有使用过的可以不选）：

（1）短信；（2）彩信；（3）即时通讯软件（QQ、飞信、MSN 等）；（4）电子邮件；（5）移动即时通讯。

4.5　调查过程的设计

4.5.1　小规模访谈

问卷在完成初稿后，需要通过小规模访谈来对问卷进行修改，以提高变量测量的效度和信度。在本研究中，小规模访谈首先要考察哪些因素决定移动邮箱采纳；其次，要分析移动邮箱采纳的分析框架是否合理；最后，各变量问题选项是否全面、合理，各测量问题选项表达是否清楚、是否容易理解、是否具有歧义。在本次研究中，小规模访谈的对象包括专业人士、普通用户、潜在用户。5位精通3G业务的专业人士对问卷内容进行了审阅，并提出修改意见。然后，依据专家意见并通过和专业人士的多次反复沟通，对问卷进行了修订。最后，对20位有移动邮箱使用经历的用户进行问卷测试，并根据被测者对问卷的疑问，对问题项的表达方式进行了修改。

通过访谈发现，移动邮箱作为一种3G移动服务，存在下列一些现象和问题：（1）因为短信、电邮、即时通讯、移动即时通讯等多种通讯方式的存在，用户对3G移动邮箱的关注度不高。（2）3G移动邮箱服务本身对手机终端有要求，所以3G移动邮箱的推广存在终端上的障碍。（3）3G移动邮箱服务的外部网络性强，使用的人越多，用户感知到的价值越高。（4）3G移动邮箱服务成本低，开通方便、有多种开通渠道和使用方法。（5）多数用户关注其费用问题，特别是流量问题，但并不关注支付费用是否方便的问题。（6）少量受访者受媒体、广告的影响使用3G移动邮箱服务，部分受访者受朋友、同事的影响使用3G移动邮箱服务，还有部分受访者是运营商通过套餐的方式开通此项服务。（7）周围的人使用移动邮箱服务还不是很多，相对而言，使用者主要是青年人和中年人。

通过访谈还发现，在研究框架上，部分受访者认为个人创新、网络外部性是3G移动邮箱服务的主要特征，3G移动邮箱服务的娱乐性较少。部分受访者认为可试性能有效地促进3G移动邮箱服务的推广，运营商给部分号段的移动用户提供试用机会，如果试用带来正面的效果，可以促进个人用户的采用。部分受访者认为3G移动邮箱服务存在感知风险，包括垃圾邮件问题和邮件病毒问题。总之，受访者还是比较认同本研究中的研究框架，认为框架中变量已经比较完整和全面。

4.5.2　问题项的修订及初始问卷的形成

在变量测量问题项方面，受访者给出了一些修改意见。例如，主观规范和感知行为控制被设计成中介变量，分别有两个维度，后经过讨论，出于模型简洁性的需求，将主观规范和感知行为控制修改成为外生潜变量。在感知易用性的问题项中，其中有一个问题项包含了开通和取消两个事项，经过讨论，将问题项拆分成两个事项。此外，费用支付是感知易用性的内容，所以在感知易用性的量表中增加了费用支付问题项。经过上述修订，形成初始问卷。

4.5.3　前测分析

为了提高问卷的质量，在大规模发放问卷和收集数据之前进行问卷前测，利用项目分析、效度分析和信度分析来筛选问题项，以便得到简洁有效的调查问卷。本次前测，在电信营业厅进行了预调查，发出问卷 200 份，总计回收有效问卷 145 份，有效问卷回收率为 72.5%。

4.5.3.1　项目分析

在前测分析中，首先应进行项目分析，检验量表中个别问题项的可靠程度。项目分析常用的方法是同质性检验。同质性检验包括问题项和量表总分的相关、量表的内部一致性信度检验值、问题项在量表共同因素的因素负荷量。其中，个别问题项与量表总分的相关系数越大，表示此问题项与量表的同质性越高，反之，如果相关系数<0.4，则此问题项可以删除；由于信度代表量表的一致性和稳定性，信度系数在项目分析中，也可作为同质性检验的指标之一，信度系数通常采用科隆巴赫 α 系数。如果某个问题项删除后，整体量表的信度系数如果大于 0.912，比原先高出许多，则此题项与其他问题项的同质性不高，可以考虑删除；此外，某个问题项的共同性如果小于 0.2，表示此题项与量表的同质性较少，可以考虑删除。

经过项目分析，结果见表 4-4，需要删除的问题项包括：

表 4-4　　　　　　　　　　　　　**项目分析摘要表**

题项	修正的题项与总分相关	共同性	因子负荷量	题项删除后的 α 值	备注
PU4	0.021	0.002	0.027	0.926	删除
PU5	0.026	0.036	0.132	0.917	删除
SN6	0.117	0.057	0.155	0.920	删除
PR6	0.261	0.029	0.059	0.932	删除
TR4	0.237	0.041	0.113	0.925	删除
判断准则	≥0.400	≥0.200	≥0.450	≤0.912	

（1）感知有用性变量的问题项"使用 3G 移动邮箱服务可以让我更好地展现个性（PU4）"，该问题项的修正问题项与总分相关系数为 0.021，小于 0.4，共同性为 0.002，小于 0.2，因子负荷量为 0.027，小于 0.45，问题项删除后的 α 值为 0.926，大于 0.912，所以，此问题项和量表不具有同质性，应删除。

（2）感知有用性变量的问题项"使用 3G 移动邮箱服务毫无价值（PU5）"，该问题项的修正问题项与总分相关系数为 0.026，小于 0.4，共同性为 0.036，小于 0.2，因子负荷量为 0.132，小于 0.45，问题项删除后的 α 值为 0.917，大于 0.912，所以，此问题项和量表不具有同质性，应删除。

（3）主观规范变量的问题项"使用 3G 移动邮箱服务比较符合我的职业环境（SN6）"，该问题项的修正问题项与总分相关系数为 0.117，小于 0.4，共同性为 0.057，小于 0.2，因子负荷量为 0.155，小于 0.45，问题项删除后的 α 值为 0.920，大于 0.912，所以，此问题项和量表不具有同质性，应删除。

（4）感知风险变量的问题项"我担心 3G 移动邮箱服务会产生大量的手机流量，浪费金钱（PR6）"，该问题项的修正问题项与总分相关系数为 0.261，小于 0.4，共同性为 0.029，小于 0.2，因子负荷量为 0.059，小于 0.45，问题项删除后的 α 值为 0.932，大于 0.912，所以，此问题项和量表不具有同质性，应删除。

（5）可试性变量的问题项"我可以试用 3G 移动邮箱服务很长时间

来了解它的各项功能（TR4）"，该问题项的修正的问题项与总分相关系数为 0.237，小于 0.4，共同性为 0.041，小于 0.2，因子负荷量为 0.113，小于 0.45，问题项删除后的 α 值为 0.925，大于 0.912，所以，此问题项和量表不具有同质性，应删除。删除上述不符合标准的问题项后，问卷中还剩余 44 个题项。

4.5.3.2　效度分析

项目分析完后，还应检验量表的结构效度，采用 SPSS 软件对预调查数据进行了探索性因子分析。在因子分析前，首先要进行 KMO 和 Bartlett 球形检验，以判断数据是否能进行因子分析。Kaiser（1974）认为因子分析的条件是 KMO 值大于 0.6 且 Bartlett 球形检验显著。在本书中，KMO 值为 0.821，大于 0.6，且 Bartlett 球度检验显著（P<0.001），说明适合进行因子分析，见表 4-5。

表 4-5　　　　　　　　KMO 和 Bartlett 球形检验结果表

KMO 值		0.821
Bartlett 球形检验	近似卡方分布	2 051.368
	自由度	183
	显著性水平	0.000

因此，采用主成分分析法进行因子的提取，使用方差最大化正交旋转法进行因子转置，保留特征值大于 1 的因子。吴明隆（2010）认为，累计解释方差如果达到 60% 以上，表示因子分析结果相当理想。本书见表 4-6，经过因子分析，共提取出 12 个因子，累计解释方差达到了 76.495%，超过了 50% 的临界值，这表明提取后保留的因素比较理想。

表 4-6　　　　　　　　累积解释方差表

因子	初始特征值			平方和负载量提取			转轴平方和负载量提取		
	总数	方差的%	累积%	总数	方差的%	累积%	总数	方差的%	累积%
1	9.118	20.723	20.723	9.118	20.723	20.723	5.641	12.820	25.641
2	5.036	11.445	32.168	5.036	11.445	32.168	3.375	7.670	33.311
3	3.115	7.080	39.248	3.115	7.080	39.248	3.266	7.423	40.734
4	3.003	6.825	46.073	3.003	6.825	46.073	2.868	6.518	47.252

续表

因子	初始特征值			平方和负载量提取			转轴平方和负载量提取		
	总数	方差的%	累积%	总数	方差的%	累积%	总数	方差的%	累积%
5	2.524	5.736	51.809	2.524	5.736	51.809	2.475	5.625	52.877
6	2.227	5.061	56.870	2.227	5.061	56.870	2.164	4.918	57.795
7	2.155	4.898	61.768	2.155	4.898	61.768	2.048	4.655	62.450
8	1.504	3.418	65.186	1.504	3.418	65.186	1.386	3.150	65.600
9	1.423	3.234	68.420	1.423	3.234	68.420	1.325	3.011	68.611
10	1.370	3.114	71.534	1.370	3.114	71.534	1.211	2.752	71.364
11	1.133	2.575	74.109	1.133	2.575	74.109	1.183	2.689	74.052
12	1.05	2.386	76.495	1.050	2.386	76.495	1.075	2.443	76.495
13	0.712	1.618	78.114						
14	0.662	1.505	79.618						
15	0.629	1.430	81.048						
16	0.597	1.357	82.405						
17	0.583	1.325	83.730						
18	0.547	1.243	84.973						
19	0.503	1.143	86.116						
20	0.458	1.041	87.157						
21	0.447	1.016	88.173						
22	0.445	1.011	89.184						
23	0.425	0.966	90.150						
24	0.372	0.845	90.995						
25	0.351	0.798	91.793						
26	0.337	0.766	92.559						
27	0.294	0.668	93.227						
28	0.285	0.648	93.875						
29	0.257	0.584	94.459						
30	0.243	0.552	95.011						

续表

因子	初始特征值			平方和负载量提取			转轴平方和负载量提取		
	总数	方差的%	累积%	总数	方差的%	累积%	总数	方差的%	累积%
31	0.236	0.536	95.548						
32	0.224	0.509	96.057						
33	0.207	0.470	96.527						
34	0.204	0.464	96.991						
35	0.183	0.416	97.407						
36	0.166	0.377	97.784						
37	0.161	0.366	98.150						
38	0.146	0.332	98.482						
39	0.138	0.314	98.795						
40	0.131	0.298	99.093						
41	0.121	0.275	99.368						
42	0.101	0.230	99.598						
43	0.092	0.209	99.807						
44	0.085	0.193	100.000						

　　旋转后的因子矩阵如表4-7、4-8所示，可以看出在问卷中的44个问题项里提取出十二个因子。其中第一个因子表示了主观规范变量，第二个因子表示了感知有用性变量，第三个因子表示了感知易用性变量，第四个因子表示了感知行为控制变量，第五个因子表示了网络外部性变量，第六个因子表示了个人创新变量，第七个因子表示了感知风险变量，第八个因子表示了行为意向，第九个因子表示了可试性，第十个因子表示了态度变量，第十一个因子表示了感知价格，第十二个因子仅包含一个问题项（SN5），问题项太少故无法显示共同因素所代表的意义，应当删除。问题项删除后，因子结构改变，再进行一次因子分析。第二次因子分析后，萃取出十一个因子，与模型中的潜变量相对应。Tracey（1999）认为问题项在一个维度中的因子载荷值要高于0.4，而在其他维度中的载荷不超过0.4，并尽可能地保证每一维度不少于三个

指标的原则。在本研究中，调查问卷中所有问题项都符合此标准，说明问卷具有较好的结构效度。

表4-7　　　　　　　　　　旋转后的因子矩阵表

	因子					
	1	2	3	4	5	6
PU1	0.115	0.671	0.219	0.230	0.108	0.063
PU2	0.197	0.724	0.158	0.090	0.128	0.154
PU3	0.248	0.680	0.086	0.113	0.052	0.180
PE1	0.180	0.742	0.554	−0.126	0.026	0.014
PE2	0.126	0.057	0.733	0.116	0.207	0.115
PE3	0.149	0.215	0.690	0.137	0.028	0.083
PE4	0.184	0.040	0.759	0.084	0.165	0.105
PE5	0.179	0.183	0.634	0.111	0.016	−0.167
PE6	0.141	0.203	0.659	0.144	0.156	0.171
SN1	0.725	0.136	0.188	0.179	0.163	0.077
SN2	0.689	0.230	0.127	0.073	0.098	−0.025
SN3	0.723	0.149	0.159	0.041	0.037	0.203
SN4	0.599	0.156	0.145	0.209	0.279	0.144
PB1	0.156	0.042	0.122	0.816	0.155	−0.109
PB2	0.142	0.093	0.113	0.761	0.186	0.008
PB3	0.166	0.149	−0.029	0.732	−0.095	0.208
PB4	0.097	0.241	0.065	0.625	0.019	0.089
PI1	0.118	−0.059	0.103	−0.282	−0.111	0.649
PI2	0.151	0.122	0.114	0.115	0.208	0.521
PI3	0.097	0.059	0.123	0.137	0.127	0.797
NE1	0.216	0.054	0.098	0.182	0.630	−0.123
NE2	0.115	0.671	0.219	0.230	0.608	0.063
NE3	0.197	0.724	0.158	0.090	0.728	0.154

表 4-8   旋转后的因子矩阵表（续）

	因子					
	7	8	9	10	11	12
PR1	0.654	0.142	0.180	−0.126	0.026	0.084
PR2	0.733	0.057	0.126	0.116	0.207	0.111
PR3	0.690	0.215	0.149	0.137	0.028	0.144
PR4	0.759	0.040	0.184	0.084	0.165	0.084
PR5	0.634	0.183	0.179	0.111	0.016	0.111
PR6	0.659	0.203	0.114	0.144	0.156	0.140
TR1	0.184	0.040	0.759	0.084	0.165	0.179
TR2	0.179	0.183	0.634	0.111	0.016	0.073
TR2	0.244	0.203	0.659	0.144	0.156	0.141
TR4	0.225	0.136	0.582	0.179	0.163	0.209
PC1	0.162	0.230	0.127	0.073	0.573	0.252
PC2	0.013	0.149	0.159	0.141	0.641	0.026
PC3	0.136	0.156	0.145	0.209	0.609	0.125
PC4	0.173	0.072	0.194	0.252	0.752	0.162
IN1	0.042	0.816	0.122	0.026	0.155	0.013
IN2	0.093	0.761	0.113	0.161	0.186	0.136
IN3	0.149	0.732	−0.029	0.132	−0.095	−0.173
IN4	0.241	0.625	0.065	0.225	0.019	0.022
AT1	0.156	−0.059	0.113	0.703	−0.111	0.073
AT2	−0.195	0.122	0.067	0.698	0.198	0.129
AT3	0.019	0.059	−0.184	0.784	0.084	0.142
AT4	−0.101	0.054	0.035	0.630	0.130	−0.033
SN5	−0.095	0.172	0.090	0.212	0.103	0.679

4.5.3.3 信度分析

经过因子分析，本研究获得了十一个因子，每个因子代表量表的一个层面（分量表），需要进行量表各层面的信度检验，从而实现问题项的提纯。测量问题项的判别标准是，首先判断分量表的 Cronbach's α 系数是否大于 0.7（Nunnally，1978），然后判断修正的项目总相关系数（CITC）是否大于 0.4（吴明隆，2010），删除问题项后的 Cronbach's α 系数是否大于分量表的 Cronbach's α 系数。

"行为意向"分量表的信度统计量见表 4-9。

表 4-9　　　　"行为意向"分量表的信度统计量表

Cronbach's α	以标准化项目为准的 α	项目个数
0.865	0.867	4

"行为意向"分量表的内部一致性 α 系数等于 0.865，大于 0.7，表示分量表内部一致性比较好，分量表中包含四个问题项。

"行为意向"分量表的四个问题项的信度分析结果见表 4-10。

表 4-10　　　　"行为意向"分量表的信度分析结果表

问题项	CITC	问题项删除后的 α	分量表的 α
IN1	0.721	0.812	
IN2	0.687	0.728	0.865
IN3	0.709	0.616	
IN4	0.536	0.835	

从表 4-10 中可以看出，"行为意向"分量表的四个问题项的项目总相关系数（CITC）值均大于 0.4，表示各问题项与其余的问题项加总的一致性较好，在三个问题项删除后的 α 系数均小于"行为意向"分量表的 Cronbach's α 值（0.865），表示分量表内部的一致性较好。

"态度"分量表的四个问题项的信度分析结果见表 4-11。

表 4-11　　　　"态度"分量表的信度分析结果表

问题项	CITC	问题项删除后的 α	分量表的 α
AT1	0.655	0.821	
AT2	0.754	0.718	0.832
AT3	0.728	0.563	
AT4	0.602	0.642	

"态度"分量表的内部一致性 α 系数等于 0.832，大于 0.7，表示

分量表内部一致性比较好。分量表中包含四个问题项，四个问题项的项目总相关系数（CITC）值均大于 0.4，表示各问题项与其余的问题项加总的一致性较好，在四个问题项删除后的 α 系数均小于"态度"分量表的 Cronbach's α 值（0.832），表示分量表内部的一致性较好。

"感知有用性"分量表的三个问题项的信度分析结果见表 4-12。

表 4-12　　"感知有用性"分量表的信度分析结果表

问题项	CITC	问题项删除后的 α	α
PU1	0.691	0.751	
PU2	0.782	0.763	0.802
PU3	0.704	0.621	

"感知有用性"分量表的内部一致性 α 系数等于 0.802，大于 0.7，表示分量表内部一致性比较好。分量表中包含三个问题项，三个问题项的项目总相关系数（CITC）值均大于 0.4，表示各问题项与其余的问题项加总的一致性较好，在三个问题项删除后的 α 系数均小于"感知有用性"分量表的 Cronbach's α 值（0.802），表示分量表内部的一致性较好。

"感知易用性"分量表的六个问题项的信度分析结果见表 4-13。

表 4-13　　"感知易用性"分量表的信度分析结果表

问题项	CITC	问题项删除后的 α	α
PE1	0.743	0.796	
PE2	0.698	0.815	
PE3	0.767	0.785	0.821
PE4	0.588	0.808	
PE5	0.632	0.722	
PE6	0.587	0.892	

"感知易用性"分量表的内部一致性 α 系数等于 0.821，大于 0.7，表示分量表内部一致性比较好。在分量表中包含六个问题项，六个问题项的项目总相关系数（CITC）值均大于 0.4，表示各问题项与其余的问题项加总的一致性较好，在五个问题项删除后的 α 系数小于"感知有

用性"分量表的Cronbach's α值（0.821），但是问题项PE6删除后的α系数大于"感知易用性"分量表的Cronbach's α值（0.802），需要将此问题项删除。

"主观规范"分量表的四个问题项的信度分析结果见表4-14。"主观规范"分量表的内部一致性α系数等于0.914，大于0.7，表示分量表内部一致性比较好。分量表中包含四个问题项，四个问题项的项目总相关系数（CITC）值均大于0.4，表示各问题项与其余的问题项加总的一致性较好，在四个问题项删除后的α系数均小于"主观规范"分量表的Cronbach's α值（0.914），表示分量表内部的一致性较好。

表4-14　　　"主观规范"分量表的信度分析结果表

问题项	CITC	问题项删除后的α	α
SN1	0.811	0.891	
SN2	0.894	0.822	0.914
SN3	0.781	0.914	
SN4	0.662	0.815	

"感知行为控制"分量表的四个问题项的信度分析结果见表4-15。

表4-15　　　"感知行为控制"分量表的信度分析结果表

问题项	CITC	问题项删除后的α	α
PB1	0.615	0.673	
PB2	0.709	0.722	0.785
PB3	0.656	0.631	
PB4	0.582	0.741	

"感知行为控制"分量表的内部一致性α系数等于0.785，大于0.7，表示分量表内部一致性比较好。在分量表中包含四个问题项，四个问题项的项目总相关系数（CITC）值均大于0.4，表示各问题项与其余的问题项加总的一致性较好，在三个问题项删除后的α系数均小于"感知行为控制"分量表的Cronbach's α值（0.785），表示分量表内部的一致性较好。

"个人创新"分量表的三个问题项的信度分析结果见表4-16。

表 4-16 "个人创新"分量表的信度分析结果表

问题项	CITC	问题项删除后的 α	α
PI1	0.633	0.769	
PI2	0.701	0.652	0.807
PI3	0.692	0.778	

"个人创新"分量表的内部一致性 α 系数等于 0.807，大于 0.7，表示分量表内部一致性比较好。在分量表中包含三个问题项，三个问题项的项目总相关系数（CITC）值均大于 0.4，表示各问题项与其余的问题项加总的一致性较好，在三个问题项删除后的 α 系数均小于"个人创新"分量表的 Cronbach's α 值（0.807），表示分量表内部的一致性较好。

"感知风险"分量表的五个问题项的信度分析结果见表 4-17。

表 4-17 "感知风险"分量表的信度分析结果表

问题项	CITC	问题项删除后的 α	α
PR1	0.712	0.729	
PR2	0.619	0.708	
PR3	0.650	0.715	0.757
PR4	0.774	0.616	
PR5	0.323	0.783	

"感知风险"分量表的内部一致性 α 系数等于 0.757，大于 0.7，表示分量表内部一致性比较好。在五个问题项中，PR5 的 CITC 值为 0.323，小于临界值 0.4，如果删除该问题项后，Cronbach's α 的值将会从 0.757 上升到 0.783。因此，本书删除该问题项，并对剩余的四个问题项再次做信度检验，结果见表 4-18。

表 4-18 删除 PR5 后"感知风险"量表的信度分析结果表

问题项	CITC	问题项删除后的 α	α
PR1	0.621	0.725	
PR2	0.738	0.594	
PR3	0.671	0.723	0.796
PR4	0.541	0.808	

根据表4-18的分析结果来看，删除 PR5 后，剩余四个问题项的 CITC 值均大于 0.5，且四个问题项组成的感知价格量表的 Cronbach's α 值为 0.796，大于临界值 0.7，因此，由感知风险的四个问题项组成的量表具有较好的内部一致性信度。

"可试性"分量表的四个问题项的信度分析结果见表4-19。

表4-19　　　"可试性"分量表的信度分析结果表

问题项	CITC	问题项删除后的 α	α
TR1	0.718	0.751	
TR2	0.616	0.655	0.767
TR3	0.578	0.693	
TR4	0.774	0.646	

"可试性"分量表的内部一致性 α 系数等于 0.767，大于 0.7，表示分量表内部一致性比较好。分量表中包含四个问题项，四个问题项的项目总相关系数（CITC）值均大于 0.4，表示各问题与其余问题项加总的一致性较好，在四个问题项删除后的 α 系数均小于"可试性"分量表的 Cronbach's α 值（0.767），表示分量表内部的一致性较好。

"网络外部性"分量表的三个问题项的信度分析结果见表4-20。

表4-20　　　"网络外部性"分量表的信度分析结果表

问题项	CITC	问题项删除后的 α	α
NE1	0.718	0.747	
NE2	0.816	0.659	0.912
NE3	0.878	0.855	

"网络外部性"分量表的内部一致性 α 系数等于 0.912，大于 0.7，表示分量表内部一致性比较好。分量表中包含三个问题项，三个问题项的项目总相关系数（CITC）值均大于 0.4，表示各问题与其余问题项加总的一致性好，在三个问题项删除后的 α 系数均小于"网络外部性"分量表的 Cronbach's α 值（0.912），表示分量表内部的一致性较好。

"感知价格"分量表的四个问题项的信度分析结果见表4-21。

表 4-21 **"感知价格"分量表的信度分析结果表**

问题项	CITC	问题项删除后的 α	α
PC1	0.621	0.633	
PC2	0.658	0.578	0.827
PC3	0.591	0.790	
PC4	0.515	0.664	

"感知价格"分量表的内部一致性 α 系数等于 0.827，大于 0.7，表示分量表内部一致性比较好。分量表中包含四个问题项，四个问题项的项目总相关系数（CITC）值均大于 0.4，表示各问题项与其余的问题项加总的一致性好，在四个问题项删除后的 α 系数均小于"感知价格"分量表的 Cronbach's α 值（0.827），表示分量表内部的一致性较好。

通过分析可知，大部分量表都符合信度的检验要求，只有感知风险中的 PR5 没有达到 CITC 的临界值，在删除该问题项后，其量表也达到了信度的要求。

最后，经过问卷的信度和效度分析，对调查问卷的问题项进行了提纯，得到正式的量表，见表 4-22。

表 4-22 **正式调查量表**

潜在变量	问题项数	问题项内容
行为意向 （IN）	4	我愿意使用 3G 移动邮箱服务（IN1）
		我计划在不久后使用 3G 移动邮箱服务（IN2）
		我会推荐其他人使用 3G 移动邮箱服务（IN3）
		如果已使用，我会继续使用 3G 移动邮箱服务（IN4）
态度 （AT）	4	我认为使用 3G 移动邮箱服务是个好主意；（AT1）
		我认为使用 3G 移动邮箱服务是件愉快的事情（AT2）
		我喜欢使用 3G 移动邮箱服务与人沟通（AT3）
		我认为 3G 移动邮箱服务是件有价值的事情（AT4）
感知 有用性 （PU）	3	使用 3G 移动邮箱服务能够提高我的工作、生活的效率(PU1)
		使用 3G 移动邮箱服务能够让我更好地与人沟通（PU2）
		使用 3G 移动邮箱服务可以让我更时尚（PU3）

续表

潜在变量	问题项数	问题项内容
感知 易用性 （PE）	5	我认为开通3G移动邮箱服务是一件很容易的事（PE1） 我认为取消3G移动邮箱服务是一件很容易的事（PE2） 对我来说学习使用3G移动邮箱服务比较容易（PE3） 熟练的使用3G移动邮箱服务对于我来说很容易（PE4） 3G移动邮箱客户端系统操作简单明了（PE5）
主观规范 （SN）	4	对我有重要影响的人在使用3G移动邮箱服务（SN1） 对我有重要影响的人认为我应该使用3G移动邮箱服务（SN2） 外界环境使我觉得3G移动邮箱服务是未来的时尚和趋势，我将使用（SN3） 很多媒体和广告推介使用3G移动邮箱服务（SN4）
感知行为 控制 （PB）	4	我具有足够的能力去了解和使用3G移动邮箱服务（PB1） 我有足够的时间和精力去了解和使用3G移动邮箱服务（PB2） 我认为我能负担3G移动邮箱服务而引起的费用（PB3） 我具有必备的资源和手机来使用3G移动邮箱服务（PB4）；
个人创新 （PI）	3	我对3G移动邮箱服务十分好奇（PI1）； 我喜欢体验3G移动邮箱服务（PI2） 我经常寻找3G移动邮箱服务的信息（PI3）
感知风险 （PR）	4	3G移动邮箱服务让我多花了钱和时间却达不到预期的效果（PR1） 3G移动邮箱服务会使自己的隐私暴露（PR2） 周围的人都没开通3G移动邮箱服务，让我觉得开通这项业务是错误的（PR3） 我担心3G移动邮箱服务会带来大量的垃圾邮件（PR4）
可试性 （TR）	3	开通3G移动邮箱服务前，我有机会试用其各项功能（TR1） 我可以免费试用3G移动邮箱服务，然后再决定是否开通（TR2） 运营商会通过套餐的方式主动给我开通3G移动邮箱服务（TR3）
网络 外部性 （NE）	3	据我了解，使用3G移动邮箱的人很多（NE1） 我的亲朋好友使用3G移动邮箱服务（NE2） 经常和我联系的人使用3G移动邮箱服务（NE3）
感知价格 （PC）	4	我认为3G手机的价格较高（PC1） 使用3G移动邮箱的费用较高（PC2） 我倾向于使用不带3G服务的手机，因为这样更省钱（PC3） 使用3G移动邮箱服务费用不贵（PC4）

4.6 正式调查问卷样本数据的获取及描述性统计分析

4.6.1 正式调查问卷样本数据的获取

经过多次修订后，形成正式问卷，整个问卷共分三部分，第一部分是对 3G 移动邮箱了解情况的调查，包括对 3G 移动邮箱的了解、是否使用过移动邮箱、是否使用过类似的通讯技术、正在使用的手机是否支持 3G 服务。第二部分是影响 3G 移动邮箱的采纳因素的问题项，被测者可根据主观评价对各个问题项打分。问题项包括行为意向、态度、感知有用性、感知易用性、主观规范、感知行为控制等。第三部分是对个人信息的调查，包括性别、年龄、收入、学历和职业等。

本书的研究背景是 3G 移动邮箱，是一个具体的 3G 特色服务，而不是 3G 移动服务这一整体概念。原因在于：首先，3G 移动服务的服务种类很多，各个服务的特点并不相同，移动视频、移动游戏的娱乐性较强、移动邮箱的网络外部性较强、而移动支付的安全性较强，如果针对 3G 移动服务这一整体概念建立采纳模型，需要将各种影响因素都包括进去，模型过于繁复，不够简洁，也缺乏针对性；其次，新疆电信的移动邮箱业务（189 邮箱）发展很快，已成为重点发展项目，但 189 邮箱的活跃度和渗透率不高，迫切需要了解哪些因素在影响用户采纳，并有针对性的展开营销。由于时间、成本等方面的考虑，对全省移动邮箱用户进行普查不具有可行性，因此，选择北部的 W 市和南部的 K 市进行了问卷调查，共收集问卷 726 份，去除关键问题项缺失以及明显敷衍（如有问题项未打分、所以问题项均同一得分，或正向题和反向题答案明显矛盾等）的问卷，有效问卷共 537 份，有效问卷回收率为 73.9%。

4.6.2 样本的描述性统计分析

本研究利用 SPSS 软件对正式调查数据做了描述性统计分析，见表 4-23。从性别来看，在全部有效的 537 个样本中，女性人数多于男性人数，女性 289 人，占全部样本的 53.8%，男性 248 人，占全部样本的

46.2%。从年龄分布来看，20岁到29岁年龄组的人数最多，为234人，占全部样本的43.5%，然后是30岁到39岁年龄组，为169人，占全部样本的31.5%。从学历分布来看，本科学历组人数最多，有272人，占全部样本的50.6%，大专本科的人数次之，有95人，占全部样本的17.7%，大专和本科人数占总样本的68.3%，占样本的大多数。从职业分布来看，公司/企业职员组人数最多，为179人，占全部样本的33.3%，其次是学生组，有157人，占全部样本比例的29.2%，这两组人数占所有样本的62.5%。从收入分布来看，2 001～4 000元组的人数最多，有192个，占全部样本比例的35.8%，其次是4 001～6 000元组，有172人，占全部样本的32.0%，样本在2 001到6 000之间分布较为均匀。虽然，样本数据显示本科学历以上、中青年占样本的大多数，但并不会造成样本的代表性问题。《中国互联网网络发展状况2011》调查发现，青年人占手机WAP服务用户数的一半以上。艾瑞移动商务研究报告也显示，我国移动商务用户中青年占80%以上，本科以上学历的用户在半数以上。基于以上分析，本书的样本抽样是合理的。此现象也符合3G移动邮箱服务的发展规律，即3G移动邮箱服务的使用需要有一定的计算机基础和互联网上网经验，还需要支付3G手机的费用和3G业务资费，潜在用户必然以有一定学历且收入不错的中青年居多。

除了人口特征外，本研究还调查了用户手机是否支持3G服务，以及用户是否已经开始使用3G移动邮箱。调查数据显示，有173人的手机支持3G服务（占全部样本的32.2%）。从3G移动邮箱的使用情况来看，在全部的537个样本中，只有69个用户（占全部样本12.8%），和新疆189邮箱的用户活跃率基本一致。另外，样本数据显示，拥有3G手机的用户中，仅有39.8%的用户使用了3G移动邮箱业务。这说明3G移动邮箱业务的普及程度还不够，部分用户即使花费较高的费用购买了3G手机，也没有使用3G移动邮箱业务。调查数据说明，目前3G移动邮箱的采纳率较低，需要管理者关注影响用户采纳的原因，并有针对性地找出相应的对策，根据用户的需要展开精确营销，从而提高销售收入。

表4-23 样本描述性统计分析表

题目	变项	频数	百分比（%）
性别	男	248	46.2
	女	289	53.8
年龄	<19	32	6.0
	20~29	234	43.5
	30~39	169	31.5
	40~49	88	16.4
	>50	14	2.6
区域	W 分公司	312	58.1
	K 分公司	255	41.9
学历	高中及以下	75	14.0
	大专	95	17.7
	本科	272	50.6
	硕士	74	13.7
	博士及以上	21	3.9
职业	学生	157	29.2
	公司/企业职员	179	33.3
	公务员/事业单位	125	23.3
	其他	76	14.2
收入（元）	<2 000	128	23.8
	2 001~4 000	192	35.8
	4 001~6 000	172	32.0
	6 001~8 000	78	14.5
	>8001	3	0.6
支持3G 的标准	WCDMA	92	17.1
	TD-SCDMA	47	8.8
	CDMA2000	34	6.3
	不支持3G	364	67.8
是否开通3G 移动邮箱服务	没有开通3G 移动邮箱服务	468	87.2
	已经开通3G 移动邮箱服务	69	12.8

第 5 章　3G 移动邮箱服务的用户采纳模型的检验与评价应用

5.1　3G 移动邮箱服务的用户采纳模型中测量模型的检验

在调查问卷的预测上，都会先进行探索性因子分析，不断尝试，以求得量表最佳的因子结构，以及满意的结构效度。在量表的因子和问题项被确定后，需要利用正式的调查问卷数据进行测量模型的检验。本书采用验证性因子分析对测量模型进行检验，包括内部一致性信度检验和内敛效度的检验，研究各指标变量是否可以有效地作为因子的测量变量。内部一致性信度由组合信度来测量，而内敛效度由各潜变量的 AVE（average variance extracted）以及相应可测变量的因子负荷来测量。

本书利用 AMOS 软件进行验证性因子分析，各种参数的估计值是利用最大似然估计方法得到的。其中，因素负荷量又称为因素加权值，代表的是潜变量对观察变量的影响，因素负荷量介于 0.50 ~ 0.95，表示模型有良好的适配度。信度系数是观察变量（测量指标）能被潜在变量解释的方差，信度系数大于 0.5 表示模型的内在质量检验良好（Tabachnick，2007）。由表 5-1 可知，感知有用对问题项 PU1 直接效果值为 0.812，大于 0.5，感知有用能解释 PU1 问题项的 65.9% 的方差，信度系数为 0.659，大于 0.5，达到显著水平。类似地，模型中的其他潜变量均达到显著水平，因而模型的内在质量检验良好。

表 5-1   **因素负荷量表（部分）**

潜变量→观察变量	因素负荷量	信度系数	P
感知有用→PU1	0.812	0.659	***
感知有用→PU2	0.781	0.610	***
感知有用→PU3	0.735	0.540	***
感知易用→PE1	0.834	0.696	***
感知易用→PE2	0.721	0.520	***
感知易用→PE3	0.802	0.643	***
感知易用→PE4	0.732	0.536	***
感知有用→PE5	0.722	0.521	***

根据因素负荷量的估计值可以计算出潜变量的组合信度，组合信度可作为检验潜变量的信度指标。本书使用 Fornell（1981）的公式计算了量表的组合信度，组合信度的公式如下：

$$\rho = \frac{\left(\sum \lambda\right)^2}{\left[\left(\sum \lambda\right)^2 + \sum(\theta)\right]}$$

（公式 5-1）

其中，λ 为指标在潜在变量上的因素负荷量，θ 为观察变量的误差方差。从表 5-2 可知，潜在变量的组合信度的值均在 0.60 以上（Hair，1998），表示模型的内在质量理想。平均方差提取值（AVE）的计算公式为：

$$\rho_v = \frac{\left(\sum \lambda^2\right)}{\left[\left(\sum \lambda^2\right) + \sum(\theta)\right]}$$

（公式 5-2）

其中，ρ_v 为平均方差提取，λ 为指标变量在潜变量上的标准化载荷量，θ 为观察变量的误差变异量。

表 5-2　　观测变量的标准化载荷系数及潜变量的组合信度表

潜在变量	观测变量	标准化载荷系数	测量误差	组合信度	AVE
行为意向	IN1	0.778	0.395	0.854	0.595
	IN2	0.833	0.306		
	IN3	0.745	0.445		
	IN4	0.726	0.473		
态度	AT1	0.721	0.480	0.834	0.558
	AT2	0.803	0.355		
	AT3	0.725	0.474		
	AT4	0.736	0.458		
感知有用	PU1	0.812	0.341	0.820	0.603
	PU2	0.781	0.390		
	PU3	0.735	0.460		
感知易用	PE1	0.834	0.304	0.875	0.555
	PE2	0.721	0.480		
	PE3	0.802	0.357		
	PE4	0.732	0.464		
	PE5	0.722	0.479		
主观规范	SN1	0.821	0.326	0.891	0.671
	SN2	0.892	0.204		
	SN3	0.805	0.352		
	SN4	0.753	0.433		
感知行为控制	PB1	0.724	0.476	0.854	0.596
	PB2	0.876	0.233		
	PB3	0.751	0.436		
	PB4	0.726	0.473		
个体创新	PI1	0.832	0.308	0.845	0.646
	PI2	0.840	0.294		
	PI3	0.736	0.458		

续表

潜在变量	观测变量	标准化载荷系数	测量误差	组合信度	AVE
感知风险	PR1	0.811	0.342	0.878	0.642
	PR2	0.827	0.316		
	PR3	0.813	0.339		
	PR4	0.752	0.434		
可试性	TR1	0.753	0.433	0.827	0.614
	TR2	0.825	0.319		
	TR3	0.772	0.404		
网络外部性	NE1	0.761	0.421	0.825	0.612
	NE2	0.857	0.266		
	NE3	0.724	0.476		
感知价格	PC1	0.765	0.415	0.851	0.589
	PC2	0.838	0.298		
	PC3	0.729	0.469		
	PC4	0.733	0.463		

从表 5-2 可知，所有潜变量的平均方差提取值（AVE）均大于 0.5，根据 Fornell（1981）的研究，样本数据的内敛效度较好，内在质量理想。

测量模型的拟合指标见表 5-3。从测量模型的拟合优度来看，χ^2 的显著性达到临界值 P>0.05 的要求。但是，部分学者（Rigdon）认为评价理论模型时，χ^2 统计量的意义不大，因为 χ^2 统计量受样本数量影响很大。另外，RMR 为 0.022，RMSEA 为 0.046，均满足小于临界值 0.05 的判断标准；GFI 为 0.912 略高于临界值 0.9，AGFI 为 0.907 略高于临界值 0.9，均满足大于临界值 0.9 的判断标准。由表 5-3 可知，所有统计检验量均达到了拟合标准，因此，测量模型的拟合优度较好。

表5-3　　　　　　　测量模型的拟合指标表

统计检验量	值	拟合标准或临界值
χ^2	254.270 （P=0.41）	P>0.05
RMSEA	0.046	<0.05（拟合良好）<0.8（拟合合理）
RMR	0.022	<0.05
GFI	0.912	>0.9
AGFI	0.907	>0.9
NFI	0.917	>0.9
TLI（NNFI）	0.941	>0.9
CFI	0.950	>0.9

5.2　3G移动邮箱服务的用户采纳模型中结构模型的检验

　　结构方程模型包括测量模型和结构模型两部分。测量模型分析了测量变量和潜变量间的关系，而结构模型分析了潜变量间的关系。在前面的分析中，通过项目分析、效度分析和分量表的信度分析，对问题项进行了精简，共保留41个问题项；通过验证性因子分析，验证了测量模型的可靠性。然后，在3G移动邮箱服务的用户采纳模型的基础上，构造出其结构方程模型的结构模型示意图，如图5-1所示。

　　此结构方程模型中，既含有观察变量，又含有潜变量，因而是PA-LV（path analysis with latent variables）模型，潜变量间的因果关系是单向的，因而又是不可逆模型，或称为递归式模型。其中，TR1、TR2、TR3等41个问题项在结构方程模型中是观察变量，而可试性、感知价格、感知有用性、网络外部性、个人创新、感知易用性、主观规范、感知行为控制、感知风险是外因潜变量，感知有用性、感知易用性既是外因潜变量又是内因潜变量，态度、行为意向是内因潜变量。在路径分析中，潜变量间的影响效果，既包含直接效果，又包含间接效果，两者的效果总量合称为外因潜变量对内因潜变量的总效果值。

　　由于测量模型已经检验，下面需要检验结构模型。结构模型的检验

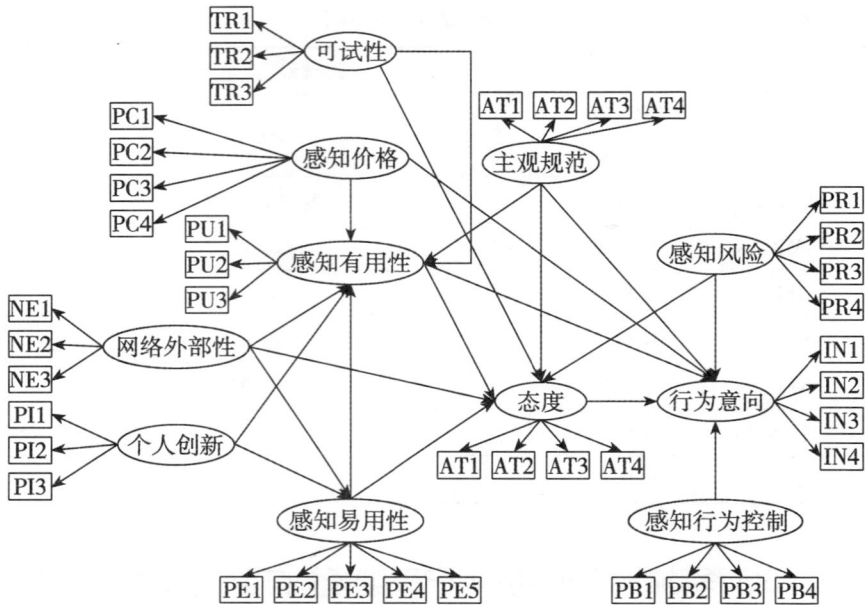

图 5-1　结构方程模型的结构模型示意图

主要是估计路径系数和 R^2 的值。路径系数反映了潜在变量之间影响的方向和影响的程度，而 R^2 值反映了内生潜变量能被外生潜变量解释的程度，也反映了模型的预测能力。用极大似然法估计各回归系数参数结果，见表 5-4。

表 5-4　　　　　　　　　**结构模型的基本路径检验结果表**

假设	内容	路径系数	T 值	P	结论
H1	个人的 3G 移动邮箱服务采纳态度会显著正向影响其使用意愿	0.70	9.373	***	支持
H2a	个人的 3G 移动邮箱服务感知有用性对行为意向有显著的正向影响	0.15	2.238	*	支持
H2b	个人的 3G 移动邮箱服务感知有用性对态度有显著的正向影响	0.41	4.787	***	支持
H3a	感知易用性对个人的 3G 移动邮箱服务态度有显著的正向影响	0.19	2.438	*	支持
H3b	感知易用性对个人的 3G 移动邮箱服务感知有用性有显著的正向影响	0.31	3.857	***	支持

续表

假设	内容	路径系数	T 值	P	结论
H4a	主观规范对个人的 3G 移动邮箱服务采纳态度有显著的正向影响	0.25	3.534	***	支持
H4b	主观规范对个人的 3G 移动邮箱服务使用行为意向有显著的正向影响	0.36	6.05	***	支持
H4c	主观规范对个人的 3G 移动邮箱服务感知有用性有显著的正向影响	0.057	1.432	0.15	不支持
H5	感知行为控制对个人的 3G 移动邮箱服务行为意向有显著的正向影响	0.27	3.442	***	支持
H6a	感知风险对个人的 3G 移动邮箱服务采纳态度有显著的负向影响	−0.21	3.651	***	支持
H6b	感知风险对个人的 3G 移动邮箱服务行为意向有显著的负向影响	−0.27	4.452	***	支持
H7a	可试性对个人的 3G 移动邮箱服务采纳态度有显著的正向影响	0.073	1.728	0.11	不支持
H7b	可试性对个人的 3G 移动邮箱服务感知有用性有显著的正向影响	0.39	6.755	***	支持
H8a	个人创新对个人的 3G 移动邮箱服务感知有用性具有显著正向影响	0.33	5.746	***	支持
H8b	个人创新对个人的 3G 移动邮箱服务感知易用性具有显著正向影响	0.55	7.445	***	支持
H9a	网络外部性对个人的 3G 移动邮箱服务感知有用性有显著的正向影响	0.49	7.661	***	支持
H9b	网络外部性对个人的 3G 移动邮箱服务感知易用性有显著的正向影响	0.24	3.457	***	支持
H9c	网络外部性对个人的 3G 移动邮箱服务采纳态度有显著的正向影响	0.19	3.354	***	支持
H10a	感知价格对个人 3G 移动邮箱服务感知有用性有显著的正向影响	0.20	3.183	***	支持
H10b	感知价格对个人 3G 移动邮箱服务行为意向有显著的负向影响	−0.29	5.483	***	支持

注：　*** 表示 P<0.001，** 表示 P<0.01，* 表示 P<0.05。

　　从表 5-4 可以看出，除了 H4c、H7a 假设外，其他的假设都得到证实。因此，对模型进行修订，将不显著的路径删除，对新模型再进行一次结构方程运算，得到标准化估计的结构方程模型的结构示意图，如图 5-2 所示。

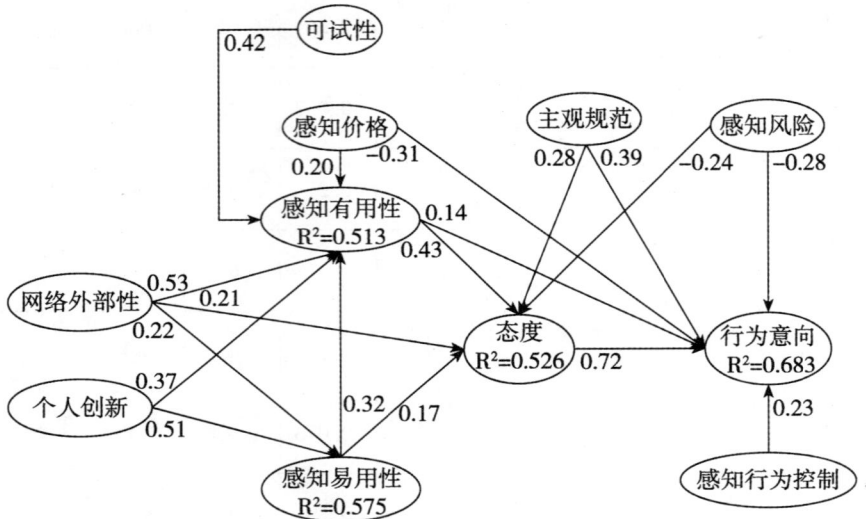

图 5-2　修订后的结构方程模型的结构示意图

　　在修订后的模型中，各路径的路径系数均有变化。结构模型的路径分析结果如图 5-2 所示，修订模型的基本路径检验结果见表 5-5，模型中的基本路径假设关系都得到了数据的支持。此外，4 个内因潜变量感知有用性、感知易用性、态度、行为意向的 R^2 值都大于 0.5，说明模型有不错的解释力度。

表 5-5　　　　　　　　修订模型的基本路径检验结果表

假设	内容	路径系数	T 值	P	结论
H1	个体的移动邮箱采纳态度会显著正向影响其使用意愿	0.72	9.381	***	支持
H2a	个体的移动邮箱感知有用性对行为意向有显著的正向影响	0.14	2.235	*	支持
H2b	个体的移动邮箱感知有用性对态度有显著的正向影响	0.43	4.797	***	支持

续表

假设	内容	路径系数	T 值	P	结论
H3a	感知易用性对个体的移动邮箱行为意向有显著的正向影响	0.17	2.431	*	支持
H3b	感知易用性对个体的移动邮箱感知有用性有显著的正向影响	0.32	3.863	***	支持
H4a	主观规范对个体的移动邮箱采纳态度有显著的正向影响	0.28	3.542	***	支持
H4b	主观规范对个体的移动邮箱使用行为意向有显著的正向影响	0.39	6.15	***	支持
H5	感知行为控制对个体的移动邮箱行为意向有显著的正向影响	0.23	3.427	***	支持
H6a	感知风险对个体的移动邮箱采纳态度有显著的负向影响	−0.24	3.659	***	支持
H6b	感知风险对个体的移动邮箱行为意向有显著的负向影响	−0.28	4.453	***	支持
H7b	可试性对个体的移动邮箱感知有用性有显著的正向影响	0.42	6.763	***	支持
H8a	个人创新对个体的移动邮箱感知有用性具有显著正向影响	0.37	5.762	***	支持
H8b	个人创新对个体的移动邮箱感知易用性具有显著正向影响	0.51	7.422	***	支持
H9a	网络外部性对个人的移动邮箱感知有用性有显著的正向影响	0.53	7.681	***	支持
H9b	网络外部性对个人的移动邮箱感知易用性有显著的正向影响	0.22	3.453	***	支持
H9c	网络外部性对个人的移动邮箱采纳态度有显著的正向影响	0.21	3.369	***	支持
H10a	感知价格对个人移动邮箱感知有用有显著的正向影响	0.20	3.183	***	支持
H10b	感知价格对个人移动邮箱行为意向有显著的负向影响	−0.31	5.495	***	支持

注：*** 表示 P<0.001，** 表示 P<0.01，* 表示 P<0.05。

分析表 5-5 中的具体的检验结果可知，TAM 模型的四个核心变量存在如下关系，态度对行为意向具有显著的正向影响（路径系数 $\beta=0.72$，$P<0.001$），支持 H1 假设，此结果表明用户对 3G 移动邮箱服务的评价越高，其采纳 3G 移动邮箱服务的行为意向也就越强；感知有用性对行为意向也具有显著的正向影响（路径系数 $\beta=0.14$，$P<0.05$），支持 H2a 假设，表明用户主观上认为 3G 移动邮箱服务越有用，其对 3G 移动邮箱服务的采纳意向也就越强；感知有用性对态度也具有显著的正向影响（路径系数 $\beta=0.43$，$P<0.001$），支持 H2b 假设，表明用户主观上认为 3G 移动邮箱服务越有用，其对 3G 移动邮箱服务的评价也就越好；感知易用性对态度也具有显著的正向影响（路径系数 $\beta=0.17$，$P<0.05$），支持 H3a 假设，表明用户主观上认为 3G 移动邮箱服务越容易使用，其对 3G 移动邮箱服务的评价就越好；感知易用性对感知有用性也具有显著的正向影响（路径系数 $\beta=0.32$，$P<0.001$），支持 H3b 假设，表明用户主观上认为 3G 移动邮箱服务越容易使用，越在主观上认为 3G 移动邮箱服务有用。由此，可以看出 TAM 基本模型在 3G 移动邮箱服务中得到验证。

此外，在结构方程模型中，主观规范对态度具有显著的正向影响（路径系数 $\beta=0.28$，$P<0.001$），支持 H4a 假设，说明如果对用户有重要影响的人对用户采纳 3G 移动邮箱服务持有积极的态度，用户对移动邮箱服务的评价也就越好；主观规范对行为意向具有显著的正向影响（路径系数 $\beta=0.39$，$P<0.001$），支持 H4b 假设，说明如果对用户有重要影响的人对用户采纳 3G 移动邮箱服务持有积极的态度，用户采纳移动邮箱服务的意向也就更加强；主观规范对感知有用性的影响不显著，因此不支持 H4c 假设，该结果表明即使对用户有重要影响的人对用户采纳 3G 移动邮箱服务持有积极的态度，也不能够提升用户的感知有用性；感知行为控制对行为意向具有显著的正向影响（路径系数 $\beta=0.23$，$P<0.001$），支持 H5 假设，说明用户的感知行为控制越强，用户采纳移动邮箱服务的意向也就更加强。

感知风险对态度具有显著的负向影响（路径系数 $\beta=-0.24$，$P<0.001$），支持 H6a 假设，说明用户对采纳 3G 移动邮箱服务的感知风

险越高，对3G移动邮箱服务的评价也就越差。感知风险对行为意向具有显著的负向影响（路径系数 β=−0.28，P<0.001），支持H6b假设，说明用户主观上感知到采纳3G移动邮箱服务的风险越高，用户采纳移动邮箱服务的意向也就越弱。

可试性对态度的影响不显著，因此，不支持H7a假设，该结果表明即使给用户提供了免费使用3G移动邮箱服务的机会，用户对此服务的评价也不高。可试性对感知有用性具有显著的正向影响（路径系数 β=0.42，P<0.001），支持H7b假设，说明用户试用3G移动邮箱服务的机会越多，用户主观上认为3G移动邮箱服务越有用。个人创新对感知有用性具有显著正向影响（路径系数 β=0.37，P<0.001），支持H8a假设，表明个人创新度越高的用户，主观上认为3G移动邮箱服务越有用。个人创新对感知易用性具有显著正向影响（路径系数 β=0.51，P<0.001），支持H8b假设，表明个人创新度越高的用户，越容易克服使用障碍，主观上认为3G移动邮箱服务越容易使用。

网络外部性对感知有用性具有显著正向影响（路径系数 β=0.53，P<0.001），支持H9a假设，表明3G移动邮箱服务用户越多，主观上认为3G移动邮箱服务越有用。网络外部性对感知易用性具有显著正向影响（路径系数 β=0.22，P<0.001），支持H9b假设，表明3G移动邮箱服务用户越多，用户间的相互交流越多，主观上认为3G移动邮箱服务越容易使用。网络外部性对态度具有显著正向影响（路径系数 β=0.21，P<0.001），支持H9c假设，表明3G移动邮箱服务用户越多，用户间的相互交流越多，用户对3G移动邮箱服务的评价越高。

感知价格对感知有用性具有显著的正向影响（路径系数 β=0.20，P<0.001），支持H10a假设。该结果表明用户主观上认为价格越高，服务质量越高，3G移动邮箱服务越有用。感知价格对行为意向具有显著的负向影响（路径系数 β=−0.31，P<0.001），支持H10b假设。表明用户对3G移动邮箱服务的感知价格越高，其采纳3G移动邮箱服务的意向也越低。

模型的拟合优度结果见表5-6，其中，模型卡方值等于95.237，显著性概率P为0.000，小于0.05，达到显著水平，拒绝原假设，表示理论模型与实际数据不适配。但是，Hu（1992）认为，在大模型且小样本条件下，卡方检验不准确，会有正向偏差，容易拒绝模型。黄芳铭（2005）建议根据其他指标的检验结果做综合判断。由表 5-6 可知，统计量 AGFI 为 0.883，略低于临界值 0.9，影响不大。此外，模型中的其他拟合指标均符合要求，模型的拟合情况较好。因此，此模型可用于移动邮箱采纳的研究。

表 5-6　　　　　　　　全部样本模型的拟合指标表

统计检验量	值	拟合标准或临界值
χ^2	95.237（P=0.000）	P>0.05
χ^2/df	2.652	$1<\chi^2/df<3$ 表示模型具有简约的拟合优度
RMSEA	0.083	<0.05（拟合良好）<0.8（拟合合理）
RMR	0.046	<0.05
SRMR	0.037	<0.05
GFI	0.905	>0.9
AGFI	0.883	>0.9
NFI	0.912	>0.9
TLI（NNFI）	0.924	>0.9
CFI	0.935	>0.9
IFI	0.935	>0.9

5.3　3G 移动邮箱服务的用户采纳模型中调节因素的假设检验

在确定了 3G 移动邮箱采纳模型的结构方程模型后，还可以利用多群组分析进一步研究性别、年龄、直接经验、间接经验等调节因素对模型的影响。多群组分析的目的在于分析适配于一个群体的模型，相对应的参数是否也适配于其他群体。

5.3.1 基于性别因素的群组分析

在多群组分析之前，首先对正式调查问卷中的537个样本按性别分组，女性组人数略多，有289个，占样本的53.8%，男性人数248个，占样本的46.2%。对样本做单因素方差分析，用来检验不同的性别是否会引起变量的显著差异，结果见表5-7。男性组和女性组在PI3和PB4这两个问题项上均值有显著差异，但是在其他问题项上均值无显著差异，性别的调节作用需要进一步地深入分析。

表5-7　　不同性别用户量表问题项单因素方差分析结果表

问题项	性别	数量	均值	F值	P值
IN1	男	248	3.37	2.435	0.664
	女	289	3.35		
IN2	男	248	3.62	1.140	0.255
	女	289	3.69		
IN3	男	248	3.51	0.071	0.943
	女	289	3.53		
IN4	男	248	3.89	0.882	0.378
	女	289	3.80		
AT1	男	248	3.57	1.327	0.185
	女	289	3.45		
AT2	男	248	3.50	1.025	0.306
	女	289	3.41		
AT3	男	248	3.47	0.824	0.410
	女	289	3.42		
AT4	男	248	3.57	1.318	0.188
	女	289	3.55		
PU1	男	248	3.66	0.816	0.415
	女	289	3.58		
PU2	男	248	3.62	1.622	0.105
	女	289	3.55		
PU3	男	248	3.47	1.721	0.086
	女	289	3.41		

续表

问题项	性别	数量	均值	F 值	P 值
PE1	男	248	3.59	1.242	0.215
	女	289	3.46		
PE2	男	248	3.37	1.751	0.081
	女	289	3.26		
PE3	男	248	3.55	1.369	0.172
	女	289	3.48		
PE4	男	248	3.40	1.757	0.079
	女	289	3.44		
PE5	男	248	3.31	1.553	0.121
	女	289	3.35		
SN1	男	248	2.95	1.714	0.087
	女	289	3.12		
SN2	男	248	2.92	0.798	0.425
	女	289	2.97		
SN3	男	248	2.83	1.088	0.277
	女	289	2.94		
SN4	男	248	2.93	1.126	0.261
	女	289	2.99		
PB1	男	248	3.92	0.834	0.405
	女	289	3.85		
PB2	男	248	4.06	1.450	0.148
	女	289	3.85		
PB3	男	248	3.95	0.663	0.508
	女	289	3.87		
PB4	男	248	4.02	12.060	0.021
	女	289	3.47		
PI1	男	248	3.93	0.935	0.350
	女	289	3.83		
PI2	男	248	4.04	1.447	0.148
	女	289	3.89		

续表

问题项	性别	数量	均值	F 值	P 值
PI3	男	248	3.81	9.152	0.035
	女	289	3.36		
PR1	男	248	3.80	0.932	0.352
	女	289	3.87		
PR2	男	248	3.57	1.435	0.152
	女	289	3.64		
PR3	男	248	3.55	0.471	0.638
	女	289	3.46		
PR4	男	248	3.88	0.458	0.647
	女	289	3.74		
TR1	男	248	3.13	1.467	0.143
	女	289	3.17		
TR2	男	248	3.15	0.263	0.793
	女	289	3.10		
TR3	男	248	3.12	0.6182	0.537
	女	289	3.19		
NE1	男	248	3.31	1.548	0.122
	女	289	3.67		
NE2	男	201	3.53	0.270	0.787
	女	266	3.47		
NE3	男	201	3.29	0.683	0.495
	女	266	3.22		
PC1	男	201	3.95	0.928	0.354
	女	266	3.87		
PC2	男	201	3.93	1.367	0.172
	女	266	3.84		
PC3	男	201	3.41	0.481	0.631
	女	266	3.35		
PC4	男	201	3.42	0.475	0.635
	女	266	3.37		

接下来，将全体样本按照性别分成男性组和女性组，进行多群组分

析，分析性别对模型的调节作用。在多群组参数的设定上，仅设定多个群组的模型在部分对应参数上相等，进行部分恒等性检验。设定模型 A 是一个无限制模型，模型 B 是一个限制模型（限制条件是两个模型在感知易用到感知有用路径上的因素载荷量相等，对应 H16 假设），模型 C 是一个限制模型（限制条件是两个模型在感知易用到态度路径上的因素载荷量相等，对应 H17 假设），模型 D 是一个限制模型（限制条件是两个模型在感知有用到行为意向路径上的因素载荷量相等，对应 H18 假设），模型 E 是一个限制模型（限制条件是两个模型在主观规范到行为意向路径上的因素载荷量相等，对应 H19 假设）。经过多群组分析，5 个模型均达到收敛，拟合指标见表 5-8，5 个模型的卡方自由度比值均小于 2.0，RMSEA 值和 RMR 值均小于 0.05，GFI、AGFI 和 NFI 值均大于 0.9，只有 PGFI 值不太理想，未满足大于 0.5 的判断标准。从整体来看，5 个模型的拟合度较佳，5 个模型都可以被接受。但是，模型 B 的卡方增加量为 4.532，显著性检验的 P 值小于 0.05，因而推翻原假设，认为在两个群组中，感知易用到感知有用的路径系数（因素载荷量）变化比较显著，意味着性别在感知易用对感知有用的影响中存在调节作用。

表5-8　不同性别模型的拟合指标及模型部分恒等性检验结果表

统计检验量	模型 A	模型 B	模型 C	模型 D	模型 E
χ^2/df	1.147	1.145	1.334	1.232	1.128
RMSEA	0.041	0.047	0.049	0.045	0.042
RMR	0.025	0.045	0.038	0.049	0.037
GFI	0.912	0.905	0.946	0.917	0.923
AGFI	0.940	0.928	0.939	0.951	0.935
NFI	0.901	0.903	0.906	0.902	0.901
PGFI	0.512	0.083	0.179	0.466	0.375
$\Delta\chi^2$	—	4.532*	0.087	0.024	2.133
P	—	0.037	0.766	0.916	0.155

男性群组的结构方程模型的结构示意图如图5-3所示。可以看出,在男性群组的3G移动邮箱服务的用户采纳上,行为意向主要受到态度、主观规范、感知风险、感知行为控制、感知价格的显著影响,行为意向能解释这5个潜变量的69.1%的方差（$R^2=0.691$）。态度主要受到主观规范、可试性、感知有用性、感知易用性、网络外部性的显著正向影响,态度能解释这5个潜变量的51.7%的方差（$R^2=0.517$）。感知有用性受到感知易用性、网络外部性、个体创新和感知价格的显著正向影响,感知有用性能解释这4个潜变量的52.5%的方差（$R^2=0.525$）。网络外部性、个体创新对感知易用性具有显著正向影响,感知易用性能解释这2个潜变量的57.8%的方差（$R^2=0.578$）。

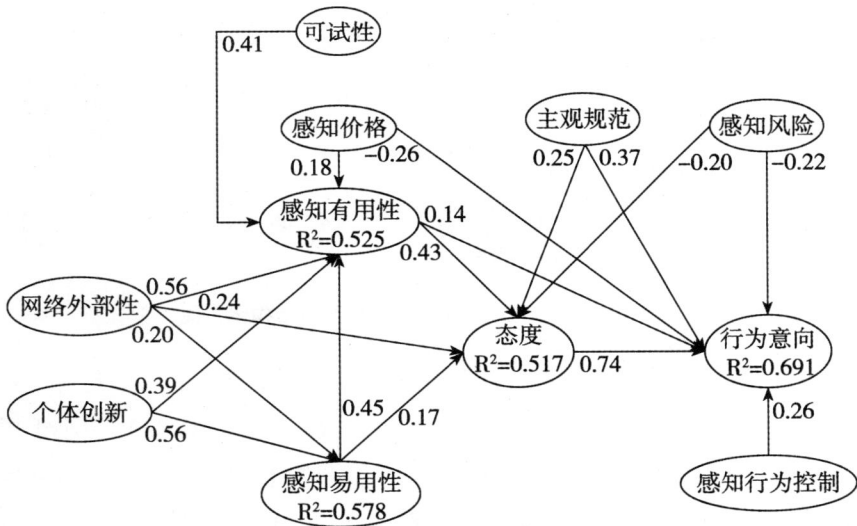

图5-3 男性群组的结构方程模型的结构示意图

女性群组的结构方程模型的结构示意图如图5-4所示。可以看出,在女性群组的3G移动邮箱服务的用户采纳上,行为意向主要受到态度、主观规范、感知风险、感知行为控制、感知价格的显著正向影响,行为意向能解释这5个潜变量的68.4%的方差（$R^2=0.684$）。态度主要受到主观规范、可试性、感知有用性、感知易用性、网络外部性的显著正向影响,态度能够解释这5个潜变量的50.8%

（$R^2 = 0.508$）的方差。感知有用性受到感知易用性、网络外部性、个体创新和感知价格的显著正向影响，感知有用性能解释这 4 个变量的 50.1% 的方差（$R^2 = 0.501$）。网络外部性、个体创新对感知易用性具有显著正向影响，感知易用性能解释这 2 个潜变量的 56.1% 的方差。

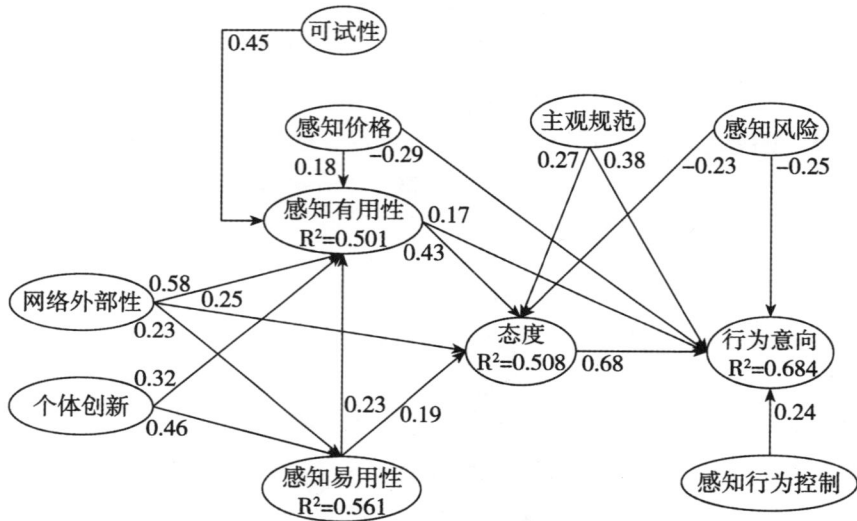

图 5-4　女性群组的结构方程模型的结构示意图

　　两个群组的路径关系比较结果见表 5-9。可以看出，感知易用性对感知有用性的影响在女性用户中的作用（路径系数 β = 0.23）要小于男性用户中的作用（路径系数 β = 0.45），模型的卡方变异达到了显著性水平（$\Delta\chi^2 = 4.532$，P<0.05），性别在感知易用性对感知有用性的影响中存在调节作用，支持 H16 假设。感知易用性对态度的影响在两个群组中没有显著变化，因此，不支持 H17 假设，性别在感知易用性对行为意向的影响中不存在调节作用。感知有用性对行为意向的影响在两个群组中没有显著变化，因此，不支持 H18 假设，性别在感知有用性对行为意向的影响中不存在调节作用。主观规范对行为意向的影响在两个群组中没有显著变化，因此，不支持 H19 假设，性别在主观规范对行为意向的影响中不存在调节作用。

表5-9　　　　　　　男女群组间路径系数的比较结果表

假设	路径	男性	女性	结论
H16	感知易用性→感知有用性	0.45	0.23	支持
H17	感知易用性→态度	0.17	0.19	不支持
H18	感知有用性→行为意向	0.14	0.17	不支持
H19	主观规范→行为意向	0.37	0.38	不支持

5.3.2　基于年龄因素的群组分析

年龄也是影响用户采纳的一个重要因素，依据 CNNIC2010 的划分方法，以 30 岁为界，将样本划分为青年组（30 岁以下）和中年组（30 岁以上）。其中，青年组有样本 266 个，占总样本的 49.5%，中年组有样本 271 个，占总样本的 50.5%。对样本做单因素方差分析，用于检验不同年龄是否引起变量的显著差异。结果见表 5-10，青年组和中年组在 PU1、PU2、PU3、PE3 问题项上均值有显著差异，年龄的调节作用需要进一步的深入分析。

表5-10　　　　不同年龄组样本的单因素方差分析结果表

问题项	年龄	数量	均值	F 值	P 值
IN1	青年组	266	3.41	0.312	0.731
	中年组	271	3.36		
IN2	青年组	266	3.65	1.153	0.132
	中年组	271	3.61		
IN3	青年组	266	3.57	0.075	0.952
	中年组	271	3.52		
IN4	青年组	266	3.86	0.842	0.365
	中年组	271	3.81		
AT1	青年组	266	3.57	1.349	0.117
	中年组	271	3.55		
AT2	青年组	266	3.44	1.039	0.287
	中年组	271	3.42		

续表

问题项	年龄	数量	均值	F 值	P 值
AT3	青年组	266	3.37	0.744	0.372
	中年组	271	3.31		
AT4	青年组	266	3.62	1.306	0.122
	中年组	271	3.53		
PU1	青年组	266	3.93	12.935	0.015
	中年组	271	3.32		
PU2	青年组	266	4.04	11.447	0.019
	中年组	271	3.39		
PU3	青年组	266	3.81	9.152	0.026
	青年组	266	3.93		
PE1	青年组	266	3.55	1.242	0.215
	中年组	271	3.51		
PE2	青年组	266	3.27	1.751	0.081
	中年组	271	3.22		
PE3	青年组	266	3.03	7.369	0.034
	中年组	271	3.86		
PE4	青年组	266	3.43	1.751	0.071
	中年组	271	3.41		
PE5	青年组	266	3.31	1.512	0.117
	中年组	271	3.35		
SN1	青年组	266	2.93	1.703	0.073
	中年组	271	3.09		
SN2	青年组	266	2.87	1.907	0.068
	中年组	271	2.65		

续表

问题项	年龄	数量	均值	F 值	P 值
SN3	青年组	266	2.93	1.232	0.265
	中年组	271	2.94		
SN4	青年组	266	2.80	1.038	0.285
	中年组	271	2.77		
PB1	青年组	266	3.81	0.834	0.305
	中年组	271	3.85		
PB2	青年组	266	3.26	1.450	0.118
	中年组	271	3.25		
PB3	青年组	266	3.93	0.663	0.408
	中年组	271	3.86		
PB4	青年组	266	4.02	0.660	0.411
	中年组	271	3.47		
PI1	青年组	266	3.43	1.935	0.105
	中年组	271	3.32		
PI2	青年组	266	3.34	1.447	0.119
	中年组	271	3.39		
PI3	青年组	266	3.81	1.152	0.156
	中年组	271	3.86		
PR1	青年组	266	3.20	0.932	0.352
	中年组	271	3.13		
PR2	青年组	266	3.57	1.435	0.152
	中年组	271	3.54		
PR3	青年组	266	3.55	0.471	0.638
	中年组	271	3.46		

续表

问题项	年龄	数量	均值	F 值	P 值
PR4	青年组	266	3.58	0.458	0.647
	中年组	271	3.51		
TR1	青年组	266	3.13	1.467	0.143
	中年组	271	3.21		
TR2	青年组	266	3.37	0.255	0.802
	中年组	271	3.19		
TR3	青年组	266	3.22	0.613	0.539
	中年组	271	3.31		
NE1	青年组	266	3.31	1.548	0.122
	中年组	271	3.67		
NE2	青年组	266	3.42	0.265	0.793
	中年组	271	3.47		
NE3	青年组	266	3.49	0.663	0.498
	中年组	271	3.40		
PC1	青年组	266	3.95	0.918	0.357
	中年组	271	3.87		
PC2	青年组	266	3.89	1.367	0.157
	中年组	271	3.31		
PC3	青年组	266	3.75	0.481	0.637
	中年组	271	3.27		
PC4	青年组	266	3.46	0.462	0.645
	中年组	271	3.42		

接下来，将全体样本按照年龄分成青年组和老年组，进行多群组分析，分析年龄对模型的调节作用。在多群组参数的设定上，仅设定多个群组的模型在部分对应参数上相等，进行部分恒等性检验。设定模型 A

是一个无限制模型，模型 B 是一个限制模型（限制条件是两个模型在感知易用性到态度路径上的因素载荷量相等，对应 H20 假设），模型 C 是一个限制模型（限制条件是两个模型在感知有用性到行为意向路径上的因素载荷量相等，对应 H21 假设），模型 D 是一个限制模型（限制条件是两个模型在主观规范到行为意向路径上的因素载荷量相等，对应 H22 假设）。经过多群组分析，4 个模型均达到收敛，拟合指标结果见表 5-11，4 个模型的卡方自由度比值均小于 3.0，RMSEA 值和 RMR 值均小于 0.05，GFI、AGFI 的值均大于或接近 0.9，NFI 值虽然没有大于 0.9，但很接近 0.9，只有 PGFI 值不太理想，未满足大于 0.5 的判断标准。从整体来看，4 个模型的拟合度较佳，4 个模型都可以被接受。但是，由于模型 B 的卡方增加量为 5.126，显著性检验的 P 值小于 0.05，因而推翻原假设，认为在两个群组中，感知易用性到态度的路径系数（因素载荷量）变化比较显著，意味着年龄在感知易用性对态度的影响中存在调节作用。

表 5-11　不同年龄组模型的拟合指标及模型部分恒等性检验结果表

统计检验量	模型 A	模型 B	模型 C	模型 D
χ^2/df	2.231	1.785	1.954	2.132
RMSEA	0.042	0.048	0.045	0.043
RMR	0.032	0.047	0.041	0.039
GFI	0.917	0.902	0.949	0.926
AGFI	0.891	0.908	0.885	0.911
NFI	0.855	0.855	0.855	0.855
PGFI	0.512	0.083	0.179	0.466
$\Delta\chi^2$	—	5.126*	0.038	0.024
P	—	0.031	0.902	0.916

青年组的结构方程模型结构示意图如图 5-5 所示。可以看出，在青年组的 3G 移动邮箱服务的用户采纳上，行为意向主要受到态度、主观规范、感知风险、感知行为控制、感知价格的显著正向影响，行为意

向能解释这 5 个潜变量 71.3% 的方差（$R^2 = 0.713$）。态度主要受到主观规范、可试性、感知有用性、网络外部性的显著正向影响，态度能解释这 4 个潜变量的 56.9% 的方差（$R^2 = 0.569$）。感知有用性受到感知易用性、网络外部性、个体创新和感知价格的显著正向影响，感知有用性能解释这 4 个潜变量的 53.3% 的方差（$R^2 = 0.533$）。网络外部性、个体创新对感知易用性具有显著正向影响，感知易用性能解释这 2 个潜变量的 56.1% 的方差（$R^2 = 0.561$）。

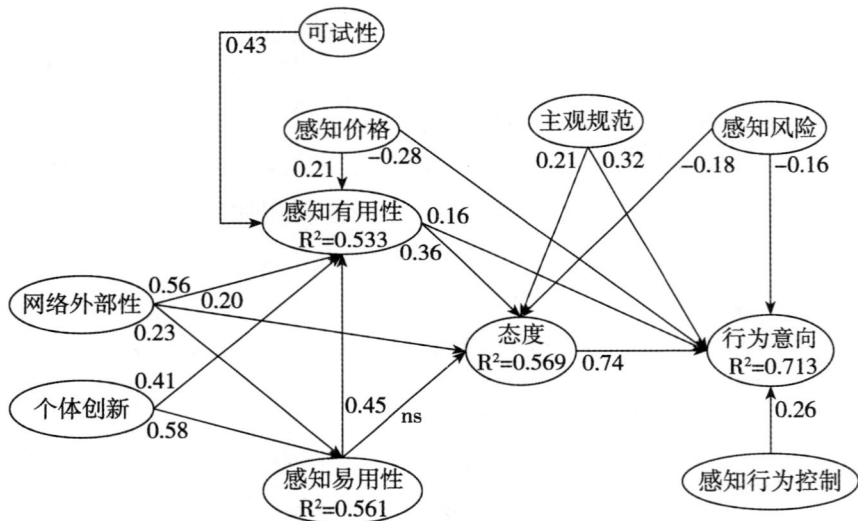

图 5-5　青年组的结构方程模型的结构示意图（ns 表示不显著）

中年组的结构方程模型结构图如图 5-6 所示。可以看出，在中年组的 3G 移动邮箱服务的用户采纳上，行为意向主要受到态度、主观规范、感知风险、感知行为控制、感知价格的显著正向影响，行为意向能解释这 5 个潜变量 66.3% 的方差变化（$R^2 = 0.663$）。态度主要受到主观规范、可试性、感知有用性、感知易用性、网络外部性的显著正向影响，态度能解释这 5 个潜变量的 52.1% 的方差变化（$R^2 = 0.521$）。感知有用性受到感知易用性、网络外部性、个体创新和感知价格的显著正向影响，感知有用性能解释这 4 个潜变量的 49.5% 的方差变化（$R^2 = 0.495$）。网络外部性、个体创新对感知易用性具有显著正向影响，感知易用性能解释这两个潜变量的 57.2% 的方差（$R^2 = 0.572$）。

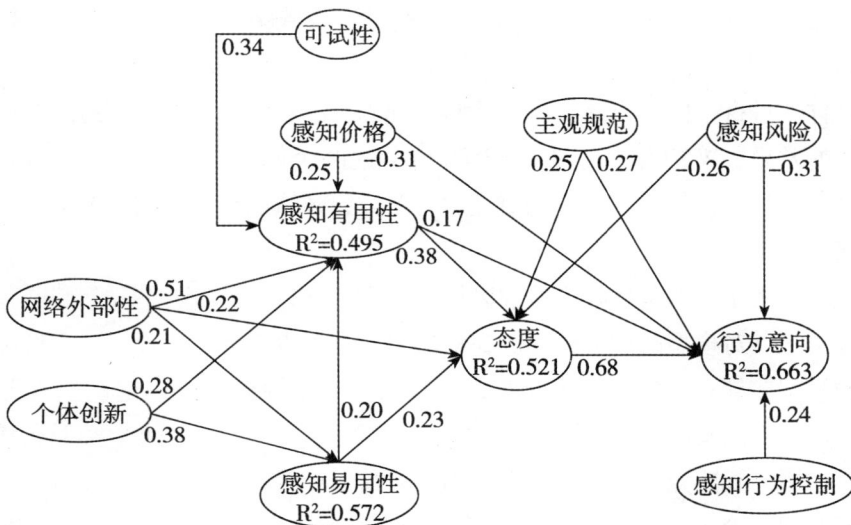

图 5-6　中年组的结构方程模型的结构示意图

两个群组的路径关系比较见表 5-12。可以看出，感知易用性对态度的影响在青年组中的作用（不显著）要小于中年组中的作用（路径系数 β = 0.23），模型的卡方变异达到了显著性水平（$\Delta\chi^2 = 5.126$，P<0.05），年龄在感知易用性对态度的影响中存在调节作用，支持 H20 假设。感知有用性对行为意向的影响在两个群组中没有显著变化，因此，不支持 H21 假设，年龄在感知有用性对行为意向的影响中不存在调节作用。主观规范对行为意向的影响在两个群组中没有显著变化，因此，不支持 H22 假设，年龄在主观规范对行为意向的影响中不存在调节作用。

表5-12　　　　　**青年组和中年组间路径系数的比较结果表**

假设	路径	青年	中年	结论
H20	感知易用→态度	ns	0.23	支持
H21	感知有用→行为意向	0.36	0.38	不支持
H22	主观规范→行为意向	0.21	0.25	不支持

5.3.3　基于区域因素的群组分析

在多群组分析之前，首先对正式调查问卷中的 537 个样本按所在地区分公司分组，W 分公司组（简称 W 组）人数略多，有 312 个，占样本的 58.1%，K 分公司组（简称 K 组）有 255 个，占样本的 41.9%。对样本进行单因素方差分析，检验性别的不同水平是否给变量造成了显著的差异，W 组和 K 组在 PE3 和 PU1 这两个问题项上均值有显著差异，但是在其他问题项上均值无显著差异，区域的调节作用需要进一步深入分析。

接下来，将全体样本按照区域分成 W 组和 K 组，进行多群组分析，分析区域对模型的调节作用。在多群组参数的设定上，仅设定多个群组的模型在部分对应参数上相等，进行部分恒等性检验。设定模型 A 是一个无限制模型，模型 B 是一个限制模型（限制条件是两个模型在感知易用性到感知有用性路径上的因素载荷量相等，对应 H23 假设），模型 C 是一个限制模型（限制条件是两个模型在感知易用性到态度路径上的因素载荷量相等，对应 H24 假设），模型 D 是一个限制模型（限制条件是两个模型在感知有用性到行为意向路径上的因素载荷量相等，对应 H25 假设），模型 E 是一个限制模型（限制条件是两个模型在主观规范到行为意向路径上的因素载荷量相等，对应 H26 假设）。经过多群组分析，5 个模型均达到收敛，拟合指标见表 5-13，5 个模型的卡方自由度比值均小于 2.0，RMSEA 值和 RMR 值均小于 0.05，GFI、AGFI 和 NFI 值均大于 0.9，只有 PGFI 值不太理想，未满足大于 0.5 的判断标准。从整体来看，5 个模型的拟合度较佳，5 个模型都可以被接受。但是，模型 D 的卡方增加量为 5.016，显著性检验的 P 值小于 0.05，因而推翻原假设，认为在两个群组中，感知有用性到行为意向的路径系数（因素载荷量）变化比较显著，意味着区域在感知有用性到行为意向的影响中存在调节作用。

W 组的结构方程模型如图 5-7 所示。可以看出，在 W 组的 3G 移动邮箱服务的用户采纳上，行为意向主要受到态度、主观规范、感知风险、感知行为控制、感知价格的显著正向影响，行为意向能解释这 5 个潜变量的 72.5% 的方差（$R^2 = 0.725$）。态度主要受到主观规范、感知有用性、感知易用性、感知风险、网络外部性的显著正向影响，态度能解释这 5 个潜变量的 52.1% 的方差（$R^2 = 0.521$）。感知有用性受到感知

表5-13　　　不同区域模型的拟合指标及模型部分恒等性检验表

统计检验量	模型A	模型B	模型C	模型D	模型E
χ^2/df	2.114	1.172	1.516	1.315	2.013
RMSEA	0.039	0.042	0.048	0.041	0.046
RMR	0.037	0.048	0.034	0.043	0.038
GFI	0.903	0.907	0.936	0.918	0.923
AGFI	0.932	0.928	0.936	0.941	0.937
NFI	0.912	0.908	0.915	0.922	0.917
PGFI	0.483	0.171	0.182	0.475	0.371
$\Delta\chi^2$	—	0.041	0.185	5.016*	1.517
P		0.892	0.746	0.028	0.278

易用性、网络外部性、个体创新和感知价格的显著正向影响，感知有用性能解释这4个潜变量的49.7%的方差变化（$R^2=0.497$）。网络外部性、个体创新对感知易用性具有显著正向影响，感知易用性能解释这两个潜变量的56.3%的方差（$R^2=0.563$）。

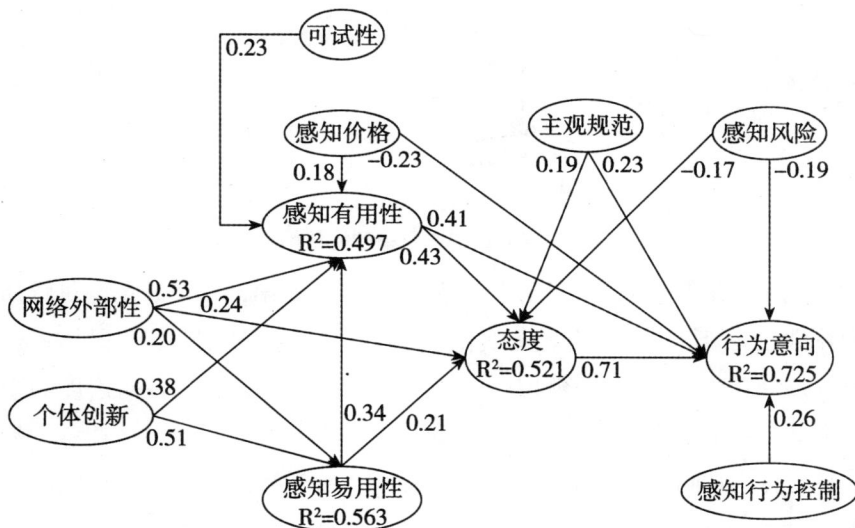

图5-7　W组的结构方程模型的结构示意图

K组的结构方程模型的结构图如图5-8所示。可以看出，在K组的3G移动邮箱服务的用户采纳上，行为意向主要受到态度、主观规范、感知风险、感知行为控制、感知价格的显著正向影响，行为意向能解释这 5 个潜变量的 67.3% 的方差变化（$R^2 = 0.673$）。态度主要受到主观规范、感知有用性、感知易用性、感知风险、网络外部性的显著正向影响，态度能解释这 5 个潜变量的 50.2% 的方差变化（$R^2 = 0.502$）。感知有用性受到感知易用性、网络外部性、个体创新和感知价格的显著正向影响，感知有用性能解释这 4 个潜变量的 48.5% 的方差变化（$R^2 = 0.485$）。网络外部性、个体创新对感知易用性具有显著正向影响，感知易用性能解释这两个潜变量的 52.8% 的方差（$R^2 = 0.528$）。

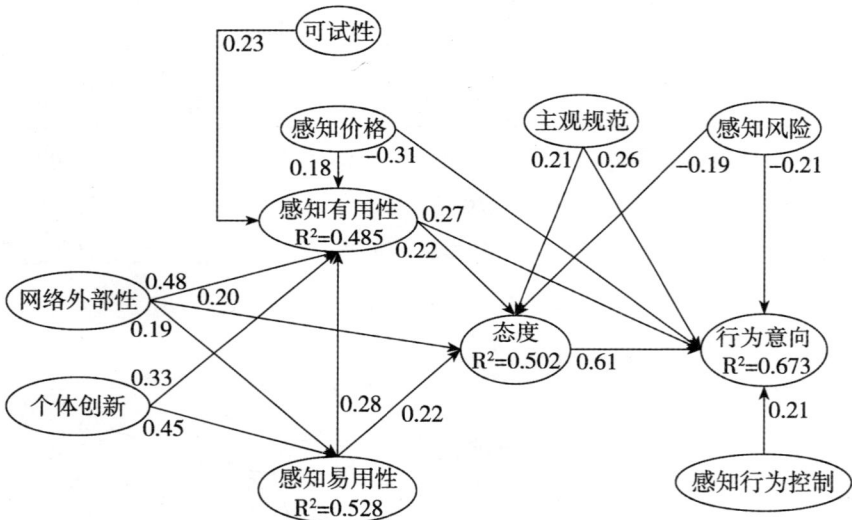

图 5-8　K 组的结构方程模型的结构示意图

　两个群组的路径关系比较见表 5-14。可以看出，感知易用性对感知有用性在两个群组中没有显著变化，因此，不支持 H23 假设，区域在感知易用性对行为意向的影响中不存在调节作用。感知易用性对态度的影响在两个群组中没有显著变化，因此，不支持 H24 假设，区域在感知易用性对行为意向的影响中不存在调节作用。感知有用性对行为意向的影响在 W 组中的作用（路径系数 $\beta = 0.41$）要大于 K 组中的作用（路径系数 $\beta = 0.27$），模型的卡方变异达到了显著性水平（$\Delta\chi^2 = 5.016$，$P < 0.05$），区域在感知有用性对行为意向的影响中存在调节作用，支持 H25 假设。主观规范对行为意向的影响在两个群组中没有显著变化，因此，不支持 H26 假设，区域在主观规范对行为意向的影响中不存在调节作用。

表 5-14　　　　　　　W 组和 K 组间路径系数的比较表

假设	路径	W 组	K 组	结论
H23	感知易用性→感知有用性	0.34	0.28	不支持
H24	感知易用性→态度	0.21	0.22	不支持
H25	感知有用性→行为意向	0.41	0.27	支持
H26	主观规范→行为意向	0.23	0.26	不支持

5.3.4　基于直接经验的群组分析

在群组分析之前，首先将样本按直接经验分组，将未使用过移动邮箱服务或仅使用过一种移动邮箱服务的样本归类在直接经验少的一组，而将使用过 2 种以上移动邮箱服务的样本归类在直接经验多的一组，样本中使用过移动邮箱服务种类的频数见表 5-15。在 537 个样本中，从未使用过移动邮箱服务的有 86 个，占样本总数的 16.0%；使用过一种移动邮箱服务的样本有 181 个，占样本总数的 33.7%；使用过两种移动邮箱服务的样本有 164 个，占样本总数的 30.5%；使用过三种邮箱服务的样本有 91 个，占样本总数的 17.0%；使用过四种移动邮箱服务的样本有 15 个，占样本总数的 2.8%，没有样本使用过五种以上的移动邮箱服务。因此，直接经验少的用户组共有样本 267 个，直接经验多的用户组共有样本 270 个。

表 5-15　　　　　已使用过的 3G 移动邮箱服务种类频数表

已使用过的种类	样本个数	百分比（%）
0	86	16.0
1	181	33.7
2	164	30.5
3	91	17.0
4	15	2.8
5	0	0.00
6	0	0.00
7	0	0.00
8	0	0.00
9	0	0.00
10	0	0.00
总计	537	100

本书首先按照上述的分组方式对量表中各个问题项进行了单因素方差分析，结果见表 5-16。从分析结果来看，在行为意向的问题项中，IN1、IN2 和 IN3 在直接经验少的用户群体中的均值要显著低于直接经验多的用户群体，而 IN4 的均值都没有显著差异。在主观规范的问题项中，SN1、SN2 两个问题项的均值都是在直接经验少的用户群体中的均值显著低于直接经验多的用户群体，而 SN3、SN4 问题项不显著。在个体创新的问题项中，所有的问题项均值都是直接经验少的用户群体的均值显著低于直接经验多的用户群体。该结果说明不同直接经验用户群组对 3G 服务的感知不同，因此直接经验有可能存在调节作用，需要进一步进行验证。

表 5-16　　　　不同直接经验样本的单因素方差分析结果表

问题项	直接经验	数量	均值	F 值	P 值
IN1	少	266	3.14	7.316	0.021
	多	271	3.56		
IN2	少	266	3.25	5.151	0.038
	多	271	3.61		
IN3	少	266	3.17	9.075	0.017
	多	271	3.52		
IN4	少	266	3.76	0.828	0.361
	多	271	3.81		
AT1	少	266	3.57	1.333	0.119
	多	271	3.55		
AT2	少	266	3.34	1.042	0.285
	多	271	3.42		
AT3	少	266	3.37	0.755	0.370
	多	271	3.41		
AT4	少	266	3.62	1.317	0.120
	多	271	3.53		
PU1	少	266	3.53	0.615	0.415
	多	271	3.68		

续表

问题项	年龄	数量	均值	F 值	P 值
PU2	少	266	3.61	1.614	0.106
	多	271	3.57		
PU3	少	266	3.37	1.735	0.082
	多	271	3.44		
PE1	少	266	3.45	1.242	0.237
	多	271	3.51		
PE2	少	266	3.27	1.722	0.101
	多	271	3.32		
PE3	少	266	3.83	1.369	0.215
	多	271	3.86		
PE4	少	266	3.43	1.768	0.069
	多	271	3.51		
PE5	少	266	3.31	1.612	0.095
	多	271	3.35		
SN1	少	266	2.63	6.703	0.033
	多	271	3.09		
SN2	少	266	2.27	5.907	0.041
	多	271	2.65		
SN3	少	266	2.89	1.232	0.243
	多	271	2.94		
SN4	少	266	2.70	1.038	0.285
	多	271	2.77		
PB1	少	266	3.81	0.846	0.291
	多	271	3.85		

续表

问题项	年龄	数量	均值	F 值	P 值
PB2	少	266	3.26	1.450	0.118
	多	271	3.25		
PB3	少	266	3.93	0.673	0.392
	多	271	3.86		
PB4	少	266	4.02	0.660	0.411
	多	271	3.47		
PI1	少	266	3.01	12.935	0.015
	多	271	3.82		
PI2	少	266	3.14	11.447	0.019
	多	271	3.89		
PI3	少	266	3.21	9.152	0.026
	多	271	3.76		
PR1	少	266	3.20	0.912	0.358
	多	271	3.13		
PR2	少	266	3.57	1.443	0.149
	多	271	3.54		
PR3	少	266	3.55	0.486	0.632
	多	271	3.46		
PR4	少	266	3.58	0.452	0.651
	多	271	3.51		
TR1	少	266	3.13	1.319	0.213
	多	271	3.21		
TR2	少	266	3.37	0.242	0.807
	多	271	3.19		

续表

问题项	年龄	数量	均值	F 值	P 值
TR3	少	266	3.22	0.633	0.534
	多	271	3.31		
NE1	少	266	3.31	1.548	0.115
	多	271	3.67		
NE2	少	266	3.42	0.274	0.791
	多	271	3.47		
NE3	少	266	3.49	0.695	0.486
	多	271	3.40		
PC1	少	266	3.95	0.920	0.356
	多	271	3.87		
PC2	少	266	3.89	0.362	0.657
	多	271	3.81		
PC3	少	266	3.45	0.578	0.631
	多	271	3.37		
PC4	少	266	3.46	0.437	0.642
	多	271	3.42		

　　接下来，将全体样本划分为直接经验少的组和直接经验多的组，进行多群组分析，分析直接经验对模型的调节作用。在多群组参数的设定上，仅设定多个群组的模型在部分对应参数上相等，进行部分恒等性检验。设定模型 A 是一个无限制模型，模型 B 是一个限制模型（限制条件是两个模型在感知易用性到感知有用性路径上的因素载荷量相等，对应 H11a 假设），模型 C 是一个限制模型（限制条件是两个模型在感知易用性到态度路径上的因素载荷量相等，对应 H12a 假设），模型 D 是一个限制模型（限制条件是两个模型在感知有用性到行为意向路径上的因素载荷量相等，对应 H13a 假设），模型 E 是一个限制模型（限制条件是两个模型在主观规范到行为意向路径上的因素载荷量相等，对应

H14a 假设），模型 F 是一个限制模型（限制条件是两个模型在感知价格到行为意向路径上的因素载荷量相等，对应 H15a 假设）。经过多群组分析，6 个模型均达到收敛，拟合指标见表 5-17，6 个模型的卡方自由度比值均小于 3.0，RMSEA 值和 RMR 值均小于 0.05，GFI、AGFI 的值均大于或接近 0.9，NFI 值虽然没有大于 0.9，但很接近 0.9，只有 PGFI 值不太理想，未满足大于 0.5 的判断标准。从整体来看，6 个模型的拟合度较佳，6 个模型都可以被接受。但是，模型 B 的卡方增加量为 5.157，显著性检验的 P 值小于 0.05，因而推翻原假设，认为在两个群组中，感知易用性到感知有用性的路径系数（因素载荷量）变化比较显著，意味着直接经验在感知易用性到感知有用性的影响中存在调节作用。模型 E 的卡方增加量为 4.572，显著性检验的 P 值小于 0.05，因而推翻原假设，认为在两个群组中，主观规范到行为意向的路径系数（因素载荷量）变化比较显著，意味着直接经验在主观规范到行为意向的影响中存在调节作用。

表 5-17　不同直接经验模型的拟合指标及模型部分恒等性检验结果表

统计检验量	模型 A	模型 B	模型 C	模型 D	模型 E	模型 F
χ^2/df	2.146	1.757	1.954	2.132	2.027	2.152
RMSEA	0.042	0.048	0.045	0.043	0.038	0.040
RMR	0.032	0.047	0.041	0.039	0.043	0.038
GFI	0.917	0.902	0.949	0.926	0.910	0.925
AGFI	0.891	0.908	0.885	0.911	0.887	0.904
NFI	0.853	0.852	0.835	0.863	0.892	0.881
PGFI	0.512	0.083	0.179	0.466	0.722	0.649
$\Delta\chi^2$	—	5.157*	0.038	0.024	4.572*	0.061
P	—	0.028	0.902	0.916	0.037	0.891

直接经验少的群组的结构方程模型的结构示意图如图 5-9 所示。可以看出，在直接经验少的群组的 3G 移动邮箱服务的用户采纳上，行为意向主要受到态度、主观规范、感知风险、感知行为控制、感知价格的显著正向影响，行为意向能解释这 5 个潜变量的 51.6% 的方差变化

（R²=0.516）。态度主要受到主观规范、感知有用性、感知易用性、感知风险、网络外部性的显著正向影响，态度能解释这5个潜变量的39.1%的方差变化（R²=0.391）。感知有用性受到感知易用性、网络外部性、个体创新和感知价格的显著正向影响，感知有用性能解释这4个潜变量的35.3%的方差变化（R²=0.353）。网络外部性、个体创新对感知易用性具有显著正向影响，感知易用性能解释这两个潜变量的31.5%的方差（R²=0.315）。

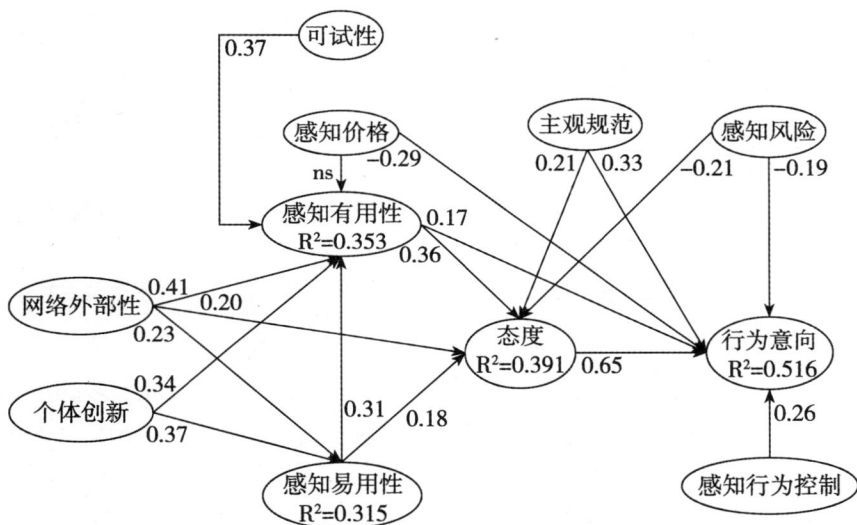

图5-9　直接经验少的群组的结构方程模型结构示意图

直接经验多的群组的结构方程模型结构示意图如图5-10所示。可以看出，在直接经验多的群组的3G移动邮箱服务的用户采纳上，行为意向主要受到态度、主观规范、感知风险、感知行为控制、感知价格的显著正向影响，行为意向能解释这5个潜变量的68.5%的方差变化（R²=0.685）。态度主要受到主观规范、可试性、感知有用性、网络外部性的显著正向影响，态度能解释这5个潜变量的59.6%的方差变化（R²=0.596）。感知有用性受到感知易用性、网络外部性、个体创新和感知价格的显著正向影响，感知有用性能解释这4个潜变量的49.2%的方差变化（R²=0.492）。网络外部性、个体创新对感知易用性具有显著正向影响，感知易用性能解释这2个潜变量的32.1%的方差

（$R^2 = 0.321$）。

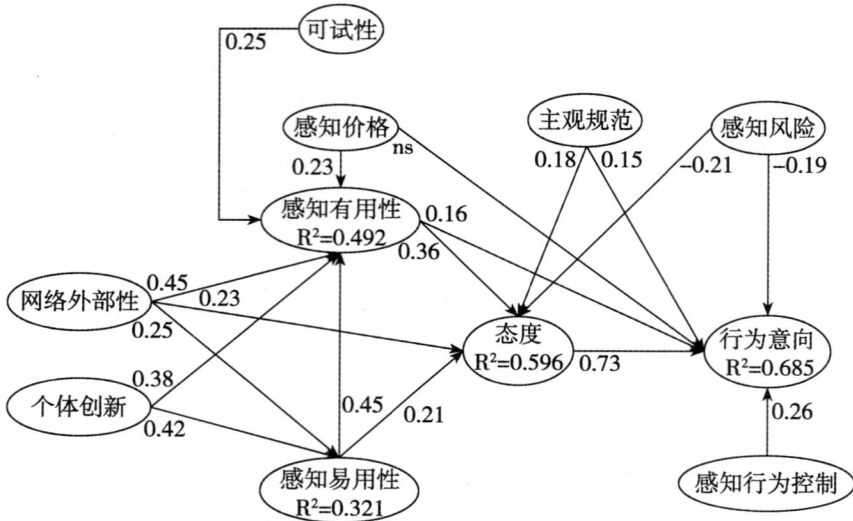

图 5-10　直接经验多的群组的结构方程模型结构示意图（ns 表示不显著）

　　不同直接经验的用户组之间路径关系的比较结果见表 5-18。从分析结果可以看出，感知易用性对感知有用性的影响在直接经验多的用户中的作用（路径系数 β=0.45）要大于在直接经验少的用户中的作用（β=0.31），而且该路径限制模型 B 的卡方变异也达到了显著性水平（$\Delta\chi^2 = 5.157$，$P<0.05$），因此，支持 H11a 假设，认为直接经验在感知易用性对感知有用性的影响中存在调节作用。感知易用性对态度的影响在两个群组中没有显著变化，该路径的限制模型 C 的卡方变异也没有达到了显著性水平，因此，不支持 H12a 假设，认为直接经验在感知易用性对态度的影响中不存在调节作用。感知有用性对行为意向的影响在直接经验少的组和直接经验多的组中没有显著变化，该路径的限制模型 D 的卡方变异也没有达到显著性水平，因此，不支持 H13a 假设。主观规范对行为意向的影响在直接经验多的用户中的作用（β=0.15）要小于在直接经验少的用户中的作用（β=0.33），而且该路径限制模型 E 的卡方变异也达到显著性水平（$\Delta\chi^2 = 4.572$，$P<0.05$），因此，支持 H14a 假设，认为主观规范对行为意向存在调节作用。感知价格对行为意向的影响在直接经验少的用户中作用显著（β=-0.29），在直接经验

多的用户中不显著，但路径系数的变化也没有达到显著性水平，该路径的限制模型的卡方变异没有达到显著性水平，因此假设 H15a 没有得到支持，表明直接经验在感知价格对行为意向的影响中不存在调节作用。

表 5-18　　　不同直接经验组间路径系数的比较结果表

假设	路径	直接经验少	直接经验多	结论
H11a	感知易用→感知有用	0.31	0.45	支持
H12a	感知易用→态度	0.18	0.21	不支持
H13a	感知有用→行为意向	0.16	0.17	不支持
H14a	主观规范→行为意向	0.33	0.15	支持
H15a	感知价格→行为意向	-0.29	ns	不支持

5.3.5　基于间接经验的群组分析

在群组分析之前，首先将样本按间接经验分组，将未使用过短信、QQ 等通讯工具或仅使用过一种通讯工具的样本归类在间接经验少的一组，而将使用过 2 种以上通讯工具的样本归类在间接接经验多的一组。在 537 个样本中，间接经验少的一组共 87 个，占总样本的 16.2%；间接经验多的一组共 450 个，占总样本的 83.8%。

首先按照上述的分组方式对样本进行单因素方差分析，结果发现，PI1、PI2、PI3、SN1、SN2、SN3 问题项在两个组中的均值有显著差异，都是在间接经验少的用户群体的均值要显著低于间接经验多的用户群体，其他问题项在两个群体间的差异并不显著。间接经验的调节作用，需要进一步分析。

接下来，将全体样本划分为间接经验少的组和间接经验多的组，进行多群组分析，分析间接经验对模型的调节作用。在多群组参数的设定上，仅设定多个群组的模型在部分对应参数上相等，进行部分恒等性检验。设定模型 A 是一个无限制模型，模型 B 是一个限制模型（限制条件是两个模型在感知易用性到感知有用性路径上的因素载荷量相等，对应 H11b 假设），模型 C 是一个限制模型（限制条件是两个模型在感知

易用性到态度路径上的因素载荷量相等，对应 H12b 假设），模型 D 是
一个限制模型（限制条件是两个模型在感知有用性到行为意向路径上
的因素载荷量相等，对应 H13b 假设），模型 E 是一个限制模型（限制
条件是两个模型在主观规范到行为意向路径上的因素载荷量相等，对应
H14b 假设），模型 F 是一个限制模型（限制条件是两个模型在感知价
格到行为意向路径上的因素载荷量相等，对应 H15b 假设）。经过多群
组分析，6 个模型均达到收敛，拟合指标见表 5-19，6 个模型的卡方自
由度比值均小于 3.0，RMSEA 值和 RMR 值均小于 0.05，GFI、AGFI 的
值均大于或接近 0.9，NFI 值虽然没有大于 0.9，但很接近 0.9，只有
PGFI 值不太理想，未满足大于 0.5 的判断标准。从整体来看，6 个模型
的拟合度较佳，6 个模型都可以被接受。但是，模型 E 的卡方增加量为
4.746，显著性检验的 P 值小于 0.05，因而推翻原假设，认为在两个群
组中，主观规范到行为意向的路径系数（因素载荷量）变化比较显著，
意味着间接经验在主观规范到行为意向的影响中存在调节作用。

表 5-19　　　　不同间接经验群组的模型的拟合指标及

模型部分恒等性检验结果表

统计检验量	模型 A	模型 B	模型 C	模型 D	模型 E	模型 F
χ^2/df	2.326	1.815	1.906	2.032	2.321	2.452
RMSEA	0.039	0.041	0.048	0.043	0.040	0.045
RMR	0.038	0.045	0.047	0.043	0.046	0.043
GFI	0.927	0.906	0.919	0.928	0.915	0.923
AGFI	0.894	0.901	0.885	0.912	0.897	0.906
NFI	0.873	0.882	0.855	0.867	0.890	0.883
PGFI	0.502	0.361	0.284	0.518	0.493	0.527
$\Delta\chi^2$	—	0.079	0.038	0.024	4.746 *	0.061
P	—	0.823	0.902	0.916	0.031	0.891

间接经验少的群组的结构方程模型结构示意图如图 5-11 所示。可
以看出，在间接经验少的群组的 3G 移动邮箱服务的用户采纳上，行为
意向主要受到态度、主观规范、感知风险、感知行为控制、感知价格的

显著正向影响，行为意向能解释这5个潜变量的52.2%的方差变化（$R^2=0.522$）。态度主要受到主观规范、感知有用性、感知易用性、网络外部性、感知风险的显著正向影响，态度能解释这5个潜变量的38.2%的方差变化（$R^2=0.382$）。感知有用性受到感知易用性、网络外部性、个体创新、可试性、感知价格的显著正向影响，感知有用性能解释这4个潜变量的34.7%的方差变化（$R^2=0.347$）。网络外部性、个体创新对感知易用性具有显著正向影响，感知易用性能解释这两个潜变量的32.5%的方差（$R^2=0.325$）。

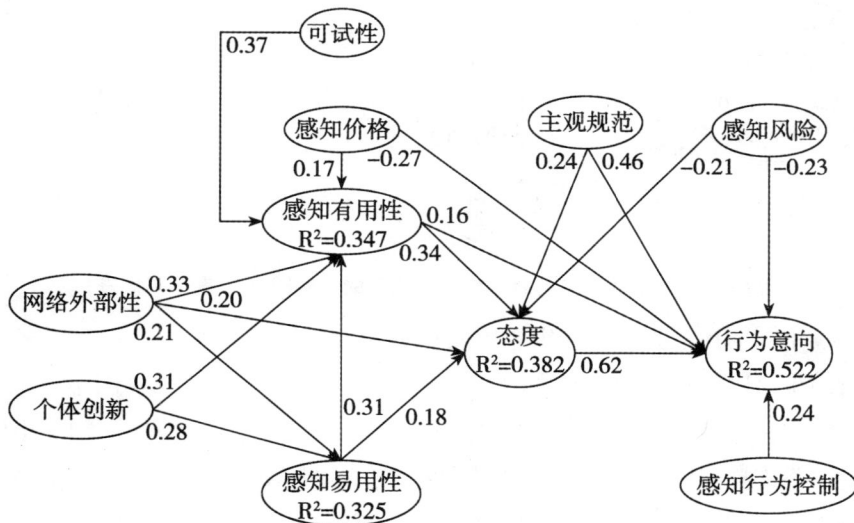

图5-11　间接经验少的组结构方程模型的结构图

间接经验多的群组的结构方程模型结构示意图如图5-12所示。可以看出，在间接经验多的群组的3G移动邮箱服务的用户采纳上，行为意向主要受到态度、主观规范、感知风险、感知行为控制、感知价格的显著正向影响，行为意向能解释这5个潜变量的65.2%的方差变化（$R^2=0.652$）。用户的采纳态度主要受到主观规范、感知有用性、感知易用性、个体创新、网络外部性的显著正向影响，态度能解释这5个潜变量的57.6%的方差变化（$R^2=0.576$）。感知有用性受到感知易用性、网络外部性、个体创新、可试性、感知价格的显著正向影响，感知有用性能解释这4个潜变量的51.7%的方差变化（$R^2=0.517$）。网络外部性、个体创新对感知易用性具有显著正向影响，感知易用性能解释这 2 个潜变量的 43.5% 的方差（$R^2 = 0.435$）。

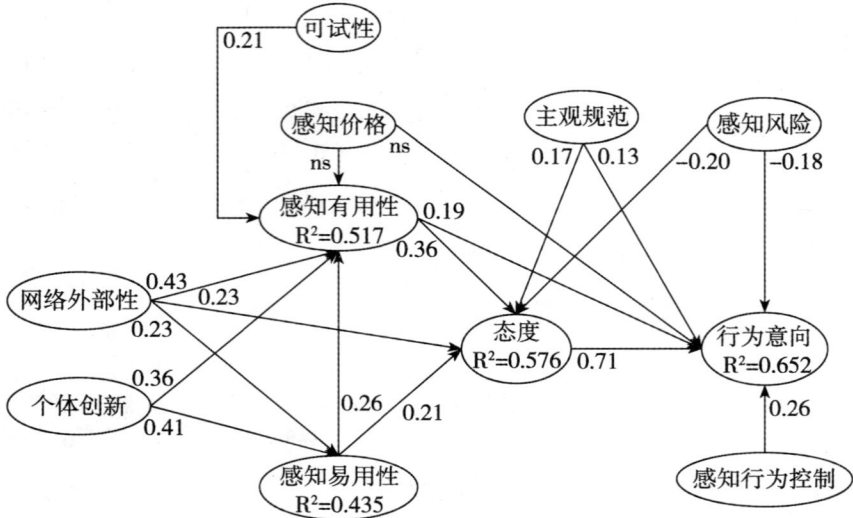

图 5-12 间接经验多的组结构方程模型的结构图（ns 表示不显著）

不同间接经验的用户组之间路径关系的比较结果见表 5-20。从分析结果可以看出，感知易用性对感知有用性的影响在两个群组中没有显著变化，该路径的限制模型 B 的卡方变异也没有达到显著性水平，因此，不支持 H11b 假设，认为间接经验在感知易用性对感知有用性的影响中不存在调节作用。感知易用性对态度的影响在两个群组中也没有显著变化，该路径的限制模型 C 的卡方变异也没有达到显著性水平，因此，不支持 H12b 假设，认为间接经验在感知易用性对态度的影响中不存在调节作用。感知有用性对行为意向的影响在间接经验少的组和间接经验多的组中没有显著变化，该路径的限制模型 D 的卡方变异也没有达到显著性水平，因此，不支持 H13b 假设。主观规范对行为意向的影响在直接经验少的用户中的作用（$\beta = 0.46$）要大于在直接经验多的用户中的作用（$\beta = 0.13$），而且该路径限制模型 E 的卡方变异也达到了显著性水平（$\Delta\chi^2 = 4.746$，$P < 0.05$），因此，支持 H14b 假设，认为主观规范对行为意向的影响中存在调节作用。感知价格对行为意向的影响在间接经验少的用户中作用显著（$\beta = -0.27$），在间接经验多的用户中

不显著，但路径系数的变化也没有达到显著性水平，该路径的限制模型的卡方变异没有达到显著性水平，因此假设 H15b 没有得到支持，表明直接经验在感知价格对行为意向的影响中不存在调节作用。

表 5-20　　　不同间接经验组间路径系数的比较结果表

假设	路径	间接经验少	间接经验多	结论
H11b	感知易用→感知有用	0.31	0.26	不支持
H12b	感知易用→态度	0.18	0.21	不支持
H13b	感知有用→行为意向	0.16	0.19	不支持
H14b	主观规范→行为意向	0.46	0.13	支持
H15b	感知价格→行为意向	-0.27	ns	不支持

5.4　结果讨论

5.4.1　研究假设的结论解释

经过实证分析，本书构建了移动邮箱采纳模型，明确了模型中各变量之间的关系，也分析了调节变量的作用，同时还检验了模型中提出的各种假设。其中，部分假设得到了数据的支持，但也有一些假设没有得到支持，见表 5-21。3G 移动邮箱采纳模型的构建丰富了移动服务采纳理论，而实证研究的结果为 3G 移动邮箱服务的发展提供了参考依据。

表 5-21　　　　　　假设检验结果汇总表

假设	内容	结论
H1	个体的移动邮箱采纳态度会显著正向影响其使用意愿	支持
H2a	个体的移动邮箱感知有用性对行为意向有显著的正向影响	支持
H2b	个体的移动邮箱感知有用性对态度有显著的正向影响	支持
H3a	感知易用性对个体的移动邮箱态度有显著的正向影响	支持
H3b	感知易用性对个体的移动邮箱感知有用性有显著的正向影响	支持
H4a	主观规范对个体的移动邮箱采纳态度有显著的正向影响	支持

假设	内容	结论
H4b	主观规范对个体的移动邮箱使用行为意向有显著的正向影响	支持
H4c	主观规范对个体的移动邮箱感知有用性有显著的正向影响	不支持
H5	感知行为控制对个体的移动邮箱行为意向有显著的正向影响	支持
H6a	感知风险对个体的移动邮箱采纳态度有显著的负向影响	支持
H6b	感知风险对个体的移动邮箱行为意向有显著的负向影响	支持
H7b	可试性对个体的移动邮箱感知有用性有显著的正向影响	支持
H8a	个体创新对个体的移动邮箱感知有用性具有显著正向影响	支持
H8b	个体创新对个体的移动邮箱感知易用性具有显著正向影响	支持
H9a	网络外部性对个人的 3G 移动邮箱服务的感知有用性有显著的正向影响	支持
H9b	网络外部性对个人的 3G 移动邮箱服务的感知易用性有显著的正向影响	支持
H9c	网络外部性对个人的 3G 移动邮箱服务的采纳态度有显著的正向影响	支持
H10a	感知价格对个人 3G 移动邮箱服务的感知有用性有显著的正向影响	支持
H10b	感知价格对个人 3G 移动邮箱服务的行为意向有显著的负向影响	支持
H11a	感知易用性对感知有用性的影响在直接经验多的用户中大于直接经验少的用户	支持
H11b	感知易用性对感知有用性的影响在间接经验多的用户中大于间接经验少的用户	不支持
H12a	感知易用性对态度的影响在直接经验多的用户中小于直接经验少的用户	不支持
H12b	感知易用性对态度的影响在间接经验多的用户中小于间接经验少的用户	不支持

续表

假设	内容	结论
H13a	感知有用性对行为意向的影响在直接经验多的用户中大于直接经验少的用户	不支持
H13b	感知有用性对行为意向的影响在间接经验多的用户中大于间接经验少的用户	不支持
H14a	主观规范对行为意向的影响在直接经验多的用户中小于直接少的用户	支持
H14b	主观规范对行为意向的影响在间接经验多的用户中小于间接经验少的用户	支持
H15a	感知价格对行为意向的影响在直接经验多的用户中小于直接经验少的用户	不支持
H15b	感知价格对行为意向的影响在间接经验多的用户中小于间接经验少的用户	不支持
H16	感知易用性对感知有用性的影响在女性用户中的作用小于男性用户	支持
H17	感知易用性对态度的影响在女性用户中的作用大于男性用户	不支持
H18	感知有用性对行为意向的影响在女性用户中的作用小于男性用户	不支持
H19	主观规范对行为意向的影响在女性用户中的作用要大于男性用户	不支持
H20	感知易用性对态度的影响在年轻用户中的作用要小于年长用户	支持
H21	感知有用性对行为意向的影响在年轻用户中的作用要大于年长用户	不支持
H22	主观规范对行为意向的影响在年轻用户中的作用要大于年长用户	不支持
H23	感知易用性对感知有用性的影响在 W 分公司的作用要小于 K 分公司	不支持
H24	感知易用性对态度的影响在 W 分公司的作用要小于 K 分公司	不支持
H25	感知有用性对行为意向的影响在 W 分公司的作用要大于 K 分公司	支持
H26	主观规范对行为意向的影响在 W 分公司的作用要大于 K 分公司	不支持

相对于 TAM 模型，在移动邮箱采纳模型中，采纳态度会显著正向影响其使用意愿（假设 H1），感知有用性对行为意向有显著的正向影响（假设 H2a），感知有用性对态度有显著的正向影响（假设 H2b），感知易用性对态度有显著的正向影响（假设 H3a），感知易用性对感知有用性有显著的正向影响（假设 H3b）都得到了支持，说明 TAM 模型在移动服务采纳领域是适用性的。但是感知有用性对采纳意向的影响系数相对于其他因素明显降低，路径系数仅为 0.14，说明 TAM 模型在解释 3G 移动邮箱服务时的不足，需要在模型中引入其他理论中的变量，以增加模型的解释力度。这一结论得到多位学者的认同（Mallat，2008；Schierz，2010）。

由于 TAM 模型的解释力度不够，本书还在 TAM 模型中引入了主观规范、感知行为控制、个人创新、可试性、感知价格、网络外部性这 6 个变量进行进一步的解释。实证研究的结果发现，主观规范对态度具有显著的正向影响（假设 H4a）主观规范对行为意向具有显著的正向影响（假设 H4b），这一结论和部分学者的研究结论一致（Venkatesh，2007），说明使用 3G 邮箱服务可能是一种时尚，跟随社会潮流而已。其次，实证结果发现主观规范对感知有用性的影响并不显著（假设 H4c），此结论和部分学者的观点一致（Lewis，2003），但是和部分学者（Lu，2005）的观点相左，主要是因为主观规范对用户的影响会随着用户经验的增加而减少，当被调查者的经验比较丰富时，主观规范对感知有用性的影响比较小，而当被调查者的经验比较贫乏时，主观规范对感知有用性的影响比较大。对于 3G 移动邮箱用户来说，绝大多数用户都有即时通讯软件、电子邮件等通讯技术的丰富经验，因而主观规范对感知有用性的影响并不显著。实证的结果还表明，感知行为控制对个体的移动邮箱行为意向有显著的正向影响（假设 H5），此观点和部分学者（Pedersen，2001）的观点一致，说明随着 3G 技术的发展，用户所拥有的资源越多，相应地预期的阻碍越少，对自己的行为控制力也会越强。实证的结果还表明，感知风险对个体的移动邮箱采纳态度有显著的负向影响（假设 H6a），感知风险对个体的移动邮箱行为意向有显著的负向影响（假设 H6b）。此观点同部分学者一致，Liu（2003）通过实证研究，感知风险会对其接受意愿产生显著的影响。Lu（2005）发现感知风险和感知有用性是影响用户使用意愿的主要因素，且感知风险对感知有用性有显著的负向影响。说明用户主观上感知到采纳3G移动邮箱服务的风险越高，用户对移动邮箱服务的评价越差，用户采纳移动邮箱服务的意向也就越弱。实证结果表明，可试性对个体的移动邮箱采纳态度没有显著的正向影响，不支持H7a假设，但可试性对个体的移动邮箱感知有用性有显著的正向影响（假设H7b）。说明当技术创新能够被实验、小范围尝试使用时，用户对技术创新的不确定性将会减少，更加感知到技术创新的有用性，但对技术创新的采纳态度并不会改变多少。个体创新度高的用户相比其他用户更早地使用3G移动邮箱，其使用经验往往会影响其周围人对3G服务的态度和使用意向。Yi（2006）的研究证实了个体创新对采纳意向的直接正向影响以及通过感知有用性、感知易用性和兼容性的间接影响。Bhatti（2007）研究发现，个人创新度较高的用户通常表现得更富有冒险精神，会主动去搜寻新技术的信息。在移动服务采纳领域内的研究中，Lu（2005）和Yang（2005）的研究发现信息技术个人创新对感知易用性和感知有用性都具有显著正向影响。本研究的实证结果证实了个体创新对行为意向有显著的正向影响（假设H8a），也证实了个体创新显著正向影响感知有用性（假设H8b）。3G移动邮箱服务作为一种通讯方式，用户人数的多少会显著的影响到这种服务的发展，具有网络外部性的特征。邓朝华（2007）的研究结果发现，网络外部性对感知易用性、感知有用性和实际使用行为有显著的影响。本研究的实证结果发现，网络外部性对个人的3G移动邮箱服务的感知有用性有显著的正向影响（假设H9a），网络外部性对个人的3G移动邮箱服务的感知易用性有显著的正向影响（假设H9b），网络外部性对个人的3G移动邮箱服务的采纳态度有显著的正向影响（假设H9c）。3G移动邮箱的用户越多，新老用户之间经验交流的越多，用户会感觉移动邮箱越来越容易使用，越来越有用。实证结果发现感知价格对感知有用性有显著正向影响（假设H10a），感知价格对行为意向有显著负向影响（假设H10b）。说明用户感知价格越高其对3G移动邮箱服务的感知质量越高，从而导致用户采纳意向的提升，另一方面消费者的感知价格越高，其对 3G 移动邮箱服务的感知付出成本越高从而导致降低购买意愿。

实证结果表明，在有关性别调节作用的 4 个假设中，性别在感知易用性对感知有用性的影响路径上调节作用显著（假设 H16）。相对于女性，男性好奇心强，对新技术愿意投入更多的时间、精力与财力，也较为关注新技术，主观感知到的易用性较强，对于男性用户而言，感知易用性对感知有用性的影响也更为显著。实证结果表明，有关年龄调节作用的 3 个假设都不成立。年龄在感知有用性到行为意向的影响路径上、感知易用性到行为意向的影响路径上，调节作用都不显著。这可能是因为 3G 移动邮箱服务的消费群体主要以 20 岁到 40 岁的中青年为主，在年龄上过于集中的缘故。在实证研究时，本书将经验划分为直接经验和间接经验，分别检验了直接经验和间接经验的调节作用，实证结果表明两者的调节作用存在一定的差异。直接经验是用户使用 3G 移动邮箱的经验，相对于间接经验，这种经验更直接。在直接经验调节作用的 5 个假设中，感知易用性对感知有用性存在调节作用，主观规范对感知有用性存在调节作用，其他三个假设并不成立。直接经验丰富的用户对 3G 移动邮箱服务的感知易用性相对较高（假设 H11a），因而更容易掌握 3G 移动邮箱服务所需要的技能，能更好地发挥 3G 移动服务的效能。因此，在直接经验丰富的用户中，感知易用性对感知有用性的影响力度更大。相对地，直接经验较少的用户在使用 3G 移动邮箱服务时，会面临较多的困难，从而影响其对 3G 服务有用性的评价，也更容易受到其他用户意见的影响（假设 H14a）。直接经验对感知有用性到行为意向的影响路径上调节作用不显著，这是因为，3G 移动邮箱业务才出现不久，用户普遍对移动服务的感知有用性认识不够，因而，无论是直接经验丰富的用户还是直接经验较少的用户，直接经验的调节作用不显著（假设 H13a）。间接经验是使用和 3G 移动邮箱类似的通讯技术的经验，相对于直接经验，这种经验更间接。实证结果表明，在间接经验调节作用的 5 个假设中，间接经验在主观规范对行为意向的影响路径上调节作用显著，但其他 4 个假设不成立。在间接经验少的用户中的作用要高于间接经验多的用户（假设 H14b），间接经验少的用户由于对 3G 移动邮箱服务不熟悉，更容易受到他人或各种媒体的影响，因而在主观规范对行为意向的影响路径上，间接经验的调节作用显著。

5.4.2 变量间的效应关系

根据各潜变量之间的路径系数，可以计算出其他潜变量对行为意向影响的总效果（包括直接效果和间接效果），见表5-22。根据对行为意向的影响效果大小对各潜变量进行排序，由高到低依次为态度、主观规范、感知风险、感知有用性、网络外部性、感知价格、感知行为控制、可试性、个体创新。

表 5-22　　　　　**其他潜变量对行为意向的影响效果表**

潜变量	直接效果	间接效果	总效果
可试性	无	0.42×0.41 0.42×0.43×0.72	0.18
感知价格	−0.31	0.2×0.14	−0.280
感知有用性	0.14	0.43×0.72	0.449
感知易用性		0.17×0.72	0.034
网络外部性		0.53×0.14 0.21×0.72 0.21×0.43×0.72 0.22×0.17×0.72	0.316
个体创新		0.37×0.14 0.51×0.17×0.72	0.114
主观规范	0.39	0.28×0.72	0.59
感知风险	−0.28	−0.24×0.72	−0.453
感知行为控制	0.23		0.23
态度	0.72		0.72

根据各潜变量之间的路径系数，可以计算出其他潜变量对态度影响的总效果（包括直接效果和间接效果），见表5-23。根据对态度的影响效果大小对各潜变量进行排序，由高到低依次为网络外部性、感知有用性、个体创新、主观规范、感知风险、可试性、感知易用性、感知

价格。

表 5-23　　　　　　　　**其他潜变量对态度的影响效果表**

潜变量	直接效果	间接效果	总效果
可试性		0.42×0.43	0.180
感知价格		0.20×0.43	0.086
感知有用性	0.43		0.430
感知易用性	0.17		0.170
网络外部性	0.21	0.53×0.43 0.22×0.17	0.475
个体创新		0.37×0.43 0.51×0.17	0.405
主观规范	0.28		0.280
感知风险	−0.24		−0.240

5.4.3　模型的解释能力

在结构方程模型的检验中，R^2 值反映了内因潜变量能被其他潜变量解释的程度，也同时反映了模型的解释能力。同样地，利用 R^2 值，可以对比 3G 移动邮箱服务的用户采纳模型和 TAM 模型的解释能力。用正式调查问卷中的样本数据对 TAM 模型进行分析，分析结果如图 5-13 所示。

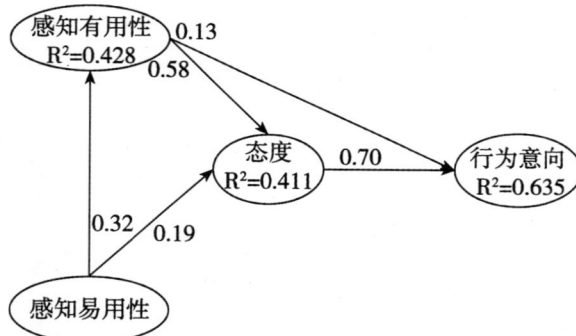

图 5-13　TAM 模型中的路径系数和 R^2 图

对比 3G 移动邮箱服务用户采纳模型和 TAM 模型中的 R^2 可以发现（见表 5-24），在 TAM 模型中，三个内因潜变量感知有用性、态度、行为意向的 R^2 值分别为 0.428、0.411 和 0.635，明显低于 3G 移动邮箱采纳模型中的对应值，分别为 0.513、0.526、0.683，说明在 TAM 模型中引入个人创新、网络外部性、主观规范、感知行为控制等潜变量，提高了采纳模型的解释力度，3G 移动邮箱服务的用户采纳模型的设定是合理的。

表 5-24　　　　　　两个模型的解释能力对比结果表

模型	PU	AT	BI
TAM	0.428	0.411	0.635
3G 移动邮箱服务用户采纳模型	0.513	0.526	0.683

5.5　基于 3G 移动邮箱服务的用户采纳模型的评价应用

新疆电信在全区有 16 个分公司，各分公司的 3G 移动邮箱（189 邮箱）服务的发展情况各不相同，有的分公司此项服务的月活跃率能达到 27%，而有的分公司仅能达到 6%。利用模糊评价法，可以对各分公司的 189 邮箱服务进行用户评价，并进行排名。

5.5.1　评价指标的建立

在移动邮箱采纳模型中，态度是指用户对移动邮箱服务的评价，是一个模糊的概念。因此，可以建立评价指标体系，利用模型综合评价法对 189 邮箱服务进行用户评价。在移动邮箱采纳模型中，影响态度的潜变量按总效果由大到小排列，分别有网络外部性、感知有用性、个人创新、主观规范、感知风险、可试性、感知易用性、感知价格。其中，网络外部性、感知有用性、个人创新、主观规范、感知风险的总效果都在 0.2 以上，因此，选择这几个潜变量作为一级指标，并将各潜变量的总效果进行归一化处理后，作为一级指标的权重，见表 5-25。然后，将各个一级指标的测量变量作为二级指标，将各个指标在其测量变量上的因子载荷进行归一化处理后，作为二级指标的权重，解决了权重由专家确定的不足。

表 5-25　　　　　　　　　　用户评价指标及权重表

一级指标	权重	二级指标	权重
网络外部性（NE）	0.26	NE1	0.325
		NE2	0.366
		NE3	0.309
感知有用性（PU）	0.23	PU1	0.347
		PU2	0.333
		PU3	0.314
个人创新（PI）	0.22	PI1	0.355
		PI2	0.359
		PI3	0.314
主观规范（SN）	0.15	SN1	0.351
		SN2	0.381
		SN3	0.344
		SN4	0.322
感知风险（PR）	0.13	PR1	0.346
		PR2	0.353
		PR3	0.347
		PR4	0.321

5.5.2　模糊综合评价法

模糊综合评价法基于模糊数学，是一种综合评价方法，能根据隶属度理论把定性评价转化为定量评价，能较好地解决模糊的、难以量化的问题。

5.5.2.1　模糊评价法中的基本概念

模糊评价法中涉及了评价指标集、评价标准集、隶属度等概念，下面对这些概念一一进行说明。

（1）评价指标集 F，描述对各种候选的方案进行综合评价的指标，记为：

$$U = (u_1, u_2, \cdots, u_n)$$

其中，u_1，u_2，$\cdots$，u_n 为各评价指标，n 为评价指标的个数。评价指标集也可以是一个多级结构的集合。对不同的评价指标，应给以不同的权重 W，记为：

$$W = (w_1, w_2, \cdots, w_n)$$

（2）评语集 E，描述对每一评价指标进行评价的尺度，记为：

$$V = (v_1, v_2, \cdots, v_m)$$

其中，m 为评语集中评语的个数。评语的级别可采用等级方式或分数方式。

（3）隶属度 r_{ij}^k，描述对候选方案 A_k 而言，用第 f_i 评价指标做出第 e_j 评语的可能程度。对方案 A_k 的所有评价指标的隶属度能组成隶属度矩阵 R_k，该矩阵是一个模糊关系矩阵，记为：

$$R_k = \begin{bmatrix} r_{11}^k & r_{12}^k & \cdots & r_{1j}^k & \cdots & r_{1m}^k \\ r_{21}^k & r_{22}^k & \cdots & r_{2j}^k & \cdots & r_{2m}^k \\ \vdots & \vdots & & & & \\ r_{i1}^k & r_{i2}^k & \cdots & r_{ij}^k & \cdots & r_{im}^k \\ \vdots & \vdots & & \vdots & & \vdots \\ r_{n1}^k & r_{n2}^k & \cdots & r_{nj}^k & \cdots & r_{nm}^k \end{bmatrix}$$

在矩阵 R_k 中，元素 r_{ij}^k 可根据评价结果计算，即：

$$r_{ij}^k = \frac{d_{ij}^k}{d}$$

其中，d 表示参加评价的人数，d_{ij}^k 表示对方案 A_k 的第 i 项评价指标 f_i 作出 e_j 评语的人数。显然，$\sum_{j=1}^{m} r_{ij}^k = 1$。

（4）模糊算子，是模糊变换的运算方法。选择一种模糊算子，利用权重向量对隶属度矩阵进行模糊变换可以得到评分等级 B_k。模糊算子主要有 M（$\wedge$，$\vee$），M（$\circ$，$\vee$）和 M（$\wedge$，$\oplus$），M（$\circ$，$\oplus$）4 种，见表5-26。

表 5-26　　　　　　　4 种模糊算子在综合评价中的特点表

特点	M（∧，∨）	M（°，∨）	M（∧，⊕）	M（°，⊕）
体现权重	不明显	明显	不明显	明显
利用 R 的信息	不充分	不充分	比较充分	充分
综合程度	弱	弱	强	强
类型	主因素突出型	主因素突出型	加权平均型	加权平均型

M（∧，∨）算子的定义如下：

$$B_k = \bigvee_{i=1}^{m} (w_j \wedge r_{jk}) = \max_{1 \leqslant j \leqslant m} \{\min (w_j, r_{jk})\} \qquad k = 1, 2, \cdots, n$$

M（°，∨）算子的定义如下：

$$B_k = \bigvee_{i=1}^{m} (w_j \cdot r_{jk}) = \max_{1 \leqslant j \leqslant m} \{w_j \circ r_{jk}\} \qquad k = 1, 2, \cdots, n$$

M（∧，⊕）算子的定义如下：

$$B_k = \min \{1, \sum_{j=1}^{m} \min (w_j, r_{jk})\} \qquad k = 1, 2, \cdots, n$$

M（°，⊕）算子的定义如下：

$$B_k = \min \{1, \sum_{j=1}^{m} \min (w_j \circ r_{jk})\} \qquad k = 1, 2, \cdots, n$$

5.5.2.2　模糊评价法中基本步骤

本书采用二级模糊综合评价法，对新疆电信分公司 189 邮箱服务进行用户评价。在评价时，首先将评价目标看成是一个由多种因素构成的指标集，每个因素分别由多个指标构成，赋予这些指标一个评语集。其次，分别算出每个指标对各个评语等级的隶属程度，构成隶属度矩阵，根据每个指标的权重，构成权重向量，对隶属度矩阵进行模糊变换，得到每个因素评价的定量评价结果。最后，根据每个因素的权重，构成权重向量，再根据单因素的评价结果，构成隶属度矩阵，利用权重向量，对隶属度矩阵进行模糊变换，得到二级模糊综合评价的结果。

模糊评价法的一般步骤：

（1）确定指标集 U。

$$U = (u_1, u_2, \cdots, u_n)$$

其中，U 被划分成了 n 个因素，分别是 u_1，u_2，$\cdots$，u_n，每个因素是一个指标集，例如：

$$u_i = \{\chi_{i1}, \chi_{i2}, \cdots, \chi_{ini}\} \qquad i = 1, 2, \cdots, n$$

（2）确定指标的评语集。

$$V = (v_1, v_2, \cdots, v_m)$$

其中，v_1，v_2，$\cdots$，v_m 分别是不同的评价等级。

（3）构造隶属度矩阵 R_k。

$$R_k = \begin{bmatrix} r_{11}^k & r_{12}^k & \cdots & r_{1j}^k & \cdots & r_{1m}^k \\ r_{21}^k & r_{22}^k & \cdots & r_{2j}^k & \cdots & r_{2m}^k \\ \vdots & \vdots & & & & \vdots \\ r_{i1}^k & r_{i2}^k & \cdots & r_{ij}^k & \cdots & r_{im}^k \\ \vdots & \vdots & & & & \vdots \\ r_{n1}^k & r_{n2}^k & \cdots & r_{nj}^k & \cdots & r_{nm}^k \end{bmatrix}$$

其中，r_{ij}^k 是指标 i 对评语 j 的隶属度。

（4）运用模糊变换，进行单因素评价。

根据各指标的权重，构造指标的权重向量 W_i。

$$W_i = (w_1, w_2, \cdots, w_j)$$

其中，j 是某个因素中指标的个数。用权重向量对隶属度矩阵进行模糊变换。

$$B_i = W_i \circ R_i$$

（5）再次进行模糊变换，构造二级模糊综合评价。

$$R = (B_1, B_2, \cdots, B_i)^T \qquad i = 1, 2, \cdots, n$$

$$B = W \circ R$$

（6）最后根据 B 对各方案进行评价。

5.5.3 评价及比较

下面以 W 分公司和 K 分公司为例，各选择了 35 人进行问卷调查，对各分公司的 189 邮箱进行评价，然后对用户评价结果进行比较。进一步，还可以推广到 16 个分公司，对 16 个分公司评价结果进行比较。

5.5.3.1 W 分公司的用户评价

首先，在调查问卷的基础上，统计各个指标在每个评语上的人数，见表5-27。由表可知，在网络外部性上，对于问题项 NE1，给出"不同意"评语的有 2 人，给出"一般"评语的有 15 人，给出"同意"评语的有 15 人，给出"非常同意"评语的有 3 人。对于问题项 NE2，给出"非常不同意"评语的有 1 人，给出"不同意"评语的有 5 人，给出"一般"评语的有 19 人，给出"同意"评语的有 9 人，给出"非常同意"评语的有 1 人。对于问题项 NE3，给出"不同意"评语的有 2 人，给出"一般"评语的有 6 人，给出"同意"评语的有 18 人，给出"非常同意"评语的有 9 人。

根据表 5-27 的结果，计算各个指标在评语上的隶属度，构成隶属度矩阵。其中，R_1、R_2、R_3、R_4、R_5 分别是网络外部性、感知有用性、个人创新、主观规范、感知风险的隶属度矩阵。

表 5-27   **W 分公司评价指标及权重表**

一级指标及权重	二级指标	二级指标权重	每种评语的人数				
			非常不同意	不同意	一般	同意	非常同意
网络外部性 0.26	NE1	0.325	0	2	15	15	3
	NE2	0.366	1	5	19	9	1
	NE3	0.309	0	2	6	18	9
感知有用性 0.23	PU1	0.347	3	13	14	4	1
	PU2	0.333	1	2	9	11	12
	PU3	0.314	2	3	7	15	8
个人创新 0.22	PI1	0.355	1	2	4	17	11
	PI2	0.359	0	6	13	11	5
	PI3	0.314	1	2	12	18	2
主观规范 0.15	SN1	0.351	0	4	13	13	5
	SN2	0.381	3	7	16	6	3
	SN3	0.344	0	2	15	15	3
	SN4	0.322	1	5	19	9	1
感知风险 0.13	PR1	0.346	0	2	6	18	9
	PR2	0.353	3	13	14	4	1
	PR3	0.347	1	2	9	11	12
	PR4	0.321	2	3	7	15	8

$$R_1 = \begin{pmatrix} 0.000 & 0.057 & 0.429 & 0.429 & 0.086 \\ 0.029 & 0.143 & 0.543 & 0.257 & 0.029 \\ 0.000 & 0.057 & 0.171 & 0.514 & 0.257 \end{pmatrix}$$

$$R_2 = \begin{pmatrix} 0.086 & 0.371 & 0.400 & 0.114 & 0.029 \\ 0.029 & 0.057 & 0.257 & 0.314 & 0.343 \\ 0.057 & 0.086 & 0.200 & 0.429 & 0.229 \end{pmatrix}$$

$$R_3 = \begin{pmatrix} 0.029 & 0.057 & 0.114 & 0.486 & 0.314 \\ 0.000 & 0.171 & 0.371 & 0.314 & 0.143 \\ 0.029 & 0.057 & 0.343 & 0.514 & 0.057 \end{pmatrix}$$

$$R_4 = \begin{pmatrix} 0.000 & 0.114 & 0.371 & 0.371 & 0.143 \\ 0.086 & 0.200 & 0.457 & 0.171 & 0.086 \\ 0.000 & 0.057 & 0.429 & 0.429 & 0.086 \\ 0.029 & 0.143 & 0.543 & 0.257 & 0.029 \end{pmatrix}$$

$$R_5 = \begin{pmatrix} 0.000 & 0.057 & 0.171 & 0.514 & 0.257 \\ 0.086 & 0.371 & 0.400 & 0.114 & 0.029 \\ 0.029 & 0.057 & 0.257 & 0.314 & 0.343 \\ 0.057 & 0.086 & 0.200 & 0.429 & 0.229 \end{pmatrix}$$

在模糊变换前，需要先确定模糊算子，模糊运算符号。代表模糊算子。M（∘，⊕）算子是一种加权平均型算法，此算子既能体现权重，又能充分利用到隶属度矩阵 R 中的信息，综合性高，因此，本书中选用 M（∘，⊕）算子这种加权平均法进行模糊变换。

利用网络外部性的各指标权重构成权重向量 W_1，采用加权平均法对隶属度矩阵 R_1 进行模糊变换，得到网络外部性的等级分布 B_1：

$$B_1 = W_1 \circ R_1 = \begin{pmatrix} 0.325 \\ 0.366 \\ 0.309 \end{pmatrix}^T \begin{pmatrix} 0.029 & 0.086 & 0.429 & 0.371 & 0.086 \\ 0.057 & 0.171 & 0.486 & 0.257 & 0.029 \\ 0.000 & 0.143 & 0.286 & 0.400 & 0.171 \end{pmatrix}$$

$$= (0.030 \quad 0.088 \quad 0.171 \quad 0.204 \quad 0.083)$$

同理，利用感知有用性的各指标权重构成权重向量 W_2，采用加权平均法对隶属度矩阵 R_2 进行模糊变换，得到网络外部性的等级分布 B_2：

$$B_2 = W_2 \circ R_2 = \begin{pmatrix} 0.347 \\ 0.333 \\ 0.314 \end{pmatrix}^T \begin{pmatrix} 0.114 & 0.343 & 0.371 & 0.143 & 0.029 \\ 0.029 & 0.143 & 0.429 & 0.343 & 0.057 \\ 0.057 & 0.143 & 0.314 & 0.400 & 0.086 \end{pmatrix}$$

$$= (\ 0.067 \quad 0.175 \quad 0.273 \quad 0.282 \quad 0.043)$$

利用个人创新的各指标权重构成权重向量 W_3，采用加权平均法对隶属度矩阵 R_3 进行模糊变换，得到网络外部性的等级分布 B_3：

$$B_3 = W_3 \circ R_3 = \begin{pmatrix} 0.355 \\ 0.359 \\ 0.314 \end{pmatrix}^T \begin{pmatrix} 0.029 & 0.057 & 0.114 & 0.486 & 0.314 \\ 0.000 & 0.171 & 0.371 & 0.314 & 0.143 \\ 0.029 & 0.057 & 0.343 & 0.514 & 0.057 \end{pmatrix}$$

$$= (\ 0.019 \quad 0.076 \quad 0.066 \quad 0.091 \quad 0.062)$$

利用主观规范的各指标权重构成权重向量 W_4，采用加权平均法对隶属度矩阵 R_4 进行模糊变换，得到网络外部性的等级分布 B_4：

$$B_4 = W_4 \circ R_4 = \begin{pmatrix} 0.351 \\ 0.381 \\ 0.344 \\ 0.322 \end{pmatrix}^T \begin{pmatrix} 0.000 & 0.114 & 0.371 & 0.371 & 0.143 \\ 0.086 & 0.200 & 0.457 & 0.171 & 0.086 \\ 0.000 & 0.057 & 0.429 & 0.429 & 0.086 \\ 0.029 & 0.143 & 0.543 & 0.257 & 0.029 \end{pmatrix}$$

$$= (\ 0.042 \quad 0.112 \quad 0.177 \quad 0.179 \quad 0.080)$$

利用感知风险的各指标权重构成权重向量 W_5，采用加权平均法对隶属度矩阵 R_5 进行模糊变换，得到感知风险的等级分布 B_5：

$$B_5 = W_5 \circ R_5 = \begin{pmatrix} 0.351 \\ 0.381 \\ 0.344 \\ 0.322 \end{pmatrix}^T \begin{pmatrix} 0.000 & 0.114 & 0.371 & 0.371 & 0.143 \\ 0.086 & 0.200 & 0.457 & 0.171 & 0.086 \\ 0.000 & 0.057 & 0.429 & 0.429 & 0.086 \\ 0.029 & 0.143 & 0.543 & 0.257 & 0.029 \end{pmatrix}$$

$$= (\ 0.059 \quad 0.149 \quad 0.074 \quad 0.060 \quad 0.196)$$

利用各个因子的等级分布向量 B_i 构造隶属度矩阵 R，再利用各个因子的权重构成权重向量 W，对隶属度矩阵 B 进行模糊变换，得到用户评价等级 B：

$$B = W \circ R = \begin{pmatrix} 0.26 \\ 0.23 \\ 0.22 \\ 0.15 \\ 0.13 \end{pmatrix}^T \begin{pmatrix} 0.010 & 0.065 & 0.142 & 0.235 & 0.127 \\ 0.057 & 0.149 & 0.222 & 0.298 & 0.174 \\ 0.019 & 0.076 & 0.066 & 0.091 & 0.062 \\ 0.042 & 0.112 & 0.177 & 0.179 & 0.080 \\ 0.059 & 0.149 & 0.074 & 0.060 & 0.196 \end{pmatrix}$$

$$= (\ 0.034 \quad 0.075 \quad 0.080 \quad 0.095 \quad 0.080)$$

对用户评价等级 B 做归一化处理，得到 B'：

$$B' = (0.093 \quad 0.207 \quad 0.219 \quad 0.262 \quad 0.219)$$

对评语集中的各元素，例如非常不同意、不同意、一般、同意、非常同意，进行打分，得评分等级向量 F，F =（20 40 60 80 100）。因此，W 分公司用户对 189 邮箱的评分（百分制）为：

$$G_W = B \circ F^T = (0.093 \quad 0.207 \quad 0.219 \quad 0.262 \quad 0.219) \begin{pmatrix} 20 \\ 40 \\ 60 \\ 80 \\ 100 \end{pmatrix} = 66.14$$

5.5.3.2 K 分公司的用户评价

首先，统计各个指标在每个评语上的人数，见表 5-28。

表 5-28　　　　　　　　　K 分公司评价指标及权重表

一级指标及权重	二级指标	二级指标权重	每种评语的人数				
			非常不同意	不同意	一般	同意	非常同意
网络外部性 0.26	NE1	0.325	1	3	15	13	3
	NE2	0.366	2	6	17	9	1
	NE3	0.309	0	5	10	14	6
感知有用性 0.23	PU1	0.347	4	12	13	5	1
	PU2	0.333	1	5	15	12	2
	PU3	0.314	2	5	11	14	3
个人创新 0.22	PI1	0.355	1	3	11	13	7
	PI2	0.359	0	6	15	10	4
	PI3	0.314	1	7	14	11	2
主观规范 0.15	SN1	0.351	0	6	15	12	2
	SN2	0.381	1	9	16	6	3
	SN3	0.344	0	9	8	15	3
	SN4	0.322	3	8	14	9	1
感知风险 0.13	PR1	0.346	0	2	8	18	7
	PR2	0.353	3	12	15	4	1
	PR3	0.347	1	5	12	11	6
	PR4	0.321	2	4	9	12	8

根据表 5-28 的结果，计算各个指标在评语上的隶属度，构成隶属度矩阵。其中，R_1、R_2、R_3、R_4、R_5 分别是网络外部性、感知有用性、个人创新、主观规范、感知风险的隶属度矩阵。

$$R_1 = \begin{pmatrix} 0.029 & 0.086 & 0.429 & 0.371 & 0.086 \\ 0.057 & 0.171 & 0.486 & 0.257 & 0.029 \\ 0.000 & 0.143 & 0.286 & 0.400 & 0.171 \end{pmatrix}$$

$$R_2 = \begin{pmatrix} 0.114 & 0.343 & 0.371 & 0.143 & 0.029 \\ 0.029 & 0.143 & 0.429 & 0.343 & 0.057 \\ 0.057 & 0.143 & 0.314 & 0.400 & 0.086 \end{pmatrix}$$

$$R_3 = \begin{pmatrix} 0.029 & 0.086 & 0.314 & 0.371 & 0.200 \\ 0.000 & 0.171 & 0.429 & 0.286 & 0.114 \\ 0.029 & 0.200 & 0.400 & 0.314 & 0.057 \end{pmatrix}$$

$$R_4 = \begin{pmatrix} 0.000 & 0.171 & 0.429 & 0.343 & 0.057 \\ 0.029 & 0.257 & 0.457 & 0.171 & 0.086 \\ 0.000 & 0.257 & 0.229 & 0.429 & 0.086 \\ 0.086 & 0.229 & 0.400 & 0.257 & 0.029 \end{pmatrix}$$

$$R_5 = \begin{pmatrix} 0.000 & 0.057 & 0.229 & 0.514 & 0.200 \\ 0.086 & 0.343 & 0.429 & 0.114 & 0.029 \\ 0.029 & 0.143 & 0.343 & 0.314 & 0.171 \\ 0.057 & 0.114 & 0.257 & 0.343 & 0.229 \end{pmatrix}$$

接着，利用网络外部性的各指标权重构成权重向量 W_1，采用加权平均法对隶属度矩阵 R_1 进行模糊变换，得到网络外部性的等级分布 B_1：

$$B_1 = W_1 \circ R_1 = \begin{pmatrix} 0.325 \\ 0.366 \\ 0.309 \end{pmatrix}^T \begin{pmatrix} 0.029 & 0.086 & 0.429 & 0.371 & 0.086 \\ 0.057 & 0.171 & 0.486 & 0.257 & 0.029 \\ 0.000 & 0.143 & 0.286 & 0.400 & 0.171 \end{pmatrix}$$
$$= (0.030 \quad 0.088 \quad 0.171 \quad 0.204 \quad 0.083)$$

同理，利用感知有用性的各指标权重构成权重向量 W_2，采用加权平均法对隶属度矩阵 R_2 进行模糊变换，得到网络外部性的等级分布 B_2：

$$B_2 = W_2 \circ R_2 = \begin{pmatrix} 0.347 \\ 0.333 \\ 0.314 \end{pmatrix}^T \begin{pmatrix} 0.114 & 0.343 & 0.371 & 0.143 & 0.029 \\ 0.029 & 0.143 & 0.429 & 0.343 & 0.057 \\ 0.057 & 0.143 & 0.314 & 0.400 & 0.086 \end{pmatrix}$$

$$= (0.067 \quad 0.175 \quad 0.273 \quad 0.282 \quad 0.043)$$

利用个人创新的各指标权重构成权重向量 W_3，采用加权平均法对隶属度矩阵 R_3 进行模糊变换，得到网络外部性的等级分布 B_3：

$$B_3 = W_3 \circ R_3 = \begin{pmatrix} 0.355 \\ 0.359 \\ 0.314 \end{pmatrix}^T \begin{pmatrix} 0.029 & 0.086 & 0.314 & 0.371 & 0.200 \\ 0.000 & 0.171 & 0.429 & 0.286 & 0.114 \\ 0.029 & 0.200 & 0.400 & 0.314 & 0.057 \end{pmatrix}$$

$$= (0.019 \quad 0.090 \quad 0.145 \quad 0.134 \quad 0.074)$$

利用主观规范的各指标权重构成权重向量 W_4，采用加权平均法对隶属度矩阵 R_4 进行模糊变换，得到网络外部性的等级分布 B_4：

$$B_4 = W_4 \circ R_4 = \begin{pmatrix} 0.351 \\ 0.381 \\ 0.344 \\ 0.322 \end{pmatrix}^T \begin{pmatrix} 0.000 & 0.171 & 0.429 & 0.343 & 0.057 \\ 0.029 & 0.257 & 0.457 & 0.171 & 0.086 \\ 0.000 & 0.257 & 0.229 & 0.429 & 0.086 \\ 0.086 & 0.229 & 0.400 & 0.257 & 0.029 \end{pmatrix}$$

$$= (0.038 \quad 0.237 \quad 0.363 \quad 0.294 \quad 0.061)$$

利用感知风险的各指标权重构成权重向量 W_5，采用加权平均法对隶属度矩阵 R_5 进行模糊变换，得到感知风险的等级分布 B_5：

$$B_5 = W_5 \circ R_5 = \begin{pmatrix} 0.351 \\ 0.381 \\ 0.344 \\ 0.322 \end{pmatrix}^T \begin{pmatrix} 0.000 & 0.057 & 0.229 & 0.514 & 0.200 \\ 0.086 & 0.343 & 0.429 & 0.114 & 0.029 \\ 0.029 & 0.143 & 0.343 & 0.314 & 0.171 \\ 0.057 & 0.114 & 0.257 & 0.343 & 0.229 \end{pmatrix}$$

$$= (0.000 \quad 0.000 \quad 0.015 \quad 0.096 \quad 0.158)$$

利用各个因子的等级分布向量 B_i 构造隶属度矩阵 R，再利用各个因子的权重构成权重向量 W，对隶属度矩阵 B 进行模糊变换，得到用户评价等级 B：

$$B = W \circ R = \begin{pmatrix} 0.26 \\ 0.23 \\ 0.22 \\ 0.15 \\ 0.13 \end{pmatrix}^T \begin{pmatrix} 0.030 & 0.088 & 0.171 & 0.204 & 0.083 \\ 0.067 & 0.175 & 0.273 & 0.282 & 0.043 \\ 0.019 & 0.090 & 0.145 & 0.134 & 0.074 \\ 0.038 & 0.237 & 0.363 & 0.294 & 0.061 \\ 0.000 & 0.000 & 0.015 & 0.096 & 0.158 \end{pmatrix}$$

$$= (0.033 \quad 0.103 \quad 0.110 \quad 0.114 \quad 0.061)$$

对用户评价等级 B 做归一化处理，得到 B'：

$$B' = (0.079 \quad 0.245 \quad 0.260 \quad 0.270 \quad 0.146)$$

对评语集中的各元素，例如非常不同意、不同意、一般、同意、非常同意，进行打分，得评分等级向量 F，F = （20 40 60 80 100）。则 W 分公司用户对 189 邮箱的评分（百分制）为：

$$G_k = B \circ F^T = (0.079 \quad 0.245 \quad 0.260 \quad 0.270 \quad 0.146) \begin{pmatrix} 20 \\ 40 \\ 60 \\ 80 \\ 100 \end{pmatrix} = 63.18$$

5.5.3.3 用户评价结果分析

对比 W 分公司和 K 分公司的模糊综合评价结果可知，W 分公司的用户评分结果为 64.14，而 K 分公司的用户评分结果为 63.18，W 分公司的用户评分结果明显地高于 K 分公司。对比两个分公司的用户评价隶属度矩阵 R 可知，W 分公司在感知有用性因子上的用户评价明显高于 K 分公司，此外 W 分公司在网络外部性因子上的用户评价也略高于 K 分公司。造成这一现象的原因在于，首先，通过分析 W 分公司和 K 分公司的用户受教育程度可知，W 分公司的 35 名受访者中，本科以上学历的有 22 名，占总人数的 62.9%，而 K 分公司的 35 名受访者中，本科以上学历的有 17 名，占总人数的 48.6%，而对用户来说，学历越高，掌握新技术越容易，感知易用性越大，直接影响到感知有用性越大。其次，从 2011 年 8 月的 189 邮箱统计数据中可知，W 市分公司的注册用户数为 31.74 万人，当月的渗透率为 43.3%，月活跃率为 15.7%，而 K 市分公司的注册用户数为 2.38 万人，当月的渗透率为 19.9%，月活跃率为 13%，K 市分公司的 189 邮箱用户人数明显少于 W 市分公司，而且月活跃率也低于 W 市分公司。用户人数越多，特别是活跃用户越多，网络外部性越大，用户感知到的价值越多，感知有用性越大，反之，用户人数越少，特别是活跃用户越少，网络外部性越小，用户感知到的价值越少，感知有用性越小。

第 6 章 3G 移动邮箱服务的用户使用数据分析

本书的研究发现，TAM 模型适用于研究 3G 移动邮箱服务，但是解释力度不够。因此，在继承 TAM 模型的基础上，本书引入了其他理论中的变量，构造了 3G 移动邮箱的采纳模型。但是，由于用户很难在问卷中准确地回答出过去一段时间使用移动邮箱的时间、频率、次数等问题，用户的使用数据很难通过问卷的方式收集，而且又因为行为意向能显著影响实际使用行为，因而，在采纳模型中略去实际使用行为，用行为意向代替实际使用行为作为结果变量，分析了各个变量对行为意向的影响。在这一章，为了弥补移动邮箱采纳模型中对实际使用行为分析的不足，本书对用户的移动邮箱使用数据进行了实证分析，利用数据挖掘方法，挖掘用户实际使用数据，精确定位营销对象，并用 3G 移动邮箱服务采纳模型的结论指导营销，实现了 3G 移动邮箱服务的精确营销。

6.1 精确营销

随着经济的快速发展，客户需求的差异性也在逐渐增加，精确营销的实现，不仅满足了客户的差异性需求，也降低了营销成本。数据挖掘技术是实现精确营销的工具，客户细分是精确营销的前提。

6.1.1 精确营销的定义

传统的营销以规模取胜，强调将尽可能多的产品和服务提供给尽可能多的顾客，营销成本高，由于企业资源有限，这种营销方式效率不高。相对应的，一对一营销一次关注一位客户，并尽可能多地满足这位客户的需求。和传统营销相比，一对一营销能极大地满足消费者的个性化需求，以销定产，避免了资源的闲置和浪费。但是，由于一对一营销将每一位顾客视作一个单独的细分市场，导致市场营销工作的复杂化、经营成本的增加以及经营风险的加大。

精确营销是营销的一个大趋势，它不同于传统营销，满足了客户的差异性要求，它也不同于一对一营销，营销成本较低。美国的莱斯特（1999）提出了精确营销的概念，是指在精确定位的基础上，依托现代信息技术手段建立个性化的顾客沟通服务体系。精确营销前提是精准地了解客户，在收集和整理有关客户数据（包括个人信息、使用数据、消费数据）的基础上，通过客户细分的方法对客户分群，挖掘出客户群的特征，如客户价值、客户消费行为特征等，在此基础上精确掌握细分客户群体的差异化需求，对每个细分客户群设计营销策略，选择合适的促销手段，在恰当的时间，将恰当的业务通过恰当的渠道，提供给恰当的客户。精准地了解客户是精确营销的前提。由于经济的快速发展，消费者需求日趋多样化、差异化，精准地了解客户，即精准地了解客户需求上的差异，是有效提升客户满意度和客户价值的关键。降低营销成本是精确营销的目的。传统的营销方式是撒网式营销，不仅需要人数众多的销售队伍，造成营销成本的高居不下，而且因为无视客户的需求差异，营销效果不佳，收效不大。日益激烈的行业竞争需要企业既要满足客户需要，还要有效地降低营销成本，这也是精确营销的目的。

信息技术的快速发展是精确营销的保障。大容量存储技术的存在使得海量用户数据的存储成为可能，结构化、半结构化查询技术的存在使得企业能快速搜索出特定目标客户群的相关数据，而数据挖掘技术的存在使得企业能从海量数据中发现规律，这些信息技术的存在使得精确营销成为可能。

6.1.2 客户细分

客户细分（customer segmentation）是指按照一定的标准将客户划分为不同的客户群。客户细分的目的是为了精确营销。客户细分并没有统一的模式，由于业务特性的不同，研究目的的不同，用于客户细分的方法也不同。但总的来说，客户细分的方法主要有4类，分别是基于人口统计学特征的客户细分、基于客户行为的客户细分、基于客户生命周期的客户细分、基于客户价值的客户细分。

人口统计学特征是客户表现出的外部特征，如年龄、性别、收入、职业、地区等特征。基于人口统计学特征的客户细分方法在细分前已经确定了细分标准，属于事前细分，其假设前提是人口特征和客户需求相关，一般适用于了解客户结构，可作为其他细分方法的有效补充。但是，此方法虽然简单易行，却缺乏有效性，主要原因有2个，首先是手机实名制才实行不久，客户的年龄、性别、收入等人口统计学特征很难取得，其次是用户的人口特征很难反映出客户需求、客户价值，不能指导企业去吸引客户、保持客户，因此这种细分方法在移动服务上使用的较少。

行为是用户使用移动邮箱服务的具体表现。基于用户使用行为的客户细分是根据已有客户的消费行为模式来将客户分类，是用过去的使用行为来预测未来的使用行为。比较典型的行为细分方法有RFM模型和客户价值矩阵。其中RFM模型是由Hughes（1994）提出的，RFM代表3个行为变量，其中，R（recency）指最近一次购买至现在的时间间隔，F（frequency）为一段时间内的购买频次，M（monetary）是一段时间内用户的购买金额。RFM模型是营销活动中最广泛使用的客户细分方法，但是在Hughes提出的RFM模型中，R、F、M值各有5种情况，会细分出125个（5×5×5）客户群，由于细分出的客户群太多，很难针对每个客户群都量身定制一种营销策略。因而，部分学者提出应用RFM模型时，首先给R、F、M三个行为变量赋予权重，然后计算RFM值，最后依据RFM值进行客户细分，对不同客户群的客户实施不同的营销策略。另外，由于 F 值越大，即购买次数越多，M 值就越大，即购买金额越大，购买频次和购买金额容易产生多重共线性。针对 RFM 模型中存在的问题，Marcus（1998）提出客户价值矩阵，如图 6-1 所示，修正了 RFM 模型中存在的多重共线性问题，用平均购买额代替总购买额，客户价值矩阵是由购买次数 F 与平均购买额 A 构造二维矩阵。购买次数是指一段时期内用户的购买频次，而平均购买额是指一段时间内总购买额与购买次数的比值。不确定型用户在一段时期内购买次数少，且平均购买额低，对于此型用户，要分析用户究竟是处于客户生命周期的观察阶段，还是处于退化阶段。对于观察阶段的用户，要利用营销活动促使用户向另外三类客户转化。对于退化阶段的客户，要利用营销手段保持客户。消费型用户和经常型用户是企业发展的保证，是企业要重点投入的对象，对于消费型客户，要通过营销手段提高其购买频次，对于经常型用户，要通过营销手段提高其平均购买额，将这两类客户提升至优质型客户。优质型客户是企业利润的来源，是企业的重点服务对象。

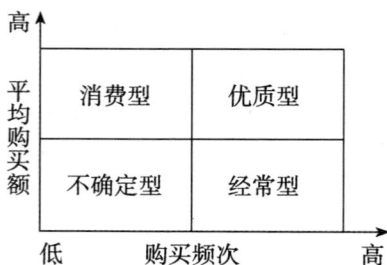

图 6-1　客户价值矩阵图

　　行为细分依据的是用户的使用数据，很容易从运营商的经营数据库中取得，有较强的推理依据，因此，行为细分方法比人口统计细分方法应用更广泛，是移动服务客户细分的最有效方法，见表 6-1。但是，行为细分依据的是用户的历史数据，因而这种细分方法只能针对现有客户细分，而不能用于潜在客户的细分。

　　客户生命周期是指客户关系生命周期，是客户关系随时间变化的发展轨迹。客户生命周期越长，客户价值越高。由于处于生命周期不同关系阶段的客户有不同的特征和需求，因此出现了基于客户生命周期进行客户细分的方法。相对于人口统计特征的细分方法，这种方法将基于人

因素	基于人口统计特征的细分	基于客户行为的细分
特征	人口特征	行为特征
内涵	外部特征	购买行为、使用行为特征
细分依据	人口特征和需求相关	过去的使用行为和未来的使用行为相关
细分目标	了解客户结构	产品定位

表6-1　　　　　　　　两种细分方法的对比结果表

口统计特征的细分转化为对客户生命阶段的划分，加强了人口特征与客户需求之间的逻辑联系。客户生命周期的阶段划分是客户生命周期研究的基础，Dwyer 提出了五阶段模型，而陈明亮提出四阶段模型，将客户生命周期划分为考察期、形成期、稳定期、退化期四个阶段。考察期的客户具有不确定性，需要降低其不确定性；形成期的客户是企业需要大力投入的有价值客户；稳定期客户是企业利润的主要来源；退化期的客户是企业应该尽力挽留的客户。基于客户生命周期的客户细分方法能够针对客户所处客户关系阶段进行有针对性营销，但是，此方法应用的并不广泛，主要原因在于，此方法难以识别出处于相同生命周期的客户在客户价值上的差异。客户价值是指企业从客户那里获得的利润的总现值。基于客户价值的客户细分方法主要有利润分类法和客户价值细分理论。利润分类法的依据是 20/80 规则，认为 20% 的高端客户创造了企业 80% 的利润。该方法较为简洁，但只考虑了客户当前带来的利润，没有考虑客户的增值潜力。客户价值细分理论认为客户价值包括当前价值和增值价值两个维度，每个维度有高低档之分，构成四个象限。当前价值是指客户当前为企业创造的利润总和的现值。增值潜力是客户未来可望为企业增加的利润总和的现值。对于低当前价值，低增值潜力的客户，可以放弃；对于低当前价值，高增值潜力的客户，应适当投入以改善客户关系；对于高当前价值，低增值潜力的客户，应重点投入，保持这种良好的客户关系；对于高当前价值，高增值潜力的客户，是企业利润的主要来源，因此是企业的重点服务对象。客户细分的方法很多，企业需要根据业务特性和业务需要，选择一种合适的细分方法。

6.1.3　数据挖掘

Fayyad 认为，数据挖掘是在一个确定数据中发现新的且有效的，可能有用的模式的过程。Ferruzza 认为，数据挖掘是用来发现存在于数据中的未知模式的方法。Zekulin 认为，数据挖掘是从数据库中抽取未知的、可理解的信息并用它来进行商业决策的过程。综上所述，数据挖掘就是从大量的、随机的数据中，提取潜在有用的信息的过程。

数据挖掘在没有明确假设的前提下去挖掘信息、发现知识。因而，数据挖掘得到的信息应具有未知的特征，是难以预料到的。挖掘出的信息息越是出乎意料，就可能越有价值。数据挖掘的方法包括关联分析、聚类分析、分类、预测、时序模式和偏差分析等。在营销领域，关联分析（association analysis）、聚类分析（clustering）运用较多。

6.1.3.1 关联分析

关联是指两个或多个变量的取值之间存在某种规律，是数据库中存在的一类重要的知识，可分为简单关联、时序关联、因果关联。关联分析（association analysis），又称为关联数据挖掘，目的是找出数据库中隐藏的关联规则。Agrawal（1993）首先提出了挖掘顾客交易数据库中候选项集合间的关联规则问题，在此之后，关联分析的研究主要集中在两点：一是算法的优化，以提高挖掘规则的效率；二是关联规则的应用，在不同的研究领域推广关联规则。支持度和可信度是度量关联规则关联性强弱程度的两个重要指标。支持度（support）是指候选项出现的概率，Support（A=>B）是指 A 和 B 在事务数据库中同时出现的概率，记做 Support（A=>B）= P（A∪B）。置信度（confidence）是一个条件概率，Confidence（B=>C）是指在 A 出现的情况下，B 出现的概率，记为 Confidence（B=>C）= P（C∣B）。

执行关联规则挖掘时，首先从数据源中分离出所有的高频候选项（frequent itemsets），然后从高频候选项中产生关联规则（association rules）。若候选项支持度大于等于所设定的最小支持度值时，则候选项被称为高频候选项。从高频候选项中产生规则时，若某一规则所求得的置信度大于等于所设定的最小置信度，称此规则为关联规则。常用的关联规则算法有 Apriori 算法和 FP-tree 算法。Apriori 算法经常产生大量的候选集，而且需要重复扫描数据库。相对于 Apriori 算法，FP-tree 算法有非常大的提高。

6.1.3.2 聚类分析

聚类是把数据按照相似性归纳成若干类别（cluster），同一类中的数据具有较高的相似度，不同类中的数据差别较大。聚类分析可以发现数据的分布模式，以及可能的数据属性之间的相互关系。

聚类分析是一种无监督学习，是数据挖掘中的一个非常活跃的研究问题，学者们提出了许多聚类算法，这些算法可以被归纳为五大类，分别为划分方法、层次方法、基于密度方法、基于网格方法和基于模型方法。划分方法（partitioning method）总是先创建 K 个划分，然后利用循环定位技术通过将对象从一个划分移到另一个划分来帮助改善划分质量。划分方法包括 K-means、K-medoids、CLARA、CLARANS 等。典型的划分方法是 K-means 方法，K-means 方法是聚类分析方法中应用最广泛的一种划分方法。层次方法（hierarchical method）是创建一个层次以分解给定的数据集。该方法可以分为自上而下（分解）和自下而上（合并）两种操作方式。划分方法包括 BIRCH、CURE、ROCK、CHEMALOEN。基于密度方法是根据密度完成对象的聚类。基于网格方法首先将对象空间划分为有限个单元以构成网格结构，然后利用网格结构完成聚类。基于模型方法，它假设每个聚类的模型并发现适合相应模型的数据。

J. B. MacQue（1967）提出的 K-means 方法，是一种经典的聚类算法，其核心思想是把一个数据对象划分为 K 个聚类，使每个聚类中的数据点到该聚类中心的平方和最小。K-means 方法首先从 n 个数据对象中任意选择 K 个对象作为初始聚类中心，而对于所剩下的其他对象，则根据它们与这些聚类中心的相似度（距离），分别将它们分配给与其最相似的聚类，然后，再计算每个所获新聚类的聚类中心，不断重复这一过程直到满足收敛条件。类间相似度（距离）的计算方法有类平均法、重心法、最长距离法、离差平方和法等，本书采用离差平方和来计算类间距离。

在 K-means 方法中，聚类数目 K 要事先给定。对于给定的数据集，要确定最佳聚类数目 K，可以根据方差理论，采用 R^2 统计量、伪 F 统计量或伪 t^2 统计量来确定。

（1）R^2 统计量。$R^2 = 1 - S_K/S$，其中 K 为分类数目，而 S_K 代表 K 个类的总类内离差平方和，S 为所有变量的总离差平方和。理论上，K 越大，每个分类越小，S_K 越小，R^2 越大，但是，K 太大，分类将失去意义，所以，只能取 K，使得 K 比较小，而且 R^2 足够大且不再大幅度增加。

（2）伪 F 统计量。$F = [(S-S_K) / (K-1)] / [S_K / (n-K)]$，n 为数据对象的数目，S、$S_K$ 的含义同上。所以，只能取 K，使得 K 比较小，且类之内离差平方和（分母）应该较小，类之间平方和（分子）相对较大，伪 F 统计量较大。

6.2　基于现有客户行为的精确营销实证分析

精确营销的前提是客户细分。在几种客户细分方法中，行为细分依据的是用户的使用数据，很容易从运营商的经营数据库中取得，有较强的推理依据，而 RFM 模型是应用最广泛的行为细分方法。因此，本书采用 RFM 模型计算客户价值，并结合业务特点，改进了 RFM 模型；其次，利用 AHP 层次分析法确定了 R、F、M 的权重，分季度计算了加权 RFM 值；最后，利用 K-means 方法对四个季度的加权 RFM 值进行聚类，找出了最有潜力的客户，并展开相应的精确营销。

6.2.1　结合产品特点寻找目标客户

在 189 移动邮箱的推广上，结合产品特点寻找目标客户，才能迅速得到客户认可并实现规模发展。结合产品特点寻找目标客户其实就是结合所要推广的产品特性，从特定的角度对客户细分，选取最可能接受该业务的客户群体作为精确营销的目标客户。

189 移动邮箱分为免费邮箱和收费邮箱，本次营销的目的是在免费邮箱客户中发现客户价值较高的客户群，并对其展开精确营销，以便将其提升为收费邮箱客户。此次营销活动的目标客户是客户价值较高的 189 免费移动邮箱客户，候选客户是有一年以上使用经验的活跃客户，此类客户忠诚度高，熟悉 189 移动邮箱的各项功能，能感知到收费邮箱的价值。本书利用 W 市电信分公司经营数据库，从有一年以上使用时间的活跃用户中随机抽取了 3 217 名 189 移动邮箱免费用户的 2011 年 1 月至 2011 年 6 月 189 移动邮箱使用数据作为分析数据源，想通过分析这些客户每个月的客户价值变化，细分出潜在客户群。

6.2.2　客户价值的识别

RFM 模型是衡量客户价值和客户创利能力的一种重要方法，但是 RFM 模型存在三个问题：一是多重共线性问题，由于 F 值越大，即购买次数越多，M 值就越大，即购买金额越大，购买频次和购买金额容易产生多重共线性问题；二是权重问题，在不同行业，R、F、M 的权重不同，需要找出一种系统的方法确定这三个指标的权重；三是细分出的客户群数目如何确定问题，客户群数目太多，为每个客户群都量身定制一种营销策略较难，客户群数目太少，客户群的区分度不高，难以反映客户群的差异化需求。

6.2.2.1　RFM 模型

RFM 模型是衡量客户价值和客户创利能力的一种重要方法，它基于 3 个指标，其中，R（recency）代表最近一次购买到现在的时间长度，F（frequency）代表一定时期内的购买次数，M（monetary）代表一定时期内在企业的消费额。在客户价值研究方面，Goodman 根据 RFM 值来寻找高价值客户。Hughes 根据 RFM 值将客户分为五类，并采取不同的销售策略。Stone 认为，计算 RFM 值的时候要考虑权重，而且行业不同，R、F、M 的权重也不同。Sung 利用 RFM 值细分客户群，用各个客户群的 RFM 平均值和所有顾客的 RFM 平均值比较，来判断各个客户群的价值。在这些文献中，Hughes 将客户分为五类，Sung 将客户分为八类，都较为主观，此外，Stone 在权重设定上也较为随意，缺乏一个系统的方法。

6.2.2.2　改进 RFM 模型

对于 189 移动邮箱的免费客户，由于没有业务费，189 移动邮箱的费用主要产生于登录邮箱、发送信件、接收信件等操作引起的 GPRS 流量费，而由于定制的套餐包不同，优惠幅度不同，同样的流量会产生不同的费用。因此,不能用传统的 RFM 模型对 189 移动邮箱的免费客户进行分析,不能用流量所产生的费用来计算 M 值。但是,使用 189 移动邮箱所产生的 GPRS 流量能反映出客户利用手机方式使用 189 移动邮箱的业务需求。因此,可以基于客户消费行为构建改进的 RFM 模型来衡量客户价值,R 代表一段时期内最近一次登录 189 邮箱到现在的时间长度,F 代表一定时期内的登录次数,M 代表一定时期内使用 189 邮箱产生的 GPRS 流量。

6.2.2.3 RFM 模型的多重共线性

由于购买次数越多,购买金额越大,因此 RFM 模型容易产生多重共线性问题。多重共线性(multicollinearity)在涉及经济变量的模型中很常见,是指线性回归模型中的解释变量之间由于存在高度相关关系而使模型估计失真或难以估计准确。对于多重共线性来说,完全共线性的情况并不多见,一般出现的是在一定程度上的共线性,即近似共线性。多重共线性的直接后果是参数估计值的方差增大,置信区间变宽,估计值的稳定性降低,接受备择假设犯错的概率增加,系数 T 检验通不过的概率增大,不能得到正确的系数估计值。由于购买次数越多,购买金额越大,因此 RFM 模型容易产生多重共线性问题。

为了检验改进后的 RFM 模型的多重共线性,从分析数据源中随机抽取 50 名用户的 2011 年 6 月的移动邮箱使用记录,分别计算当月的 F 值和 M 值,F 值是当月的登录次数,M 值是当月 189 信箱的 GPRS 流量,计算 F 值和 M 值的相关系数,可知相关系数为 0.613,说明多重共线性的可能性不大。分析原因,可能是因为 189 移动邮箱有多种登录方式,在宽带或 WIFI 环境下,不存在流量费,用户从成本效益角度,在可能的情况下会优先选择宽带或 WIFI 方式登录。

6.2.2.4 RFM 模型的权重

美国运筹学家 Satty 提出的 AHP 决策分析法(analytic hierarchy process),是一种定性与定量相结合的决策分析方法,在各因素之间进行简单的比较和计算,就可以得出不同方案重要性程度的权重。因而,本书用 AHP 来计算改进后的 RFM 模型中三个指标的权重。选择某市电信公司的三位业务经理、四位市场营销人员和三位客户,采用 1~9 及其倒数的标度方法对改进后的 **RFM** 模型中的三个指标重要性进行两两比较，分别得到 10 位评价者的判断矩阵，对其求平均，得到判断矩阵 A，见表6-2。

表6-2 　　　　　　　　　　　判断矩阵表

A	R	F	M
R	1.00	0.68	0.53
F	1.47	1.00	0.81
M	1.89	1.23	1.00

采用和积法计算特征向量，首先将判断矩阵 A 每一列归一化：

$$\bar{b}_{ij} = b_{ij}/\sum_{k=1}^{n} b_{kj} \quad (i = 1, 2, \cdots, n)$$

对归一化的判断矩阵，再按行求和：

$$\overline{W}_i = \sum_{j=1}^{n} \bar{b}_{ij} \quad (i=1, 2, \cdots, n)$$

$$W_i = \overline{W}_i / \sum_{i=1}^{n} \overline{W}_i \quad (i=1, 2, \cdots, n)$$

将向量 $\overline{W} = [\overline{W}_1, \overline{W}_2, \cdots, \overline{W}_n]^T$ 归一化。

则 $W = [W_1, W_2, \cdots, W_n]^T$ 即为所求的特征向量，W_i 代表各因素的相对权重，经计算，判断矩阵 A 的特征向量为 $W = [0.23, 0.34, 0.43]^T$，其中 M 的权重最大，F 的权重次之，R 的权重最小，即 10 位评价者认为流量是影响顾客价值的最主要因素，登录的频度 F 次之，而近度 R 是最不重要的因素。

接着计算判断矩阵 A 的最大特征根。

$$\lambda_{max} = \sum_{i=1}^{n} \frac{(AW)_i}{nW_i} = 3.01$$

为了防止判断矩阵中出现相互矛盾之处，需要对判断矩阵做一致性检验。首先，计算一致性指标 CI。

$$CI = (\lambda_{max}-n)/(n-1) = 0.005$$

接着，为了检验判断矩阵是否具有令人满意的一致性，还需要将 CI 与平均随机一致性指标 RI 进行比较。查表可知，RI = 0.58，因而，随机一致性比率 CR = CI/RI = 0.01，因为 CR<0.1，可以认为层次分析排序的结果有满意的一致性。

6.2.2.5 利用 RFM 模型的计算客户价值

由于 RFM 模型中三个指标的度量单位不同，需要先分别对其标准化，然后才能加权计算。对于指标 R，其值越小，客户价值越大，为损益指标，因而其标准化公式为：

$$x' = (x_{max}-x) / (x_{max}-x_{min})$$

其中，x_{max} 为 3 217 条记录中最大的 R 值，x_{min} 为 3 217 条记录中最小的 R 值，对于指标 F 和指标 M，其值越大，客户价值越大，为增益指标，因而，标准化公式为：

$$x' = (x-x_{min}) / (x_{max}-x_{min})$$

用 CR、CF、CM 分别代表标准化后的 R、F、M 值，用 C_1 代表客户一月份数据的 RFM 模型中各项指标加权后的总得分，即一月份的客户价值，则：

$$C_1 = W_R CR + W_F CF + W_M CM$$

其中，W_R、W_F、W_M 分别为指标 R、F、M 的权重，在前面用 AHP 方法已求出。依次类推，分别求出分析数据源中每个客户 2、3、4、5、6 月的客户价值 C_2、C_3、C_4、C_5、C_6。

6.2.3 基于使用行为的细分

由图 6-2 可知，在 K＝7 和 K＝12 处，R^2 统计量分别达到峰值，但 K＝7 处，即由 8 类合并为 7 类时，R^2 增幅更大，更明显。

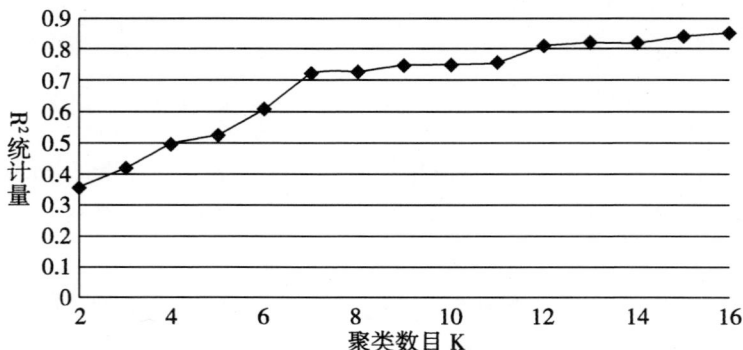

图 6-2 R^2 统计量的变化情况图

由图 6-3 可知，在 K＝5、K＝7、K＝11 处，伪 F 统计量分别达到峰值，但 K=7 处，即由 8 类合并为 7 类时，增幅更大，更明显。

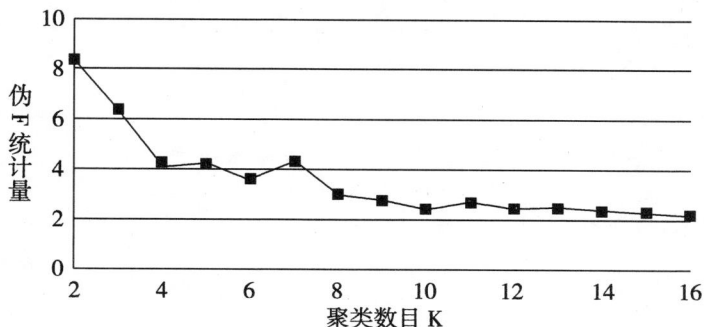

图 6-3　伪 F 统计量的变化情况图

结合图 6-2 和图 6-3 可知，聚类数目取值为 7 时，聚类更合理。令 K=7，用 K-means 算法进行聚类，并对每个分类的 RFM 值计算平均值，结果见表 6-3，观察每个分类 RFM 值在四个时间段的变化规律。

表 6-3　　　　　细分客户群的客户价值变化表

类别	人数	百分比(%)	一月	二月	三月	四月	五月	六月
分类 1	637	19.80	0.3567	0.3973	0.1257	0.1581	0.0623	0.0478
分类 2	282	8.77	0.3025	0.3524	0.3173	0.3841	0.4082	0.4273
分类 3	143	4.45	0.4762	0.4897	0.4736	0.5081	0.4923	0.5265
分类 4	415	12.90	0.3753	0.4453	0.3595	0.4112	0.3746	0.3912
分类 5	562	17.47	0.2851	0.3245	0.3087	0.3193	0.2928	0.3243
分类 6	614	19.09	0.4057	0.3755	0.2712	0.2972	0.3591	0.2721
分类 7	564	17.53	0.0916	0.0832	0.1127	0.0702	0.1065	0.0857

对表中的数据做折线图，可以看出七类客户群的顾客价值变化走势图，如图 6-4 所示。其中：第一类客户群的客户价值急剧下降，是要流失的客户群；第二类客户的客户价值虽然在一月相对较低，但增长较快，有较大的发展潜力，是企业要重点投入的客户群；第三类客户的客户价值高，其客户价值远远超过其他六类客户，且客户价值稳步增长，此客户群是企业的重点服务对象；第四类、六类客户价值波动大，有一定的发展潜力，是企业要重点保持的客户群；第五类客户群的客户价值波动较小，发展潜力不大，是企业要保持的客户群；第七类客户价值虽

然平稳，但客户价值较低，没有发展潜力，是低价值客户群。因而，选择客户价值高的第三类客户和有发展潜力的第二类客户共 425 人作为此次营销的对象，向其推广 3G 移动邮箱服务的付费业务。

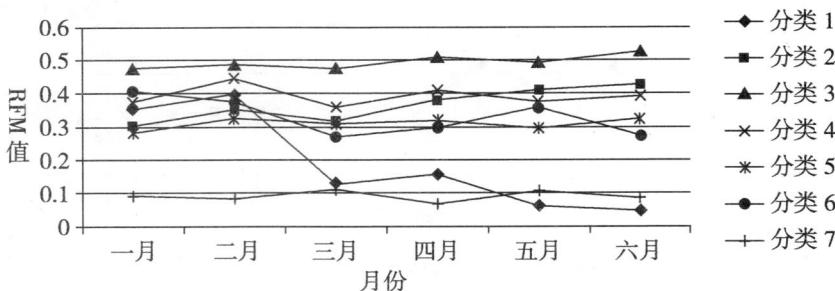

图 6-4 细分客户群的顾客价值走势图

6.2.4 基于采纳模型的精确营销策略

在确定了营销对象后，还需要采取一系列的营销策略向营销对象推广 3G 移动邮箱服务。通过对 3G 移动邮箱服务的用户采纳模型的实证，本研究明确了影响 3G 移动邮箱服务的用户采纳的若干关键因素以及这些因素间的关系。以 3G 移动邮箱服务的用户采纳模型的研究结论为指导，能有效地提高营销效率。

（1）采用体验营销来培养用户的使用兴趣

从前面的讨论中可知，对于 3G 移动邮箱服务，可试性是指用户能尝试（体验）此功能的可能性，可试性会显著影响感知有用，并进一步地影响用户的采纳意向，采纳意向又显著影响用户的实际使用，因而，有针对性地开展体验式营销，能有效地发展新用户。3G 移动邮箱服务是一项新业务，客户体验在业务发展初期对于市场的启动至关重要，可以通过这种方式吸引用户的使用兴趣，并拉动整个市场快速发展。客户使用兴趣的提高，可进一步提升用户的个人创新（自愿性），而个人创新又通过感知有用性和感知易用性间接显著影响用户的使用意向，进而吸引用户自愿采纳 3G 移动邮箱服务。此外，感知价格通过感知有用性间接影响用户的使用意向。因此，针对营销对象，开展"3G 移动邮箱服务体验"活动，免费讲解 3G 移动邮箱服务，免费安装客户端软件，免费赠送 3 个月的付费功能以及每月 10 元的 GPRS 流量，提高注册用户数。

（2）通过交叉营销来留住客户

交叉营销是利用存量客户资源，将 3G 移动邮箱服务与相似的业务销售捆绑或者提供免费试用等。交叉营销可以有效增强客户忠诚度，另外，交叉营销还能有效增加利润和降低成本，因为将一种产品和服务推销给一个现有客户的成本远低于吸收一个新客户的成本。新注册用户的业务黏性很低，通过交叉营销，能粘住用户，培养用户的使用习惯，形成对产品的依赖性，进而提高客户忠诚度。因此，在营销对象接受 3G 移动邮箱服务后，可以展开第二阶段的营销，对其进行交叉营销，推广移动即时通讯服务，进一步增加用户的黏性。

（3）通过自主传播营销来增加用户

在前面的讨论中可知，对于 3G 移动邮箱服务，主观规范对行为意向有显著的正向影响。因此，当 3G 移动邮箱服务的用户群形成一定规模以后，营销的要点就在于刺激存量客户转变为 3G 移动邮箱服务的自主传播者，让用户自发地使用属于自己的人际关系进行传播，形成一种正反馈效应。自主传播营销的本质就是让用户彼此主动谈论产品。因此，在第二阶段营销的基础上，对用户展开自主传播营销。开展"3G 移动邮箱服务朋友圈"活动，通过朋友间收发邮件免流量方式，进一步扩展用户群。

（4）创新营销方式以提高用户活跃度

从前面的讨论中可知，3G 移动邮箱具有网络外部性，使用的人越多，用户感知的价值越多，用户的采纳意愿越强烈。根据网络外部性原理，要提高 3G 移动邮箱的网络外部性，必须保证一定的用户基数以及注册用户的活跃度。数据显示，2011 年，新疆电信的注册用户数增长很快，一个主要原因就是对标准套餐用户开通了 189 免费邮箱。但是，由于此项服务是电信运营商主动开通的，用户积极性不高，很多用户从不使用，直接成为沉默用户，还有些用户在使用一段时间后，很快转成不活跃用户。针对这一现象，新疆电信在各分公司积极推进 189 邮箱电子账单投送服务，培育用户养成使用 189 邮箱阅读账单的习惯，提高了用户的活跃度。此外，可以利用 189 邮箱的通道优势，将电信的各类优惠信息投递到用户的 189 邮箱，提升用户的活跃度。用户活跃度的提高，也就提高了 3G 移动邮箱的网络外部性，会进一步地增加用户的采纳意愿。

第 7 章 总结与展望

7.1 研究的主要结论

3G 移动邮箱用户的采纳意向和使用行为决定着 3G 移动邮箱服务的成功与否。研究影响用户的采纳意向的因素以及因素间的关系，能改进 3G 移动邮箱中存在的不足，并能提升用户对 3G 移动邮箱服务的采纳意向。本书通过对文献的梳理和归纳，在 TAM 模型基础上，构建了 3G 移动邮箱服务采纳的理论模型，并运用结构方程模型进行了实证检验。本书的主要结论包括以下几点：

第一，TAM 模型依然适用 3G 移动邮箱服务采纳，并具有一定的解释力度，但模型中各变量的影响力度有所下降。

第二，3G 移动邮箱服务采纳模型的解释力度优于 TAM 模型。随着个人创新、网络外部性、可试性等变量加入 TAM 模型，模型的解释能力增强。个人创新对移动邮箱感知易用性、感知有用性具有显著正向影响；网络外部性对个人的移动邮箱感知有用性、感知易用性、态度有显著的正向影响；可试性对个体的移动邮箱感知有用性有显著的正向影响。

第三，感知风险对行为意向有显著的负向影响，而感知价格对行为意向有双向的显著影响。感知价格对行为意向有显著的负向影响，同时感知价格对感知有用性有显著的正向影响，感知有用性又间接显著影响行为意向，所以，感知价格通过感知有用性间接显著影响行为意向。通过计算感知价格对行为意向的总效果可知，感知价格对行为意向的负向影响要大于正向影响。

第四，性别、年龄、区域、直接经验、间接经验的调节作用在本书中也得到了进一步的检验。对于性别，研究结果显示感知易用性对感知有用性的影响在女性用户中的作用小于男性用户。对于年龄，感知易用性对态度的影响在年轻用户中的作用要小于年长用户。对于区域，感知有用性对行为意向的影响在 W 分公司的作用要大于 K 分公司。对于直接经验，感知易用性对感知有用性的影响在直接经验多的用户中大于直接经验少的用户。对于间接经验，主观规范对行为意向的影响在间接经验丰富的用户中小于间接经验不丰富的用户。直接经验和间接经验的调节作用并不相同。

7.2 理论贡献

（1）构建了 3G 移动邮箱服务采纳模型并通过实证研究的验证，揭示了 3G 移动邮箱服务采纳的关键因素。

移动服务的快速发展，吸引了不少学者开始研究用户的移动服务的采纳行为。在移动银行业务上，Crabbe（2009）研究了影响移动银行接受的因素，研究发现社会和文化因素在感知信誉、便利条件等中发挥显著作用。Ja-Chul Gu（2009）研究发现感知易用性直接和间接影响行为意向，是移动银行服务接受的最强的前因。M. Sheng（2011）等将 TAM 模型应用到移动银行，研究了影响移动银行接受的因素。在移动票务业务上，Mallat 在 2008 年和 2009 年的两篇文章中采用了 TAM，研究表明上下文和移动服务特定功能是用户接受的重要决定因素，应加入到 TAM 模型中。在短消息业务上，Jing Zhang（2008）将 TAM 模型运用到 SMS 广告营销上，采用结构方差模型分析和预测了青年人对 SMS 广告的接受。Song（2011）结合 TAM 模型，研究了影响短消息采用的各种影响因素。这些文献都采用 TAM 模型作为核心模型，也验证了在技术接受模型中消费者使用态度对使用意愿的显著性影响关系。但是，在这些文献中，有的没有考虑主观行为对采纳的影响，有的仅仅采用认知有用性和认知易用性来解释使用态度，而没有考虑技术扩散问题。

本书对用户 3G 移动邮箱采纳的内在机理的探讨主要基于以下几点：①3G 移动邮箱作为一种信息技术，哪些因素会影响用户的采纳意愿，哪些中间变量会传递用户的采纳意愿。②3G 移动邮箱用户处在一个复杂的社会环境中，哪些社会影响因素会影响用户的采纳意愿。③3G 移动邮箱作为一种创新技术，它的创新特征对模型的影响。④3G 移动邮箱本身有哪些特点，在模型中如何体现。

本书从理论基础、研究主题、研究情景、研究方法四个角度对文献进行了梳理，对文献中移动服务采纳模型中的影响因素进行了归纳，将影响因素分为个人因素、任务因素、技术因素、环境因素，为采纳模型的构建提供了理论依据。

在此基础上，构建 3G 移动邮箱服务的采纳模型，通过实证研究验证了影响 3G 移动邮箱服务的用户采纳的关键因素以及因素间的关系。本书以 TAM 模型为核心，基于计划行为理论，在模型中增加主观规范和感知行为控制两个因素。基于创新扩散理论，在模型中增加个人创新、可试性两个因素。基于感知风险理论，在模型中增加感知风险因素。此外，由于移动邮箱具有网络外部性，因此，基于网络外部性理论，在模型中加入了网络外部性因素。最后，由于感知价格对用户采纳有影响，还在模型中加入了感知价格，通过对 TAM 模型进行扩展和修正，构建了 3G 移动邮箱服务采纳模型。

随着个人创新、网络外部性、可试性等变量加入 TAM 模型，3G 移动邮箱采纳模型的解释能力增强。个人创新对移动邮箱感知易用性、感知有用性具有显著正向影响；网络外部性对个人的移动邮箱感知有用性、感知易用性、态度有显著的正向影响；可试性对个人的移动邮箱感知有用性有显著的正向影响。感知风险对行为意向有显著的负向影响，而感知价格对行为意向有双向的显著影响。感知价格对行为意向有显著的负向影响，同时感知价格对感知有用性有显著的正向影响，感知有用性又间接显著影响行为意向，所以，感知价格通过感知有用性间接显著影响行为意向。通过计算感知价格对行为意向的总效果可知，感知价格对行为意向的负向影响要大于正向影响。

（2）总结并实证了 3G 移动邮箱服务的创新特征及影响强度。

由于研究对象不同，研究者在研究移动服务采纳时选择的创新特征也不同。Mallat（2005）将创新扩散理论用于移动支付系统的研究。从两个并行数据集中得到实证结果，在证实了移动支付的潜在优势的同时，还确定几个影响用户接受的因素：相对优势、兼容性、复杂性和成本。鲁耀斌（2006）研究即时通讯时，选择了认知有用性、认知易用性、认知趣味性、沉浸体验和隐私。Hsu 等（2006）在 MMS 业务研究问题上，构建了由相对优势、认知易用性、相容性、可试用性、形象、可观察性、结果可说明性、自愿性的因素模型。Lin（2010）将创新扩散理论用于手机银行的研究。通过对多位潜在客户及老客户调查，发现感知属性，例如相对优势、易用性、兼容性等影响着用户的接受行为，研究发现潜在用户和老用户间存在显著的差异。冯笑笑（2010）基于有效问卷的统计数据，研究了手机上网核心用户群的移动服务采纳情况，探索浙江省移动服务扩散的特征。由此可知，在研究具体的移动服务采纳时，都认为技术接受模型中的感知有用性和感知易用性对采纳意愿的解释过于简单，都会根据业务的创新特征对采纳模型进行扩展。Rogers（2003）认为，可试性和用户接受创新的速度正相关，即创新越容易被试用，用户对创新接受程度越高。3G 移动邮箱提供了免费邮箱服务，即使用户没有付费，也可以使用此服务。More（1991）将创新扩散理论用于信息系统的研究，并且将感知创新的属性由五个扩展到八个，增加了结果可展示性、形象和自愿性，认为用户的个人创新（自愿性）越强，用户对创新的接受程度越高。对于移动邮箱业务，用户的个人创新越强，用户间交流的越多，就越会感知到移动邮箱容易使用，也会感知到移动邮箱有用。因此，结合创新扩散模型，选择移动邮箱服务的创新特征可试性和个人创新加入到采纳模型。

实证结果表明，可试性对态度的影响不显著，该结果表明即使给用户提供了免费使用 3G 移动邮箱服务的机会，用户对此服务的评价也不高。可试性对感知有用性具有显著的正向影响，路径系数为 0.42，说明用户试用 3G 移动邮箱服务的机会越多，用户主观上认为 3G 移动邮箱服务越有用。个人创新对感知有用具有显著正向影响，路径系数为 0.37，表明个人创新度越高的用户，主观上认为 3G 移动邮箱服务越有用。个人创新对感知易用具有显著正向影响，路径系数为 0.51，表明个人创新度越高的用户，越容易克服使用障碍，主观上认为 3G 移动邮箱服务越容易使用。

（3）总结并实证了主观规范和感知行为控制这两个前因变量对 3G 移动邮箱服务用户的态度和采纳意愿的影响。

计划行为理论认为社会规范和认知行为控制影响用户的行为意向。Pedersen（2003）发现，对于不同的移动服务，主观规范和感知行为控制表现出不同的影响差异。彩信服务中，社会规范对用户采纳意愿具有显著性影响，但是，在移动短信、移动支付、手机游戏和手机泊车付费四种移动服务中，社会规范对用户采纳意愿没有表现出显著性影响。感知行为控制对移动短信、移动支付、手机游戏和彩信 4 种移动服务的用户采纳意愿具有显著性影响，但对手机泊车付费业务不具有显著性影响。Hung 等人（2003）通过调查问卷发现，在用户对 WAP 的接受上，态度和主观规范对行为意向有显著影响，而感知行为控制对其的影响并不显著，行为意向与实际行为显著相关。Ying-Chih Chen（2009）基于计划行为理论和经验的价值，构建了一个模型预测手机游戏服务的用户接受行为，研究结果表明，态度、主观规范和经验只对用户使用行为有显著的正向影响。Ying（2011）探讨了移动娱乐服务（MES）用户使用的影响因素，根据计划行为理论建立模型，研究结果表明，态度、社会规范和感知行为控制影响着行为意向，而形象影响态度和主观规范。更多的文献是在其他理论（如 TAM）基础上加入了计划行为理论中的一些重要的变量，Zhang 和 Mao（2008）在 TAM 基础上增加了计划行为理论中主观规范因素来预测用户接受行为。Hua（2009）确定了包括主观规范在内的 9 个影响用户接受行为的重要因素，并利用 190 个中国和美国的用户数据进行比较，找到了中美用户间的几个显著差异。Paul

Gerhardt Schierz（2010）确定了影响用户接受行为的几个重要因素，实证结果表明兼容性、主观规范对用户使用行为有显著影响。

本书的研究结果表明，主观规范对行为意向的影响具有显著的正向影响，路径系数为 0.39，说明如果对用户有重要影响的人对用户采纳 3G 移动邮箱服务持有积极的态度，用户采纳移动邮箱服务的意向也就更强。主观规范对态度具有显著的正向影响，路径系数为 0.28，说明如果对用户有重要影响的人对用户采纳 3G 移动邮箱服务持有积极的态度，用户对移动邮箱服务的评价也就越好。主观规范对感知有用的影响不显著，该结果表明即使对用户有重要影响的人对用户采纳 3G 移动邮箱服务持有积极的态度，也不能够提升用户的感知有用性。感知行为控制对行为意向的影响具有显著的正向影响，路径系数为 0.23，说明用户的感知行为控制越强，用户采纳移动邮箱服务的意向也就更加强。

（4）总结并实证了网络外部性、感知风险和感知价格这三个前因变量对 3G 移动邮箱服务用户的态度和采纳意愿的影响。

3G 移动邮箱具有网络外部性，使用的人越多，用户感知的价值越多。网络外部性理论解释了信息技术的规模效应，是对 TAM 理论的有益补充。所以，在本研究中，基于技术接受模型，同时也借鉴网络外部性理论，增加网络外部性变量，研究网络外部性对于感知有用性、态度的影响。实证结果表明，网络外部性对感知有用性具有显著正向影响，路径系数为 0.53，表明 3G 移动邮箱服务用户越多，主观上认为 3G 移动邮箱服务越有用。网络外部性对感知易用具有显著正向影响，路径系数为 0.22，表明 3G 移动邮箱服务用户越多，用户间的相互交流越多，主观上认为 3G 移动邮箱服务越容易使用。网络外部性对态度具有显著正向影响，路径系数为 0.21，表明 3G 移动邮箱服务用户越多，用户间的相互交流越多，用户对 3G 移动邮箱服务的评价越高。

感知风险理论从消费心理学的角度解释用户的购买决策，认为感知风险会影响用户的购买决策。感知风险可分为时间风险、功能风险、身体风险、财务风险、社会风险和心理风险。由于感知风险是针对某项具体服务而言的，对于不同的服务，用户所感知到的风险也有所不同。因此，对于各种不同类别的服务，需要根据服务的具体特征，选择风险维度和风险类型。本书根据先已有研究对感知风险维度的概括和验证，并结合移动邮箱本身的特性，在 TAM 模型的基础上引入感知风险，并从功能风险、隐私风险两个维度对其分析，讨论感知风险对用户使用意愿的影响。实证结果表明，感知风险对行为意向具有显著的负向影响，路径系数为 -0.28，说明用户主观上感知到采纳 3G 移动邮箱服务的风险越高，用户采纳移动邮箱服务的意向也就越弱。感知风险对态度的影响具有显著的负向影响，路径系数为 -0.24，说明用户主观上感知到采纳 3G 移动邮箱服务的风险越高，用户对移动邮箱服务的评价越差。

此外，研究表明，经济动机是信息技术采纳研究的焦点，因而，将感知价格加入到 TAM 模型，研究感知价格对态度的影响。实证结果表明，感知价格对行为意向具有显著的负向影响，路径系数为 -0.31，表明用户对 3G 移动邮箱服务的感知价格越高，其采纳 3G 移动邮箱服务的意向就越低。感知价格对感知有用具有显著的正向影响，路径系数为 0.20，该结果表明用户主观上认为价格越高，服务质量越高，3G 移动邮箱服务越有用。

（5）分析了性别、年龄、区域、直接经验、间接经验在 3G 移动邮箱服务采纳模型的调节作用。

本书对用户 3G 移动邮箱采纳的内在机理进行探讨的同时，还研究了调节变量对不同类型用户采纳意愿的影响。本书选择了性别、年龄、区域、直接经验、间接经验作为调节变量，研究了这些调节变量在 3G 移动邮箱服务采纳模型的调节作用。对于性别，研究结果显示感知易用对感知有用的影响在女性用户中的作用小于男性用户。对于年龄，感知易用性对态度的影响在年轻用户中的作用要小于年长用户。对于区域，感知有用性对行为意向的影响在 W 分公司中的作用要大于 K 分公司。对于直接经验，感知易用性对感知有用的影响在直接经验多的用户中大于直接经验少的用户。对于间接经验，主观规范对行为意向的影响在间接经验丰富的用户中小于间接经验不丰富的用户。直接经验和间接经验的调节作用并不相同。

（6）结合业务特性，改进 RFM 模型。

针对 RFM 模型中存在的多重共线性问题、客户细分数目太多的问题。本书结合业务特性，改进 RFM 模型，用 GPRS 流量代替了消费金额，解决了多重共线性问题，也更贴近业务的特点。利用层次分析法计算 3 个指标的权重，使得 RFM 模型更灵活。计算结果表明 M、F、R 的权重依次减少，指标 M 是衡量客户价值时最重要的指标。

（7）将改进 RFM 模型和 K-means 方法结合进行客户细分。

本书将改进 RFM 模型和 K-means 方法结合进行客户细分，解决了 RFM 模型中存在的客户细分数目太多的问题。本书利用改进的 RFM 模型，获得客户六个时间段 RFM 值，对其用 K-means 方法细分客户群，并根据每个客户群的平均 RFM 值的变化规律，找出高价值客户群。根据客户细分结果，有针对性地对高价值客户群开展精确营销。

7.3　实践意义

根据理论发现，本书针对中国 3G 移动邮箱服务的发展提出以下几个方面的建议：

（1）运营商应加强运营辐射，借助现有活跃用户群发展新用户

传统的营销中，运营商通常以宣传手册、报纸广告等形式来推广业务，使用业务的用户数量增长相对比较平缓。相对地，病毒式营销是指服务信息传递到用户后，用户进行自发的口碑宣传。这种信息传递战略像病毒一样利用快速复制的方式将信息传向数以千计、数以百万计的用户。

本书的研究结果表明，3G 移动邮箱服务的采纳模型中，主观规范对行为意向的影响力度最大，路径系数为 0.39，说明如果对用户有重要影响的人对用户采纳 3G 移动邮箱服务持有积极的态度，用户采纳移动邮箱服务的意向也就更强。因此，运营商应积极开展运营辐射，引导用户向朋友、同事或家人推荐开通移动邮箱，借助现有活跃用户群发展新用户，利用病毒式营销传播的方式，实现业务的滚动发展。

（2）运营商应不断降低 3G 移动邮箱服务的风险，提高 3G 移动邮

箱服务用户的采纳意愿

感知风险理论从消费心理学的角度解释用户的购买决策，认为感知风险会影响用户的购买决策。本书根据已有研究对感知风险维度的概括和验证，并结合移动邮箱本身的特性，在 TAM 模型的基础上引入感知风险，并从功能风险、隐私风险两个维度对其分析，讨论感知风险对用户使用意愿的影响。实证结果表明，感知风险对行为意向的影响有两个路径，一个是直接影响，感知风险对行为意向具有显著的直接负向影响，路径系数为-0.28，说明用户主观上感知到采纳 3G 移动邮箱服务的风险越高，用户采纳移动邮箱服务的意向也就越弱。此外，感知风险还通过态度间接影响行为意向，说明用户主观上感知到采纳 3G 移动邮箱服务的风险越高，用户对移动邮箱服务的评价越差，因而使用意向也就越弱。通过结构方程模型中的测量模型可知，在感知风险的四个观察变量（指标）中，PR2 问题项的载荷系数最大，说明用户最关注的是隐私风险。目前，在隐私保障上，电信 189 邮箱提供了四条措施，一是别名邮箱，二是炸弹短信，三是反垃圾邮件技术，四是专属杀毒引擎。用户可以在 189 邮箱中设置别名，并使用别名收发邮件。当用户使用别名发送邮件时，发件人地址将以"别名@189.com"的方式而不是"手机号码@189.com"的形式显示，保障手机号不被泄露。设置了别名以后，用户的"手机号码@189.com"邮箱依然可以收到别人给你发送的邮件。运营商采取有效措施，降低 3G 移动邮箱服务的隐私风险，提高 3G 移动邮箱服务用户的采纳意愿。而炸弹短信是手机邮箱业务提供的一项远程清除业务数据的服务，当用户手机不慎丢失时，可通过登录邮件推送服务器发送炸弹短信，清除手机上邮件与邮箱账户信息。此外，189 邮箱系统采用了先进的反垃圾邮件技术，对进出邮件系统的邮件进行过滤，用户还可以设置自己的邮件过滤规则。最后，189 邮箱系统专属杀毒引擎实时对进出邮件系统的邮件进行病毒监测和处理，让用户收件更放心。随着 3G 移动邮箱业务的发展，感知风险也在变化，运营商应不断完善应用模式，降低 3G 移动邮箱服务的风险，提高 3G 移动邮箱服务用户的采纳意愿。

（3）运营商应不断完善 3G 移动邮箱服务的营销方式和应用模式，

提高 3G 移动邮箱服务的感知有用性。

相对于其他通讯方式，移动邮箱的两个重要的用途，一个是邮件推送（pushmail）功能，即邮件服务器能把新邮件自动推送到用户的手机终端；另一个是移动收发，即只要用户处于移动网络覆盖区，就可以进行收、发、查看、转发邮件等操作。邮件推送功能和移动转发功能使 3G 移动邮箱服务的用户实现了随时随地收发邮件的功能。

本书的实证研究结果表明，感知有用性能显著影响用户的行为意向。随着用户使用的深入，如果用户感知不到 3G 移动邮箱服务在功能上的提升，就不能较好地促使客户持续使用。对于 3G 移动邮箱服务，目前所有的用户都能实现移动收发功能，但是邮件推送功能仅对付费用户开放，这也是造成免费用户活跃度不高，流失较快的原因。因此，建议运营商应不断完善 3G 移动邮箱服务的营销模式，向忠诚度较高的客户免费提供此项功能，提高 3G 移动邮箱服务的感知有用性。这样，不仅提高所有免费用户的忠诚度，保留客户，还能激发用户的活跃度。

此外，对比三家运营商提供的 pushmail 功能可知，对于移动 139 邮箱用户和联通"沃"邮箱用户，当手机接收到一条新邮件通知时，用户只需点击通知，手机将自动调用邮箱客户端程序，用户无需手动启动客户端便可直接查看，而电信 189 邮箱虽然支持邮件推送，但默认情况下推送的只是一条普通短信，用户需要回复 A 才能阅读邮件。在 pushmail 功能上，电信 189 邮箱服务不如移动和联通，因此，电信运营商应不断完善 3G 移动邮箱服务的应用模式，尽快开发出便捷、有效的 pushmail 功能，提高用户的感知有用性，才能保证用户的持续使用和较高的活跃度，才能带动流量的增加和移动服务收入的增加。

（4）运营商应不断创新 3G 移动邮箱服务的营销方式，提高 3G 移动邮箱服务的注册用户数以及活跃用户数。

3G 移动邮箱具有网络外部性，使用的人越多，用户感知的价值越多。实证研究结果显示，网络外部性通过感知易用性和感知有用性间接显著影响用户的采纳意愿，用户和他人采用 3G 移动邮箱方式交流的越多，用户越会感觉 3G 移动邮箱容易使用，也越会感知 3G 移动邮箱有用，用户的采纳意愿也越强烈。根据网络外部性原理，要提高网络外部性，就必须采取措施促使3G移动邮箱注册用户数的快速增长，保证一定的用户基数，其次，还要采取措施，提高注册用户的活跃度，增加用户的使用。数据显示，2011年，新疆电信的注册用户数增长很快，一个主要原因就是对标准套餐用户开通了189免费邮箱。但是，由于此项服务是电信运营商主动开通的，用户积极性不高，很多用户从不使用，直接成为沉默用户，还有些用户在使用一段时间后，很快转成不活跃用户。针对这一现象，新疆电信在各分公司积极推进189邮箱电子账单投送服务，培育用户养成使用189邮箱阅读账单的习惯，提升注册用户的活跃度。同时，对于非189邮箱用户，也提供189邮箱电子账单，吸引更多的用户注册189邮箱，此措施有5%的回复率。此外，对于新注册的189邮箱用户，电信运营商可以根据注册时间的不同，精准定位到单个用户，以短信的方式进行189邮箱的普及教育；对于已注册的189邮箱用户，运营商可以利用189邮箱的通道优势，将电信的各类优惠信息投递到用户的189邮箱，提升用户的活跃度。

7.4 研究局限与展望

本书还存在以下局限与未来需要进一步研究的问题：

（1）在研究样本的选择上，本书以新疆电信189邮箱用户作为研究对象，在电信营业厅进行了调查问卷的发放。由于被调查者都是电信189邮箱用户，所以无法进行不同运营商间的对比分析，在分析调节变量时，也没有将手机制式纳入研究。在后续研究中，可以考虑此问题，并做进一步的研究。

（2）影响用户3G移动邮箱采纳的因素有很多，本书只选择了一些主要因素进行了分析，难免会忽略一些影响因素，在后续的研究中，应做进一步的分析。另外，在利用结构方程模型进行验证性分析时，并没有做饱和模型的分析，而是根据相关文献，只选择了部分路径做了假设检验，难免会遗漏部分信息。最后，由于3G邮箱业务发展很快，新的问题将不断出现，本书构建的移动邮箱采纳模型应随着技术的发展做相应的修改。

（3）由于天翼 Live 和 189 邮箱同属互联网业务产品，同属基于传统 pc 与手机的双平台业务，用户群重合。因此，在后续研究中，可以利用即时通讯软件和 189 邮箱的互补性，即即时通讯软件-非即时通讯软件的互补，实现交叉营销，通过提取交叉业务的号码进行相互群发引导用户；通过互相在各自产品渠道进行用户间的渗透，如注册界面、登录界面的互相引导；通过各数据业务登录免验证，增加 189 邮箱用户数量及用户活跃度。

附录 3G移动邮箱服务的用户采纳行为研究调查问卷

一、手机服务使用情况调查

1. 您了解3G吗？

（1）知道 （2）知道但不是很清楚 （3）不知道

2. 请选择您使用过的移动邮箱服务：（可多选，请打"√"）

（1）139邮箱 （2）189邮箱 （3）186邮箱 （4）163移动邮箱

（5）QQ移动邮箱 （6）Gmail移动邮箱 （7）搜狐移动邮箱

（8）新浪移动邮箱 （9）谷歌移动邮箱 （10）微软移动邮箱

（11）以上全用过

3. 请选择您使用过的通信技术：（可多选，请打"√"）

（1）短信 （2）彩信 （3）即时通讯软件（QQ、MSN等）

（4）电子邮件 （5）移动即时通讯（天翼Live、飞信）

（6）以上全用过

二、3G用户采纳行为调查

请您根据您自己的判断，对下面的情形打分。回答时采用5分制，分数越高表示同意程度越高，分数越低表示不同意程度越高。即 "1" 表示完全不同意，"2" 表示不同意，"3" 表示持中立态度（既不同意 也不反对），"4" 表示同意，"5" 表示完全同意。

问　项	完全不同意<—>完全同意				
1. 我愿意使用 3G 移动邮箱服务	1	2	3	4	5
2. 我计划在不久后使用 3G 移动邮箱服务	1	2	3	4	5
3. 我会推荐其他人使用 3G 移动邮箱服务	1	2	3	4	5
4. 如果已使用，我会继续使用 3G 移动邮箱服务	1	2	3	4	5
5. 我认为使用 3G 移动邮箱是个好主意	1	2	3	4	5
6. 我认为使用 3G 移动邮箱是件愉快的事情	1	2	3	4	5
7. 我喜欢使用 3G 移动邮箱与人沟通	1	2	3	4	5
8. 我认为 3G 移动邮箱是件有价值的事情	1	2	3	4	5
9. 使用 3G 移动邮箱能够提高我的工作、生活的效率	1	2	3	4	5
10. 使用 3G 移动邮箱能够让我更好地与人沟通	1	2	3	4	5
11. 使用 3G 移动邮箱可以让我更时尚	1	2	3	4	5
12. 我认为开通 3G 移动邮箱服务是件很容易的事	1	2	3	4	5
13. 我认为取消 3G 移动邮箱服务是件很容易的事	1	2	3	4	5
14. 对我来说学习使用 3G 移动邮箱服务比较容易	1	2	3	4	5
15. 熟练地使用 3G 移动邮箱服务对于我来说很容易	1	2	3	4	5
16. 3G 移动邮箱客户端系统操作简单明了	1	2	3	4	5
17. 对我有重要影响的人在使用 3G 移动邮箱服务	1	2	3	4	5
18. 对我有重要影响的人认为我应该使用 3G 移动邮箱服务	1	2	3	4	5
19. 外界环境使我觉得 3G 移动邮箱服务是未来的时尚和趋势，我将使用	1	2	3	4	5
20. 很多媒体和广告推介使用 3G 移动邮箱服务	1	2	3	4	5
21. 我具有足够的能力去了解和使用 3G 移动邮箱服务	1	2	3	4	5
22. 我有足够的时间和精力去了解和使用 3G 移动邮箱服务	1	2	3	4	5
23. 我认为我能负担 3G 移动邮箱服务而引起的费用	1	2	3	4	5
24. 我具有必备的资源和手机来使用 3G 移动邮箱服务	1	2	3	4	5

续表

问 项	完全不同意<—>完全同意				
25. 我对 3G 移动邮箱服务十分好奇	1	2	3	4	5
26. 我喜欢体验 3G 移动邮箱服务	1	2	3	4	5
27. 我经常寻找 3G 移动邮箱服务的信息	1	2	3	4	5
28. 3G 移动邮箱服务让我多花了钱和时间却达不到预期的效果	1	2	3	4	5
29. 3G 移动邮箱服务会使自己的隐私暴露	1	2	3	4	5
30. 周围的人都没开通 3G 移动邮箱服务，让我觉得开通这项业务是错误的	1	2	3	4	5
31. 我担心 3G 移动邮箱服务会带来大量的垃圾邮件	1	2	3	4	5
32. 开通 3G 移动邮箱服务前，我有机会试用其各项功能	1	2	3	4	5
33. 我可以免费试用 3G 移动邮箱服务，然后再决定是否开通	1	2	3	4	5
34. 运营商会通过套餐的方式主动给我开通 3G 移动邮箱服务	1	2	3	4	5
35. 据我了解，使用移动邮箱的人很多	1	2	3	4	5
36. 我的亲朋好友使用移动邮箱	1	2	3	4	5
37. 经常和我联系的人使用移动邮箱	1	2	3	4	5
38. 我认为 3G 手机的价格较高	1	2	3	4	5
39. 使用 3G 移动邮箱的费用较高	1	2	3	4	5
40. 我倾向于使用不带 3G 服务的手机，因为这样更省钱	1	2	3	4	5
41. 使用 3G 移动邮箱不贵	1	2	3	4	5

三、个人基本信息

1. 您的性别：□男　　□女

2. 您的年龄：□19 岁以下　　□19～29 岁　　□29～39 岁
　　　　　　□39～49 岁　　□50 岁以上

3. 您的学历：□高中及以下　　□大专　　□本科　　□硕士
　　　　　　□博士及以上

4. 您的职业：□学生　　□企业或公司职员　　□公务员或事业单位
　　　　　　□其他

5. 您月收入：□2 000 元以下 □2 000~4 000 元 □4 000~6 000 元
□6 000~8 000 元 □8 000 元以上
6. 您所在城市：□W 市 □K 市

主要参考文献

[1] 艾荷南，卡帕斯，梅尔德. 3G 营销[M]. 北京：清华大学出版社，2009.

[2] 陈天娇，胥正川，黄丽华. 情景感知服务的用户接受模型研究[J]. 科技进步与对策，2007，24（2）：142-147.

[3] 陈晓萍，徐淑英，樊景立. 组织与管理研究的实证方法[M]. 北京：北京大学出版社，2008.

[4] 褚燕，黄丽华. 影响员工接受移动商务应用因素研究[J]. 研究与发展管理，2007，19（1）：72-78.

[5] 邓朝华，鲁耀斌，汪曼. 基于 IDT/TTF 整合模型的企业移动服务采纳实证研究[J]. 南开管理评论，2008，11（3）：104-110.

[6] 邓朝华，鲁耀斌，张金隆. TAM、可靠性和使用能力对用户采纳移动银行服务的影响[J]. 管理评论，2009，21（1）：59-66.

[7] 邓朝华，鲁耀斌，张金隆. 基于 TAM 和网络外部性的移动服务使用行为研究[J]. 管理学报，2007，4（2）：216-221.

[8] 风笑天. 社会学研究方法[M]. 3 版. 北京：中国人民大学出版社，2010.

[9] 何德华，鲁耀斌. 农村居民接受移动信息服务行为的实证分析

[J].中国农村经济，2009（1）：70-81.

[10]何德华，鲁耀斌.移动商务技术接受问题的研究述评[J].电子科技大学学报：社科版，2008，10（5）：46-50.

[11]洪大用，肖晨阳.环境关心的性别差异分析[J].社会学研究，2007（2）：111-135.

[12]黄浩，刘鲁，王建军.基于 TAM 的移动内容服务采纳分析[J].南开管理评论，2008，11（6）：42-47.

[13]廖俊雄，范惠媛，蔡汶儒.以日韩经验来看宽带行动上网服务的成功因素与发展契机[J].北京邮电大学学报：社会科学版，2009，11（2）：33-40.

[14]凌鸿，夏力，曾凤焕.内容传递类移动商务的用户接受模型研究[J].上海管理科学，2008（1）：31-35.

[15]鲁耀斌，邓朝华，章淑婷.基于 Trust-TAM 的移动服务消费者采纳研究[J].信息系统学报，2007，1（1）：46-59.

[16]鲁耀斌，沈平，陈致豫.基于 TTF 的不同类型的组织移动商务采纳案例研究[J].工业技术经济，2007，26（6）：48-53.

[17]闵庆飞，季绍波，孟德才.移动商务采纳的信任因素研究[J].管理世界，2008（12）：192-193.

[18]闵庆飞，刘振华，季绍波.信息技术采纳研究的元分析：2000—2006[J].信息系统学报，2008，2（2）：22-32.

[19]邱皓政，林碧芳.结构方程模型的原理与应用[M].北京：中国轻工业出版社，2009.

[20]孙祥，陈毅文.消费行为研究中的联合分析法[J].心理科学进展，2005，13（1）：97-106.

[21]王高，黄劲松，赵宇君等.应用联合分析和混合回归模型进行市场细分[J].数理统计与管理，2007，26（006）：941-950.

[22]王汝林.移动商务理论与实务[M].北京：清华大学出版社，2007.

[23]温忠麟，侯杰泰，MARSH.结构方程模型检验：拟合指数与卡方准则[J].心理学报，2004，36（2）：186-194.

[24] 温忠麟，侯杰泰，张雷．调节效应与中介效应的比较和应用[J]．心理学报，2005，37（2）：268-274.

[25] 吴明隆．问卷统计分析实务-SPSS操作与应用[M]．重庆：重庆大学出版社，2010.

[26] 袁雨飞，王有为，胥正川等．移动商务[M]．北京：清华大学出版社，2006.

[27] 张文彤．SPSS11统计分析教程[M]．北京：北京希望电子出版社，2002.

[28] 周涛，鲁耀斌，张金隆．基于感知价值与信任的移动商务用户接受行为研究[J]．管理学报，2009，6（10）：1407-1412.

[29] 周涛，鲁耀斌，张金隆．整合TTF与UTAUT视角的移动银行用户采纳行为研究[J]．管理科学，2009，22（3）：75-82.

[30] 周涛，鲁耀斌．隐私关注对移动商务用户采纳行为影响的实证分析[J]．管理学报，2010，7（7）：1046-1051.

[31] 张颖，万岩．影响消费者使用手机电视的因素分析[J]．辽宁科技大学学报，2008（31）：537-544

[32] 张云卿．移动视频业务技术接受模型研究[D]．北京：北京邮电大学，2009.

[33] 唐炜东，汪克夷，柳琳琳．无线音乐消费者使用意愿影响因素研究[J]．科技与管理，2010（1）：85-8.

[34] 张坷坷．移动互联业务使用意愿的影响因素研究[J]．价值工程，2009（8）：104-106.

[35] 杨苏月，胡春．移动即时通信用户接受模型的实证研究[J]．北京邮电大学学报：社会科学版，2009（1）：33-40.

[36] 吴晓义．影响消费者购买决策的情境因素研究[J]．流通论坛，2007，3（5）：8-9.

[37] 周毅，孟卫东．移动数据业务消费者购买意愿的影响因素研究[J]．科研管理，2008，29（6）：131-136.

[38] 付允，刘怡君．影响消费者购买决策的产品属性效用实证分析[J]．电子科技大学学报：社会科学版，2007（6）.

[39] 李浩东. 中国移动增值业务发展策略分析[J]. 北京：北京邮电大学，2008.

[40] 罗纪宁. 市场细分研究综述：回顾与展望[J]. 山东大学学报：哲学社会科学版，2003（6）：44-45.

[41] 吴垠. 关于中国消费者分群范式（China-Vals）的研究[J]. 南开管理评论，2005（8）：9-15.

[42] 井森，王方华，周颖. 消费者网上购买行为感知风险动态模型研究[J]. 工业工程与管理，2005（6）：28-31.

[43] 徐平平，张希等. 移动支付影响因素分析——国内外移动通信运营商策略对比与研究[J]. 北京邮电大学学报：社会科学版，2009，6：35-41.

[44] 王春. 移动增值业务的精细化营销[J]. 通讯世界，2008（9）：37-38.

[45] 工业与信息化部. 2009 年我国 3G 和 TD 发展总体情况[EB/OL]. 2010-01-14. http：//www.miit.gov.cn/n11293472/n11293832/n11294132/n12858447/12979622.html.

[46] 工业与信息化部. 2010 年全国电信业统计公报[EB/OL]. 2011-01-26. http：//www.miit.gov.cn/n11293472/n11293832/n11294132/n12858447/13578942.html.

[47] CHU Y，HUANG L. Mobile Technologies Adoption：An Exploratory Case Study [J]. Tsinghua Science and Technology，2008，13（3）：300-305.

[48] MALLAT. Merchant Adoption of Mobile Payment Systems [J]. Mobile Business，2005：347-353.

[49] MALLAT. The Impact of Use Situation and Mobility on the Acceptance of Mobile Ticketing Services [J]. System Sciences，2006.

[50] MALLAT. Exploring Consumer Adoption of Mobile Payments-A Qualitative Study [J]. The Journal of Strategic Information Systems，2007，16（4）：413-432.

[51] LIN. An Empirical Investigation of Mobile Banking Adoption：The

Effect of Innovation Attributes and Knowledge-based Trust [J] . International Journal of Information Management, 2011, 31 (3):252–260.

[52] T, SIAU, POK. Adoption of WAP-enabled Mobile Phones Among Internet Users [J] . Omega, 2003, 31 (6): 483–498.

[53] TSANG. Consumer Attitudes toward Mobile Advertising: An Empirical Study, International Journal of Electronic Commerce, Volume 8, Number 3, 2004: 65–78.

[54] NYSVEEN. Explaining Intention to Use mobile Chat Services: Moderating Effects of Gender, Journal of Consumer Marketing, 2005 Vol. 22, Issue 5: 247–256.

[55] MALLAT. The Impact of Use Context on Mobile Services Acceptance: The Case of Mobile Ticketing [J] . Information & Management, Volume 46, Issue 3, April 2009: 190–195.

[56] TING – PENG. Effect of Use Contexts on the Continuous Use of Mobile Services: The Case of Mobile Games: Personal and Ubiquitous Computing, 2011, Volume 15, Number 2: 187–196.

[57] WANG. Predicting Consumer Intention to Use Mobile Service [J] . Information Systems Journal, Volume 16, Issue 2, April 2006: 157 –179.

[58] Thorbjørnsenl. Identity Expressiveness and the Theory of Planned Behavior [J] . Psychology and Marketing, 2007, 24 (9): 763–785.

[59] KUO. Towards an Understanding of the Behavioral Intention to Use 3G Mobile Value-added Services [J] . Computers in Human Behavior, 2009, 25 (1): 103–110.

[60] ROUIBAH. Effect of Personal Innovativeness, Attachment Motivation and Social Norms on the Acceptance of Camera Mobile Phones, International Journal of Handheld Computing Research, 2011, 2 (1): 72 –93.

[61] DAI. Mobile Commerce Adoption in China and the United States: A Cross-cultural Study [J] . ACM SIGMIS Database, 2009, 40 (4) .

［62］ SCHIERZ. Understanding Consumer Acceptance of Mobile Payment Services: An Empirical Analysis ［J］. Electronic Commerce Research and Applications, 2010, 9 (3): 209-216.

［63］ SHIH. Facilitators and Benefits of Using Mobile Entertainment Services ［J］. International Journal of Mobile Communications, 2011, 9: 458-476.

［64］ CHO. Theoretical Intersections Among Social Influences, Beliefs, and Intentions in the Context of 3G Mobile Services in Singapore: Decomposing Perceived Critical Mass and Subjective Norms ［J］. Journal of Communication, 2011, 61 (2): 283-306.

［65］ SHENG. An Empirical Model of Individual Mobile Banking Acceptance in China ［J］. International Conference, 2011.

［66］ ZHANG. Understanding the Acceptance of Mobile SMS Advertising Among Young Chinese Consumers ［J］. Psychology and Marketing, Volume 25, Issue 8, August 2008: 787-805.

［67］ WANG. User Acceptance of Mobile Internet Based on the Unified Theory of Acceptance and Use of Technology: Investigating the Determinants and Gender Differences ［J］. Social Behavior and Personality, 2010, 38 (3): 415-426.

［68］ WANG. Extending the Technology Acceptance Model to Mobile Telecommunication Innovation: The Existence of Network Externalities ［J］. Journal of Consumer Behaviors, 2008, 7 (2): 101-110.

［69］ SONG. Incorporating Network Externalities into the Technology Acceptance Model ［J］. Journal of Product Innovation Management, 2009, 26 (3): 291-307.

［70］ CHEN. Applicability of the UTAUT Model in Playing Online Game Through Mobile Phones: Moderating Effects of User Experience ［J］. Technology Management Conference (ITMC), 2011: 27-30.

［71］ LEE. M-Brand Loyalty and Post-adoption Variations for the Mobile Data Services: Gender Differences ［J］. Computers in Human Behavior, 2011, 27 (6): 2364-2371.

[72] WANG. Extending the Technology Acceptance Model to Mobile Telecommunication Innovation: The Existence of Network Externalities [J]. Journal of Consumer Behavior, 2008, 7 (2): 101–110.

[73] ZHOU. Examining Mobile Instant Messaging User Loyalty from the Perspectives of Network Externalities and Flow Experience [J]. Computers in Human Behavior, 2011, 27 (2): 883–889.

[74] LIN. The Adoption Behavior for Mobile Video Call Services [J]. International Journal of Mobile Communications, 2009, 7 (6): 646–666.

[75] WANG C, HSU Y, FANG. Acceptance of Technology with Network Externalities: An Empirical Study of Internet Instant Messaging Services [J]. Journal of Information Technology Theory and Application, 2004 (4).

[76] ZHANG P, SUN H S. The Complexity of Different Types of Attitudes in Initial and Continued ICT use [J]. Journal of the American Society for Information Science and Technology, 2009, 60 (10): 2048–2063.

[77] HONG S, TAM K Y. Understanding the Adoption of Multi-purpose Information Appliances: The Case of Mobile Data Services [J]. Information Systems Research, 2006, 17 (2): 162–179.

[78] WANG, XU Y, et al. Factors Affecting 3G Adoption: An Empirical Study [C]: *11*th Pacific-Asia Conference on Information Systems, 2007: 256–270.

[79] Aldás-Manzano. Exploring Individual Personality Factors as Drivers of M-Shopping Acceptance [J]. Industrial Management & Data Systems, 2009, 109 (6): 739–757.

[80] AMBERG, HIRSCHMEIER, WEHRMANN. The Compass Acceptance Model for the Analysis and Evaluation of Mobile Services [J]. International Journal of Mobile Communications, 2004, 2 (3): 248–259.

[81] ARKESTEIJN, OERLEMANS. The Early Adoption of Green Power by Dutch Households: An Empirical Exploration of Factors Influencing the Early Adoption of Green Electricity for Domestic Purposes [J]. Energy Policy, 2005, 33 (2): 183–196.

[82] BAUER, BARNES, REICHARDT, et al. Driving Consumer Acceptance of Mobile Marketing: A Theoretical Framework and Empirical Study [J] . Journal of Electronic Commerce Research, 2005, 6 (3): 181-192.

[83] BHATTI. Exploring Factors Influencing the Adoption of Mobile Commerce [J] . Journal of Internet Banking and Commerce, 2007, 12 (3): 32-42.

[84] BOUWMAN H, CARLSSON C, MOLINA - CASTILLO F J, et al. Barriers and Drivers in the Adoption of Current and Future Mobile Services in Finland [J] . Telemetric and Informatics, 2007, 24 (2): 145-160.

[85] BOUWMAN H, CARLSSON C, WALDEN P, et al. Reconsidering the Actual and Future Use of Mobile Services [J] . Information Systems and E-Business Management, 2009, 7 (3): 301-317.

[86] BROWN I, CAJEE Z, DAVIES D, et al. Cell Phone Banking: Predictors of Adoption in South Africa—an Exploratory Study [J]. International Journal of Information Management,2003, 23 (5): 381-394.

[87] CARLSSON C, CARLSSON J, Hyvönen K, et al. Adoption of Mobile Devices / Services — Searching for Answers with the UTAUT [J] // Proceedings of the 39th Hawaii International Conference on System Sciences, 2006.

[88] CARLSSON C, Hyvönen K, Repo P, et al. Adoption of Mobile Services Across Different Technologies, [C] . 18th Bled E-Conference, 2005.

[89] CARLSSON C, WALDEN P, BOUWMAN H. Adoption of 3G + Services in Finland [J]. International Journal of Mobile Communications, 2006, 4 (4): 369-385.

[90] Cheong J H, PARK M C. Mobile Internet Acceptance in Korea [J]. Internet Research, 2005, 15 (2): 125-140.

[91] CHOUDRIE J, DWIVEDI Y K. Investigating the Research Approaches for Examining Technology Adoption Issues [J]. Journal of

Research Practice, 2005, 1 (1): 1-12.

[92] Chu Y, Huang L. Mobile Technologies Adoption: An Exploratory Case Study [J]. Tsinghua Science and Technology, 2008, 13 (3): 300 -305.

[93] CONSTANTIOU I D. PAPAZAFEIROPOULOU A, VENDELØ M T. Does Culture Affect the Adoption of Advanced Mobile Services?: A Comparative Study of Young Adults' Perceptions in Denmark and the UK [L] . ACM SIGMIS Database, 2009, 4 (4): 132-147.

[94] CUI G, BAO W, CHAN T S. Consumers' Adoption of New Technology Products: The Role of Coping Strategies [J]. Journal of Consumer Marketing, 2009, 26 (2): 110-120.

[95] DAI H, PALVIA P C. Mobile Commerce Adoption in China and The United States: A Cross-Cultural Study [J]. ACM SIGMIS Database, 2009, 40 (4): 43-61.

[96] DENG Z, LU Y, WEI K K, et al. Understanding Customer Satisfaction and Loyalty: An Empirical Study of Mobile Instant Messages in China [J]. International Journal of Information Management, 2009, 30 (4): 289-300.

[97] FANG X W, CHAN S, BRZEZINSKI J, et al. Moderating Effects of Task Type on Wireless Technology Acceptance [J]. Journal of Management Information Systems, 2005, 22 (3): 123-157.

[98] FLETT R, ALPASS F, HUMPHRIES S, et al. The Technology Acceptance Model and Use of Technology in New Zealand Dairy Farming [J]. Agricultural Systems, 2004, 80 (2): 199-211.

[99] HONG S J, THONG J Y L, MOON J Y, et al. Understanding the Behavior of Mobile Data Services Consumers [J]. Information Systems Frontiers, 2008, 10 (4): 431-445.

[100] HONG S J, THONG J Y L, TAM K Y. Understanding Continued Information Technology Usage Behavior: A Comparison of Three Models in the Context of Mobile Internet [J]. Decision Support Systems,

2006, 42 (3): 1819-1834.

[101] HSU C L, LU H P, HSU H H. Adoption of the Mobile Internet: An Empirical Study of Multimedia Message Service (MMS) [M] . Omega, 2007, 35 (6): 715-726.

[102] HUNG S Y, CHANG C M. User Acceptance of WAP Services: Test of Competing Theories [J]. Computer Standards & Interfaces, 2005, 27 (4): 359-370.

[103] JEYARAJ A, ROTTMAN J W, LACITY M. A Review of the Predictors, Linkages, and Biases in IT Innovation Adoption Research [J]. Journal of Information Technology, 2006, 21 (1): 1-23.

[103] JUNG Y, BEGONA P M, SONJA W P. Consumer Adoption of Mobile TV: Examining Psychological Flow and Media Content [J]. Computers in Human Behavior, 2009, 25 (1): 123-129.

[105] KAASINEN E, KULJU M, KIVINEN T, et al. User Acceptance of Mobile TV Services [C] . Proceedings of the 11th International Conference on Human-Computer Interaction with Mobile Devices and Services, AMC, 2009.

[106] KARJALUOTO H. , An Investigation of Third Generation (3G) Mobile Technologies and Services [J]. Contemporary Management Research, 2006, 2 (2): 91-104.

[107] KHALIFA M, SHEN K N. Explaining the Adoption of Transactional B2C Mobile Commerce [J]. Journal of Enterprise Information Management, 2008, 21 (2): 110-124.

[108] KIM B, CHOI M, HAN I. User Behaviors Toward Mobile Data Services the Role of Perceived Fee and Prior Experience [J]. Expert Systems with Applications, 2009, 36 (4): 8528-8536.

[109] KIM C, MIRUSMONOV M, LEE I. An Empirical Examination of Factors Influencing the Intention to Use Mobile Payment [J]. Computers in Human Behavior, 2010, 26 (3): 310-322.

[110] GAO P, DAMSGARD J. A Framework for Understanding Mobile

Telecommunications Market Innovation: A Case of China [J]. Journal of Electronic Commerce Research, 2007, 8 (3): 184-195.

[111] GU J C, LEE S C, SUH Y H. Determinants of Behavioral Intention to Mobile Banking [J]. Expert Systems with Applications, 2009, 36 (9): 11605-11616.

[112] HA I, YOON Y, CHOI M. Determinants of Adoption of Mobile Games Under Mobile Broadband Wireless Access Environment [J]. Information & Management, 2007, 44 (3): 276-286.

[113] HARRIS P, RETTIE R, KWAN C C. Adoption and Usage of M-commerce: A Cross-cultural Comparison of Hong Kong and the United Kingdom [J]. Journal of Electronic Commerce Research, 2005, 6 (3): 210-224.

[114] HONG S J, TAM K Y. Understanding the Adoption of Multipurpose Information Appliances: The Case of Mobile Data Services [J]. Information Systems Research, 2006, 17 (2): 162-179.

[115] Kim D Y, Park J, Morrison A M. A Model of Traveler Acceptance of Mobile Technology [J]. International Journal of Tourism Research, 2008, vol. 10 (5): 393-407.

[116] KIM G S, PARK SB. An Examination of Factors Influencing Consumer Adoption of Short Message Service (SMS) [J]. Psychology and Marketing, 2008, 25 (8): 769-786.

[117] KIM H W, CHAN H C, GUPTA S. Value-based Adoption of Mobile Internet: An Empirical Investigation [J]. Decision Support Systems, 2007, 43 (1): 111-126.

[118] KIM K H, KO E, TAKAHASHI I, et al. A Model of Adoption of Digital Multimedia Broadcasting (DMB) Service Comparisons in Korea, Japan, and Germany [J]. Psychology and Marketing, 2008, 25 (8): 806-820.

[119] KIM S H. Moderating Effects of Job Relevance and Experience on Mobile Wireless Technology Acceptance: Adoption of A Smart phone by Individuals [J]. Information & Management, 2008, 45 (6): 387-393.

[120] KLEIJNEN M, RUYTER K D, WETZELS M. Consumer Adoption of Wireless Services, Discovering the Rules, While Playing the Game [J]. Journal of Interactive Marketing, 2004, 18 (2): 51-61.

[121] KLEIJNEN M, RUYTER K D, Wetzels M. An Assessment of Value Creation in Mobile Service Delivery and the Moderating Role of Time Consciousness [J]. Journal of Retailing, 2007, 83 (1): 33-46.

[122] KO E, KIM E Y, LEE E K. Modeling Consumer Adoption Of Mobile Shopping For Fashion Products In Korea [J]. Psychology and Marketing, 2009, 26 (7): 669-687.

[123] KU C Y, CHANG Y W, LAI L W, et al. User Acceptance of the Mobile Solution for Office by Using 3G Technology: A Study of the High-Tech and Manufacturing Industries in Taiwan [C] . Proceedings of the 2009 Eighth International Conference on Mobile Business, 2009: 149-153.

[124] KUO Y F, YEN S N. Towards an Understanding of the Behavioral Intention to Use 3G Mobile Value-Added Services [J]. Computers in Human Behavior, 2009, 25 (1): 103-110.

[125] LEE C C, CHENG H K, CHENG H H. An Empirical Study of Mobile Commerce in Insurance Industry: Task-Technology Fit and Individual Differences [J]. Decision Support Systems, 2007, 43 (1): 95-110.

[126] LEE S Y, Mcgoldrick P J, KEELING K A, et al. Using ZMET to Explore Barriers to the Adoption of 3G Mobile Banking Services [J]. International Journal of Retail & Distribution Management, 2003, 31 (6): 340-348.

[127] LEEM C S, SUH H S, KIM D S. A Classification of Mobile Business Models and Its Applications [J]. Industrial Management & Data Systems, 2004, 14 (1): 78-87.

[128] LEWIS W, AGARWAL R, SAMBAMURTHY V. Sources of Influence on Beliefs about Information Technology Use: An Empirical Study of Knowledge Workers [J]. MIS Quarterly, 2003, 27 (4): 657-678.

[129] LI, YEH. Service Quality's Impact on Mobile Satisfaction and

Intention to Use 3G Service [C]. Proceedings of the 42nd Hawaii International Conference on System Sciences, 2009.

[130] LIAO C H, TSOU C W, HUANG M F. Factors Influencing the Usage of 3G Mobile Services in Taiwan [J]. Online Information Review, 2007, 31 (6): 759-774.

[131] LIAW S S, HATALA M, HUANG H M. Investigating Acceptance toward Mobile Learning to Assist Individual Knowledge Management: Based on Activity Theory Approach [J]. Computers & Education, 2010, 54 (2): 446-454.

[132] LIN, LIU. The Adoption Behaviors for Mobile Video Call Services [J]. International Journal of Mobile Communications, 2009, 7 (6): 646-666.

[133] LÓPEZ-NICOLÁS C, MOLINA-CASTILLO F J, BOUWMAN H. An Assessment of Advanced Mobile Services Acceptance: Contributions from TAM and Diffusion Theory Models [J]. Information & Management, 2008, 45 (6): 359-364.

[134] LU, LIU, YUA, et al. Determinants of Accepting Wireless Mobile Data Services in China [J]. Information & Management, 2008, 45 (1): 52-64.

[135] LU, DENG, WANG. Exploring Factors Affecting Chinese Consumers´ Usage of Short Message Service for Personal Communication [J]. Information Systems Journal, 2008, 20 (2): 183-208.

[135] LU J, YAO J E, YU C S. Personal Innovativeness, Social Influences and Adoption of Wireless Internet Services via Mobile Technology [J]. The Journal of Strategic Information Systems, 2005, 14 (3): 245-268.

[137] MALLAT N. Exploring Consumer Adoption of Mobile Payments-A Qualitative Study [J]. The Journal of Strategic Information Systems, 2007, 16 (4): 413-432.

[138] MYLONOPOULOS N A, DOUKIDIS G I. Introduction to the Special Issue: Mobile Business: Technological Pluralism, Social

Assimilation, and Growth [J]. International Journal of Electronic Commerce, 2003, 8 (1): 5-22.

[139] YANG K C C. Exploring Factors Affecting Consumer Intention to Use Mobile Advertising in Taiwan [J]. Journal of International Consumer Marketing, 2007, 20 (1): 33-49.

[140] YI M Y, FIEDLER K D, PARK J S. Understanding the Role of Individual Innovativeness in the Acceptance of IT – Based Innovations: Comparative Analyses of Models and Measures [J]. Decision Sciences, 2006, 7 (3): 393-426.

[141] YIN R. Case Study Research: Design and Methods [M]. 4th El. Beverly Hills: SAGE Publication, 2009.

[142] ZHANG J, MAO E. Understanding the Acceptance of Mobile SMS Advertising among Young Chinese Consumers [J]. Psychology and Marketing, 2008, 5 (8): 787-805.

[143] NYSVEEN H, PEDERSEN P E, THORBJøRNSEN H. Explaining Intention to Use Mobile Chat Services: Moderating Effects of Gender [J]. Journal of Consumer Marketing, 2005, 22 (5): 247-256.

[144] OKAZAKI S. Mobile Advertising Adoption by Multinationals [J]. Internet Research, 2005, 15 (2): 160-180.

[145] OKAZAKI S. What Do We Know About Mobile Internet Adopters? A Cluster Analysis [J]. Information & Management, 2006, 43 (2): 127-141.

[146] PAGANI M. Determinants of Adoption of Third Generation Mobile Multimedia Services [J]. Journal of Interactive Marketing, 2004, 18 (3): 46-59.

[147] PAGANI M. Determinants of Adoption of High Speed Data Services in the Business Market Evidence for a Combined Technology Acceptance Model with Task Technology Fit Model [J]. Information & Management, 2006, 43 (7): 847-860.

[148] PAGANI M, FINE C H. Value Network Dynamics in 3G – 4G

Wireless Communications: A Systems Thinking Approach to Strategic Value Assessment [J]. Journal of Business Research, 2008, 61 (11): 1102 -1112.

[149] PEDERSEN P E. Adoption of Mobile Internet Services: An Exploratory Study of Mobile Commerce Early Adopters [J]. Journal of Organizational Computing and Electronic Commerce, 2005, 15 (3): 203-222.

[150] PIHLSTRÖM M, BRUSH G J. Comparing the Perceived Value of Information and Entertainment Mobile Services [J]. Psychology and Marketing, 2008, 25 (8): 732-755.

[151] QI J, LI L, LI Y, et al. An Extension of Technology Acceptance Model Analysis of the Adoption of Mobile Data Services in China [J]. Systems Research and Behavioral Science, 2009, 26 (3): 391-407.

[152] SAWNG YW, HAN H S. Market Analysis for the Next-Generation Mobile Communications (DMB) Service from the Perspective of Innovation Adoption and Diffusion [J]. International Journal of Satellite Communications and Networking, 2007, 25 (4): 323-348.

[153] SCHIERZ P G, SCHILKE O, WIRTZC B W. Understanding Consumer Acceptance of Mobile Payment Services: An Empirical Analysis [J]. Electronic Commerce Research and Applications, 2010, 9 (3): 209-216.

[154] SCHUURMAN D, MAREZ L D. Content and Context for Mobile Television: Integrating Trial, Expert and User Findings [J]. Telemetric and Informatics, 2009, 26 (3): 293-305.

[155] SHIN D H. User Acceptance of Mobile Internet: Implication for Convergence Technologies [J]. Interacting with Computers, 2007, 19 (4): 472-483.

[156] SHIN D H. Towards an Understanding of the Consumer Acceptance of Mobile Wallet [J]. Computers in Human Behavior, 2009, 25 (6): 1343-1354.

[157] SONG J, KOO C, KIM Y. Investigating Antecedents of Behavioral Intentions in Mobile Commerce [J]. Journal of Internet

Commerce, 2007, 6 (1): 13-34.

[158] SUSSMAN S W, SIEGAL W S. Informational Influence in Organizations: An Integrated Approach to Knowledge Adoption [J]. Information Systems Research, 2003, 14 (1): 47-65.

[159] TANG L. Key Success Factors in 3G Services Adoption: A Consumer Perspective [C] // Engineering Management Conference, IEMC Europe, 2008.

[160] TUNG L L. Service Quality and Perceived Value's Impact on Satisfaction [J]. Intention and Usage of Short Message Service (SMS), Information Systems Frontiers, 2004, 6 (4): 353-368.

[161] TUREL O. User Acceptance of Wireless Short Messaging Services: Deconstructing Perceived Value [J]. Information & Management, 2007, 44 (1): 63-73.

[162] VENKATESH V, DAVIS F D, MORRIS M G. Dead or Alive? The Development, Trajectory and Future of Technology [J]. Journal of the Association for Information Systems, 2007, 8 (4): 267-286.

[163] VENKATESH V, MORRIS M G, Gordon B D, et al. User Acceptance of Information Technology: Toward a Unified View [J]. MIS Quarterly, 2003, 27 (3): 425-478.

[164] VENKATESH V, RAMESH V. Web and Wireless Site Usability: Understanding Differences and Modeling Use [J]. MIS Quarterly, 2006, 30 (1): 181-206.

[165] VLACHOS P A, VRECHOPOULOS A P. Determinants of Behavioral Intentions in The Mobile Internet Services Market [J]. Journal of Services Marketing, 2008, 22 (4): 280-291.

[166] WANG C C, LO S K, FANG W C. Extending the Technology Acceptance Model to Mobile Telecommunication Innovation: The Existence of Network Externalities [J]. Journal of Consumer Behavior, 2008, 7: 101-110.

[167] WANG Y S, LIN H H, LUARN P. Predicting Consumer Intention to Use Mobile Service [J]. Information Systems Journal, 2006,

6 (2): 157-179.

[168] WEI T T, MARTHANDAN G, CHONG A Y L, et al. What Drives Malaysian M-Commerce Adoption? An Empirical Analysis [J]. Industrial Management & Data Systems, 2009, 109 (3): 370-388.

[169] WILSON E V, LANKTON N K, Modeling Patients' Acceptance of Provider-Delivered E-Health [J]. Journal of the American Medical Informatics Association, 2004, 11 (4): 241-248.

[170] WU J H, WANG S C. What Drives Mobile Commerce? An Empirical Evaluation of The Revised Technology Acceptance Model [J]. Information & Management, 2005, 42 (5): 719-729.

[171] WU Y L, TAO Y H, YANG P C. Using UTAUT to Explore the Behavior of 3G Mobile Communication Users [C]//2007 IEEE International Conference on Industrial Engineering and Engineering Management, 2007: 199-203.

[172] WU Y L, TAO Y H, YANG P C. The Use of Unified Theory of Acceptance and Use of Technology to Confer the Behavioral Model of 3G Mobile Telecommunication Users [J]. Journal of Statistics & Management Systems, 2008, 11 (5): 919-949.

[173] XU X. A Model of 3G Adoption [C] // AMCIS, New York, 2004: 2755-2762.

[174] XU X, MA W W K, E W K. Will Mobile Video Become the Killer Application for 3G Mobile Internet? A Model of Media Convergence Acceptance [J]. Information Systems Frontiers, 2008, 10 (4).

[175] YANG K, JOLLY L D. Age Cohort Analysis in Adoption of Mobile Data Services: Gen Xers Versus Baby Boomers [J]. Journal of Consumer Marketing, 2008, 25 (5): 272-280.

索引